知识生产的原创基地
BASE FOR ORIGINAL CREATIVE CONTENT

颉腾商业
JIE TENG BUSINESS

重塑领导力

[加] 布伦特·洛（Brent Lowe）
[新西兰] 苏珊·巴斯特菲尔德（Susan Basterfield）◎著
[美] 特拉维斯·马什（Travis Marsh）

骆骏（Laurence Luo）◎译

LEAD TOGETHER

THE BOLD, BRAVE, INTENTIONAL PATH
TO SCALING YOUR BUSINESS

中国广播影视出版社

图书在版编目（CIP）数据

重塑领导力 /（加）布伦特·洛（Brent Lowe），（新西兰）苏珊·巴斯特菲尔德（Susan Basterfield），（美）特拉维斯·马什（Travis Marsh）著；骆骏译. -- 北京：中国广播影视出版社，2023.2
ISBN 978-7-5043-8984-8

Ⅰ. ①重… Ⅱ. ①布… ②苏… ③特… ④骆… Ⅲ. ①领导学－通俗读物 Ⅳ. ①C933-49

中国国家版本馆CIP数据核字(2023)第004180号

本书版权登记号：图字 01-2022-5495
Title: LEAD TOGETHER: The Bold, Brave, Intentional Path to Scaling Your Business
By: Brent Lowe, Susan Basterfield, Travis Marsh
Copyright © 2020 by Brent Lowe, Susan Basterfield, and Travis Marsh
Published by arrangement with Transatlantic Literary Agency Inc., through The Grayhawk Agency Ltd.
Simplified Chinese edition copyright © 2022 by Beijing Jie Teng Culture Media Co., Ltd.
All rights reserved. Unauthorized duplication or distribution of this work constitutes copyright infringement.

重塑领导力
[加] 布伦特·洛（Brent Lowe）
[新西兰] 苏珊·巴斯特菲尔德（Susan Basterfield）
[美] 特拉维斯·马什（Travis Marsh）著
骆骏 译

策　　划	颉腾文化
责任编辑	李潇潇
责任校对	龚　晨

出版发行	中国广播影视出版社
电　　话	010-86093580　　010-86093583
社　　址	北京市西城区真武庙二条9号
邮　　编	100045
网　　址	www.crtp.com.cn
电子信箱	crtp8@sina.com

经　　销	全国各地新华书店
印　　刷	文畅阁印刷有限公司

开　　本	640毫米×910毫米　1/16
字　　数	259（千）字
印　　张	20.5
版　　次	2023年2月第1版　2023年2月第1次印刷

书　　号	ISBN 978-7-5043-8984-8
定　　价	89.00元

（版权所有　翻印必究·印装有误　负责调换）

行业赞誉

PRAISES FOR LEAD TOGETHER

光读目录就有盛宴般的享受，每一章都结构井然、直接能用，辅以趣味盎然的实例充实其间。如果我自己也去创办一家新型管理模式下的组织，我会一路把这本书拿在手里以备查阅。

——弗雷德里克·莱卢（Frederic Laloux），
《重塑组织》作者

世界呼唤21世纪的领导力，有很多人听过、渴望、需要这种领导力。这是一种勇敢的、彼此相携的领导力的新存在方式，虽说不少领导者已经具备了这样的价值观，然而因为缺乏新的、与此相匹配的业务运作模式，我们还只能按老套路运作。《重塑领导力》恰好在介绍我们所需的内功之上，又提供了这方面所需的运作模式，让其得以落地。

——丽萨·阿德金斯（Lyssa Adkins），
业务负责人、敏捷及领导力教练，
《如何构建敏捷项目管理团队》作者

《重塑领导力》为商业带来了伦理的框格，让"商"字不再和"奸"字连在一起，这正是21世纪该有的思路：业务的"拔节生长"不再是极力扩张的模样，而应像生命体的生长，这是彰显自己生气与生机的过程。

——道格拉斯·拉什科夫（Douglas Rushkoff），
被麻省理工学院誉为"世界上最有影响力的十位智者"，
著有包括《人类团队》（Team Human）在内的20本书籍

有的企业的扩张方式是抽取榨干型的，投资于这种企业的日子已经一去不返了。《重塑领导力》让我们看到，可以超越只是把人才与资本进行配对的领导要务，去创造更富人性、意义、价值观的工作场所。如果你也像我一样，是一位领导者，也想要催生有趣、能激发人灵感的公司，使之能在人、环境、正当利益之间同时作出贡献，那么这本书就很适合你。《重塑领导力》是一本实用又让人耳目一新的书，正是我们这个时代所需要的。作者们很棒。

——迈克·温特费尔德（Mike Winterfield），
"正面影响力"投资公司创始人及合伙人、高管

有人相信领导者会把快乐作为一件正经事在企业里加以追求吗？有人明白强大又灵活的团队是不可能通过科层架构锻造出来的吗？有，这个人就是你，你心里明白我们大家都有更好的出路。展现在你眼前的这本书，会让你看到这么想的人是怎么做的。《重塑领导力》的作者布伦特·洛、苏珊·巴斯特菲尔德和特拉维斯·马什通过这本书分享了他们的群体智慧，给了我们很多有益的见解，以此点燃了我们内心的变革之火。拿起来读，放开手干！

——理查德·谢里登（Richard Sheridan），
"门洛创新"软件公司CEO及公司故事主讲人，
《最有效的干法》作者

越来越多的领导者在传统商业目标之上敢于追寻大写的宗旨，这需要我们改变传统的商业范例、假设及模式，很多领导者都有这样的需求；《重塑领导力》为满足这个需求，提供了具体实用、可操作性强的做法。我们这个世界已然就绪，它需要商业成为向善的力量，对每一位有这种思路的领导者来说，本书都是一本必备资源库。

——瑞安·霍尼曼（Ryan Honeyman），

"提振经济"（LIFT Economy）管理咨询公司合伙人、

持股员工，《共益企业指南》作者之一

啊啊啊，本书作者为我们掀起了面纱，美梦可以成真。《重塑领导力》不遗余力地推动我们在组织和管理中聆听每一个声音，对这个变革之路上遇到的挑战，这本书没有粉饰、没有遮掩，却为我们指出一条路，如何把更多的自由、更多的责任交到组织里每一个人手中。篇幅不长的一章章内容告诉我们如何将这些理念运用到更大、更广的范围中去，其中尤其突出了让领导者学会管事而不管控的做法，这一点特别实用。在这个时候激发大家走向更深层的变革，《重塑领导力》适逢其时。

——基思·麦坎德莱斯（Keith McCandless），

《释放性结构：激发群体智慧》

（*The Surprising Power of Liberating Structures*）作者之一

布伦特·洛、苏珊·巴斯特菲尔德和特拉维斯·马什写的《重塑领导力》就这样在美国北部榨葡萄汁的金秋季节翩然而至，就像精酿的葡萄酒一样，在我们知识的餐桌上奉上了一份以人为本的组织料理大餐。虽然个中时有山石嶙峋般深浅难料的业务不确定性，但自主管理制下的宗旨、权力、责任和领导力充满了勇敢和奋发的味道，顺滑畅快、与人相亲。每个拔节期的组织,都可以手捧此书,以为参考。

——**道格·柯克帕特里克**(Doug Kirkpatrick),

《不设限的企业》(*The No-Limits Enterprise*)作者

推荐序
FOREWORD

一本重塑自我领导力的行动手册

阅读本书是一个很有意思的旅程，通过这些文字能够与作者书中所介绍的众多管理者一起步上"自主管理"之路，找到重塑自己领导力的土壤和养分。

对组织管理的关注势必要理解领导力及其在组织内的发展与价值贡献。我们都知道，领导者之所以重要，是因为承担着三个重要职责，这是他的职位、能力和行为所必须达成的职责。这三个职责是：为组织成员指引方向、鼓舞人心，并让整个组织产生能量；决定组织的高效运行，找到取得成功和让事情发生的方向；在组织遇到危机之时，带领组织摆脱危机，重振希望。这三个职责也意味着对组织中个体成长的挑战。

在传统的组织中，领导力专属于领导者，所以探讨领导力的话题集中在领导者身上，而且在大部分的情况下，人们会觉得卓越的领导者少之又少。伴随着数字技术的深入发展，同时新生代员工成为组织运行与发展的中坚力量，"人人 CEO"或者"激活个体"成为组织管理的有效模式，正如这本书的姐妹篇《重塑组织》所提倡的"青色组织理论"中有关"自主管理"工作模式那样，组织成员个人自我成长规划的重要性超过了组织为个体所做的职业生涯规划。

作者首先在本书开篇中就表明了对"未来工作模式"的探索，并形成了他们心目中的五条原则：

原则一：所做的工作富有意义，做事的人才生龙活虎。

原则二：组织会进化，但进化需要自由，也需要时间。

原则三：心理安全感不可或缺。

原则四：业务上的挑战就是最好的个人培训发展课程。

原则五：形成人人负责的文化，其核心在于透明、信任、权力机制。

更为此强调一点："这些原则背后体现出的是这样的信念：要投入精力去营造组织环境，这有助于让公司持续繁荣。"

理解并感受这样的"未来工作模式"，从这五条原则出发去阅读本书，让人有一种跃跃欲试感。一个推崇人的成长，为个体提供发展机遇的组织的确令人向往。同时，我们还必须清醒地认识到，在一个剧烈变化的环境里，组织需要有能力驾驭不确定性，组织需要有持续的创新力，而这一切都依赖于组织成员的创造力。为此，组织与管理者做出改变和重塑领导力的努力是非常有意义的。

重塑领导力涉及领导者角色的界定、权力的作用、转型与变革的挑战、组织宗旨的探索以及价值观的意义，这些围绕着领导力内涵的理解，需要澄清一些误区，更要明晰其本质的意义和内涵；既要知道现实的压力和问题，也要懂得全新的可能和方向。重塑领导力更需要界定个人的责任，探讨心理安全感与尽责的关系，理解个人承诺与组织之间共识达成的必要性和解决方案，有关这些问题的探讨更需要在意责任本身。重塑领导力需要在技能上的精进，包括决策、反馈系统、人际张力与化解冲突、会议组织、个人成长、透明化与多样性、招聘、新员工与离职员工等具体工作技能的建议。个人技能的提升既是个体成长的需要，更是组织成长的需要。重塑领导力一定会涉及战略执行、组织运行、日常惯例和合规性管理，所有的努力最终都要落实到战略目标的实现、组织效率的提升以及组织本身的稳健发展。

正如《重塑组织》的作者弗雷德里克·莱卢所推荐的那样："光读目录就有盛宴般的享受。"全书围绕着重塑领导力的方方面面展开细致介绍，甚至很多我们在自己的管理工作中被忽略的内容，在这里都被清晰、完整地呈现出来；还有非常多有意思的案例、众多管理者所经历过的经验和教训，读起来很有场景感。这本书完全可以作为一本操作手册来直接指导我们的日常管理工作，不仅内容让人耳目一新，更有平实可用的方法。

本书尤其突出强调的是：领导者要学会既管事又不管控的做法。为此作者写道："新一代组织管理模式需要寻找管理上的新平衡点，多一些个人自行管理的部分，少一些来自别人的指挥性的领导行为。在找到这个新平衡点的过程中，很多领导者承认自己有些过犹不及。"这的确是对领导者自身的挑战。在我进行的有关组织数字化转型的研究中，也同样发现，今天的组织管理模式需要从"命令—控制式"转向"赋能—激活式"，但是，领导者依然会偏向于前者，因为他会更有权威感；如果要做到后者的组织管理模式，需要领导者"无我"，这一点的确不容易做到。所以，特别期待每一位领导者能够在这本书中找到超越自我的方法，并为激活组织、赋能成长作出贡献。

陈春花
管理学者，新华都商学院理事长

致中国读者
TO CHINESE READERS

　　人性的本质并无国界之别，弗雷德里克·莱卢在《重塑组织》中提出的理念在中国广受认可，青色组织的哲学在中国也引发了共鸣。无论中国还是世界其他国家，为应对人与人之间盘根错节的复杂关系，新型工作模式浮出水面。这本《重塑领导力》为大家梳理的新型工作模式，在各个国家不同文化中因应起来也定然各有天地，这也正是其魅力之所在——新型工作模式是应运而生的。

　　中国道家思想中的"无为"智慧恰与这种新型管理哲学有异曲同工之妙，如果我们把工作与工作场所视为让人得以发展的沃土，想要在这上面看到更多的可能性，就需要理念上的重大转变，从一种从"做出来"的行为向"活出来"状态的转变。

　　如果我们勇于超越原来那种"组织是台有待优化的机器"的思路，去看到组织原本的样子，就会发现组织是个丰饶的生态系统，充满相互关系、创新创造和使命意义，这样一来所有的东西都将改变。

　　《重塑领导力》一书不只是提倡领导力的人性化，我们所主张的领导力重塑，是让组织活出一种人人携领人人的状态，让组织中每一个个体都体现这一点、活出这一点。希望各位中国读者能通过本书重新审视组织与领导之道，且行且悟"无为"之义。

布伦特·洛、苏珊·巴斯特菲尔德和特拉维斯·马什
2022 年 2 月 8 日

译者序
TRANSLATOR'S PREFACE

　　虽然在本书翻译过程中我一直都用另一个文档记录着翻译过程中深切体会到的一些心得，以便可以没有遗漏地写在译者序中一并奉献给读者，但要开始这样一个标志着本书翻译工作结束的写"译者序"的环节，却不知为何心有不舍。大约是已经习惯了这段时间集中精力翻译本书的一段静好时光，仿佛不愿为这段生活画上句号；又仿佛是还沉浸在这本书中的点点滴滴，现在要写一篇综述却不知该如何下笔；又好像是从之前英汉双语来回切换的翻译状态到现在要自己提笔写下一些主观感受的不习惯。总之，像是完成了一件重要的事，却又像才刚刚开启另一件更重要的事的感觉——而这也恰恰是原作者在本书结语部分所言："本书即将接近尾声，而你的旅程才刚刚开始。"

　　这种感觉大概也是我在陪伴国内走上青色组织和自主管理之路的很多组织以及创业者时最常有的一种感受：每每完成一次工作坊或培训、一次会议或学习，带着大家在接触了"青色组织""自主管理"的理论与实践的大千世界之后，总有一种脚下的路才刚启程的感受。这大概是因为这整套实践与理论不管是在国内还是国外本来就很新，且很多中国的组织也才刚刚踏上这条实践之路，虽然国外已有可算得上琳琅满目的很多做法及案例，可在我们国内这边的风景中会绽放怎样的花朵呢？

　　正是有了这样的思路和求索，三年前和一些志向相投的伙伴们一起发起了"青浥舍"（青色组织翻译社）社群，就是想把更多国外在"青色组织"与"自主管理"方面相关的理论、实践、案例、工具和方法论翻译介绍给中国的先锋组织和探路者们，以及对未来新型工作模式感兴趣的伙伴们，让中国的青色组织与自主管理实践可以站在更高的起点上。

这本《重塑领导力》正是这个方向上的一份重要文献。很多青色组织和自主管理的实践者大概都看过《重塑组织》一书，在我所支持的青色组织中也常常听到伙伴们说，如果能多一些工具和方法的介绍就好了。也是，在我整理、开发青色组织与自主管理相关的培训和工作坊的过程中，也发现了这一点。虽说《重塑组织》在青色组织的理论与实践方面是难能可贵的一部系统的旗舰文献，但由于该书主要定位在介绍青色组织哲学与范式的完整体系上，加之当时全球对"青色组织"做法的研究及实践案例本也有限，所以《重塑组织》这本书并没有在构建方法论的完备体系上过多地着墨。

天缘巧合，2021年春节后，在一位伙伴的引荐下，接触了有意引进出版这本书的北京颉腾文化传媒有限公司，又在今年3月份"全球青色大会"上结识了本书作者之一苏珊·巴斯特菲尔德——两个机缘都自然天成。因此，在尚未翻看完全书时，我就已经相信这本书的翻译将成为我使命中的一个节点。

果不其然，在翻译过程中，我深深感受到这本书就是《重塑组织》一书在方法论上的继续，这本书构造了相对完整的实践体例，让读完《重塑组织》激动不已、跃跃欲试的组织和伙伴有了一个抓手。看得出来，本书的作者有意引用了大量青色组织与自主管理的各色实践案例，由此编织了一个丰富多样、千姿百态的实践万花筒，夺人眼球但花而不乱，所有这些不同做法共同体现出来的那种"让人性之光力透组织"的主线是那么一以贯之、历历在目。书中内容涉及运作一个青色组织在方法论上的方方面面，从领导力到"被领导力"，从招聘入职到让伙伴离开，从组织对内语言的改换到对外彰显的多样性，从处理个人的内在阻抗到应对与他人的摩擦，从创造合作方式的自由自在到尽职尽责的终极责任……更不必说组织里的决策、反馈、角色定义、薪酬、战略等这些经典管理话题。如果说

《重塑组织》为我们构建了一个在哲学灵魂和情理精神上自立自洽的管理新世界，那么《重塑领导力》就为我们从实践血肉和方法筋骨上筑起了让我们得以建起一座"新房子"的脚手架。有了这个脚手架，我们便可以一砖一瓦地搭建起自己内心向往的青色组织。我想，这正是这本书给中国实践者及向往青色组织与自主管理新型管理范式的热爱者最大的礼赠。

考虑到读者主要想从本书获取的是自主管理实践方面的经验和启发，因此翻译时以确保读者能理解原书要义为主，当因原版作者使用一些英文修辞手法可能导致没有英文和西方文化背景的读者不易理解时，译者都以还原原版想表达的本义为准，而不照搬其修辞手法；另外，书中涉及大量管理学、心理学、行为学等方面的术语，为方便阅读，也都为读者做了较为详尽的译者注。

译者在翻译本书过程中，发现了本书写作过程中的一些特色，现将本书在结构和写作方式上的一些特点简要介绍给读者，以便让这本书发挥最大的价值。

1. 全书在构建相对完整的自主管理操作框架的过程中，提到的公司超过百家（作者在书末附录里附上了书中提及较多的近70家组织）。 可以看得出来，作者这是在有意地旁征博引，向读者打开自主管理实践的多样性世界，便于各行各业的读者找到与自己组织情况较贴近的案例。这一方面说明自主管理在做法上不拘一格，鼓励读者学其神而超越其形；另一方面也让已经走在实践路上的伙伴不觉孤单。作者在引用这些组织作为案例时，有的完整介绍了公司的背景及宗旨，并相对全面地呈现了该组织某个值得称道、借鉴的做法；有的则只引用了组织中某人的一段感想；甚至有的只顺带一笔……无论哪种情况，如果悉心去了解这些组织，都能看到它们在新工作模式下的独到创造性，更会为它们呈现出的组织宗旨而感动。

译者在翻译过程中发现，在整体篇章中如不提供这些公司的背景信息，读者可能并不理解作者为何在某处引用某公司的案例。基于这样的考虑，译者都尽可能地在"译者注"中对这些组织的背景信息及其与众不同的在新管理模式上的特色予以介绍；鉴于组织的"进化宗旨"对青色组织而言具有特殊、重要的意义，译者也尽可能搜集并提供了这些组织的宗旨陈述，在"译者注"中予以说明。这些注解是为理解本书的主旨服务的，为那些想进一步了解某些公司的读者搭建桥梁。注解信息基于这些组织的英文官网或 LinkedIn 等对外媒体上的公司正式简介，以及通过各大搜索引擎可获取的信息。

除非有特殊说明，在翻译这些公司或组织名称时，以译者能搜集到的信息为基础，若已在中国有官方标准注册名称的，使用其标准中文名；暂时没有在中国开展业务，也没有官方中文名的，译者酌情依组织性质、文化及名称的英文发音进行暂译，目的是方便中文读者交流之用。在组织译名中一般都会加上代表组织业务的词，便于读者掌握各家组织的业务性质。但是，对一些软件、App、IT 类工具等的英文名称（例如 Slack、Trello、Loomio 等），若官方没有中文译名的，为方便读者能顺利检索到，且考虑到很多此类工具在中文地区也可能依旧沿用其英文原名，此类名称一般都不予翻译；但一般都会在译者注中进行适当的介绍，以方便读者理解正文的相应内容。

2. 本书的另一大特点是，全书提到与新兴青色组织与自主管理相关理论、实践有关的企业家、创业者、实践者、咨询顾问、培训师、书籍作者、思想者等方面的先锋人物，超过了 130 位，这些人物构成了青色组织与自主管理生态系统下一个庞大而有营养的支持网络。为了便利本书读者在需要时能搜索到相应的人，本书在翻译中提供译名时严格按已有中文文献资料中的译名处理，并在括号中提供人物的英文原名以备读者查询所需。翻译时对绝大部分的人物也在译者注中提供了相应的背景介绍，并加注了一些与本书内容息息相关的人物细节，如所著书籍、所涉猎的领域等，方便那些想进一步在某个相关领域更深入学习了解的读者以本书为依托，顺藤摸瓜，获取一个更大更广的支持网络。

3. 本书第三个特点，作者以直接或间接的方式提到的与青色组织、自主管理有关的书籍多达 50 余本。这些书籍都是与青色哲学或自主管理实践相关的理念、操作息息相关的，有的是经典著作，有的是最近几年的研究成果，这些书籍也结成了一张宽广的知识网络，提供了丰富的营养，为想要在这条路上扩宽视野、深求精进的实践者和读者们提供了更多可能。本书在翻译过程中将正文所有提到的书名都进行了翻译：处理原则是，已有正式中文译本的，严格按中译本的出版书名翻译；暂无中译本的，本书译者暂译其名，目的是让有需要的读者了解基本内容。

另外，本书译者依据在翻译一些人物引语、组织故事、相关理论时搜索到的线索而发现了与本书所涉知识领域息息相关的书籍时，尽管在原书中没有直接提及，也尽量在译者注中提供了相应的信息，便于读者查用。

本书中的"组织"（organization）一词，泛指服务于商业企业、公司、机构、团体、社群等的人们共事的一种形态，是一群人为了完成共同目标而形成的相互分工合作的具体呈现形式，商业组织、非商业组织、营利组织、非营利组织，乃至松散的社群组织等都包括在内，因此本书的相关概念和做法从广义上讲适用于上述各类组织。

受限于相关信息的时效性及可获性，译者对书中涉及的组织名、人名、书名、软件工具名等的处理，以及所提供的与理解本书内容相关的译者注，都以翻译时所能搜索整理到的信息为限。在此特提请读者注意，这些信息可能日后会过时或发生变化；所提供的译者注也仅仅是为便利读者继续深入了解书中相关内容提供一个可能入口，而非权威信息。建议读者在正式使用相关信息时先予以复核确认再行使用。

最后，在翻译本书的过程中为了检验原作内容以及译文文本在中国本土实践中的信度与效度，有意将一些内容片断与我所支持的走上青色与自主管理之路的中国的企业、社群、个体工作者进行了分享，听取他们的感受。在"本书内容在中国文化下的实践意义如何"这个问题上，以下摘录两段我收到的两家走上青色及自主管理之路的组织创始人的反馈，以供读者借鉴：

当我们决心转型为青色组织的时候，已经经历过相当一阵的混沌无序期。这本书还没出版的时候，Laurence（骆骏）就把书里面的一些做法翻译介绍给了我们，真是来得太及时了。

我迫不及待地在组织里面开始推行，效果比预料的要好，大家开始变得自发而有序，团队默契度和工作效率都有显著提升。书里面的做法是前辈们几十年智慧的结晶，而且很多是适用于大型组织的，拿来应付我们这样的小团队绰绰有余。

很多人以为自主管理意味着随性放任，恰恰相反，这个过程跟建造一座高楼大厦没有区别，是一个严谨而庞大的工程，并且工期可能还不短。当然，困难和挑战还不止这些，特别是对于发起人来说，很多东西都要重构，包括以往的行事思维甚至世界观都需要做出改变。

这场变革之旅虽然艰辛但也充满乐趣。

最后，在这个容易迷失于无序的世界里，对于哪些正要或想要步入这条路的朋友，此书无疑是一版能指引彼岸的地图。

——**波波**

（"土团之家"创始人，一家以建造自然建筑为依托，创造环境、社群与自我生态可能性的组织）

这本书展现出了青色组织百花齐放的多样性，也为走青色道路的组织给出了青色各自不同却又殊途同归的路径和方向，是一种远远的陪伴。

——**宁瑞忠**

（"无届"创始人，一家以"陪伴青年人成长"为宗旨的"不只是吃饭的地方"的青年餐馆）

弗雷德里克·莱卢写的《重塑组织》深入研究了12家在新管理范式下大放异彩的组织，总结了青色组织的哲学基础和自洽逻辑。2015年，加拿大的Fitzii公司（在本书中的译名是"合配"公司）受《重塑组织》书中这十多家先锋组织的影响走上了自主管理之路。Fitzii公司受另一家自主管理软件公司Buffer（在本书中的译名是"缓适"公司）"信息极度透明"做法的影响，开始在自己公司的官网博客上开源地分享其自主管理方面的一些做法，由他们创造的"角色建议流程"（RAP）和"薪资建议流程"（CAP）又启发了其他更多的自主管理组织……

这就是一个环环相扣相生的有机生态系统，相信通过本书接入这个生态系统的中国组织也将大放异彩。从《重塑组织》中的"十二罗汉"到现在《重塑领导力》的"百家齐放"，本书为我们打开了"青色组织"的大千世界，让各种管理方法粉墨登场，带我们领略这些充满生机与活力的组织的创造精神。有了本书用心架构好的实践青色组织与自主管理的脚手架，又有本书特意引用到的100多家"同伴组织"、130多位相关"人物"、50多本有关"书籍理论"编织而成的三张支持网，对中国的青色与自主管理实践者而言，舞台已搭好，地基已打牢，就等有中国特色的实践拔地而起了。

我想这也正是我所理解的翻译本书的意义所在。

骆骏（Laurence Luo）

电子邮箱：cameed@hotmail.com

2022年夏于杭州

前言
PREFACE

……组织的意识水平不会超越其领导人的意识发展阶段。

——**弗雷德里克·莱卢** [①] [1]

我们几位作者合作的缘起,是想一起为有意改变组织工作及治理模式的领导者整理出一些他们可以参考的蓝图和框架,后来基于我们的整理写了三本书。我们的书都恪守信息透明的价值观,在之前出的两本书《重塑拔节期组织 1.0 版》(*Reinventing Scale-up 1.0*)和《重塑拔节期组织 2.0 版》(*Reinventing Scale-up 2.0*)中,如实写到了在大家一起创造的过程中组织会面临的难题,以及时不时令人沮丧的东西。我们几位作者一起合作的这个团队,没有中心人物、思想多元,因共同的意愿相聚,都乐于与大家分享我们所做的一些尝试——有我们自己做的,也有我们所支持的组织做的尝试。写这本新书的目的,是想和大家分享更多案例,包括我们亲历的一些流程和实践,为大家掀起它们的盖头来。

2018 年 11 月,《重塑领导力》的写作规划出来了,我们为这个写作项目制定的指导原则是:如今领导力做法上的局限让一些领导者或正在

[①] 弗雷德里克·莱卢是独立学者、组织发展顾问,麦肯锡咨询公司前资深合伙人,《重塑组织》一书作者,他在该书中首次提出了"青色组织"(teal organization)的概念,该书对业界探索组织的新型管理模式、工作与共事模式带来了深远的影响。——译者注

成长中的领导者频频碰壁，他们在找寻可以落地的新办法，而我们的目的就是想让他们觉得这本书值得一读。这样的领导者包括：

业绩成效欠佳的领导者："我使出了浑身解数，在业务上拼尽了全力，采取了世所公认的一些工作方法……结果还是差强人意，我想再探索些新的东西。"

探求未知、热衷个人成长的领导者："我喜欢彻底型的颠覆和变革，想学习一些东西，成为更好的领导者，也让团队更富有成效、更幸福。"

需要应对复杂问题的领导者："有很多大问题亟待解决，我们无法在造成问题的思维和行动模式中找到解决方案，现在所处的世界变化多端、捉摸不定、错综复杂、含混不清，我们需要新的模式才能在这样的世界中徜徉。"

挫败沮丧、身心不支的领导者："在业务中（团队中）我总是那个责任与决策的单一节点，精力耗尽、压力丛生，多希望他人也能立起来，与我共担责任。"

郁郁寡欢的领导者："感觉一直以来所采用的工作模式已残破不堪，没意思、没灵气、没意义，肯定有更好的做法，我想让工作变成享受、变成成就。"

那就请大家一起来尝试吧，我们将为大家提供具体的、实用的、基于"自组织"和"自主管理"模式的做法，如今这样的新型模式方兴未艾。本书在使用"自组织""自主管理"两个词时并未严格区分，但意思上稍微有点差别。这两个概念都是一种新型管理模式，改变了以往由主管决定工作由谁做、如何做、做什么的方式。不同之处是，"自组织"团队可以自行决定并施行选定的工作流程，有权决定工作"如何做""由谁做"；而"自主管理"团队在此基础之上还能自己决定"做什么"：自己排定工作优先级、总揽预算、制定战略，还包括传统上由人力资源负责的内容，如招聘、入职等。

我们将帮助大家充分理解变革过程中个人发展的重要性，强调"自主管理"和"自组织"中"自己"的"自"字；也将分享一些领导者在"自组织"体系下的体会，以此支持走在个人蜕变之路上的大家，让《重塑领导力》成为大家蜕变之旅的指南。书中出现"你们团队""你们组织"这样的字眼时，是我们在提醒 CEO、创始人以及扮演各种领导者角色的人需要进行一些思考。在后面内容中，还会频频引导大家自我反思，这也是发展新的领导力技能所必需的。

书中将分享形形色色的组织的成功案例，以及 60 多家组织的领导者的经验教训，以此来激发大家勇于尝试的灵感。书末附有这些组织的完整列表，每家组织都是由初创期逐步发展而来——它们中有些还处在寻找出路的早期阶段；有些已小有规模；但大部分都已到了拔节增长的阶段，经受住了最初几年的考验，目前已能保持持续发展，正积极探索"组织下一步怎么走"的问题。

业务拔节期的领导者所面临的挑战正是本书瞄准的方向。我们访谈了这类组织的很多创始人、CEO、自然生长起来的领导者等，规模都在 200 人以下，如果你的组织规模也在这个区间，那么本书中的很多内容便能直接应用了。可以这么说，《重塑领导力》为各种需要发挥领导力的场景提供了广阔的学习空间以及实用的操作手法。拔节期组织的领导者面临的挑战与他人不同，学习曲线很陡峭，其他组织可以用几十年来完成的个人以及专业成长，他们却需要在短短几年时间内完成。

四年来，我们的足迹遍布世界各地，有时亲临现场，有时在线上相遇，问道于最棒的思想者、实践者——关于未来的工作模式应该是什么样子，我们向他们求索。求索到的结论就是下面这些浮现在我们心中的五条基本原则，这些原则的脉络在后面章节中历历可见，是一家组织有所作为又繁荣昌盛的必要条件。这些原则背后体现出的是这样的信念：要投入精力去营造组织环境，这有助于让公司持续繁荣。

原则一：所做的工作富有意义，做事的人才会生龙活虎。 超越了营利动机的组织宗旨和使命越是清晰、为大家所共识、鼓舞人心，那么工作于所有人而言就更富有意义，大家更有成就感，也更有责任心。

原则二：组织会进化，但进化需要自由，也需要时间。 大多组织的教条做法只会造成层级架构下的举步维艰和潜力空间上的捉襟见肘，但若架构是白纸一张，又将变成一派乱象。其实只需构筑最低限度的辅助性架构即可，当组织的个性与能力脉络浮现，可行的体系将自然成型。

原则三：心理安全感不可或缺。 让人把更真实的自己展现在工作场所，不用担心会不会有人指指点点地评判，人的创造力和学习过程才得以发生，但需要有意为之，心理安全感才会形成。

原则四：业务上的挑战就是最好的个人培训发展课程。 以业务需求为契机撬动个人成长，业务才能不断前行，而业务的发展反过来又会为个人发展创造更多机遇。

原则五：形成人人负责的文化，其核心在于透明、信任、权力机制。 当大家都能拥有同等的信息、畅所欲言、所做的决策都能得到信任，彼此就能在共有的前因后果中共事，主人翁意识、责任感都将出现。

请小心三思：继续追寻本书后面提及的理念，别人可能会把你视为一个"另类、叛逆"的人，现在正好可以趁此机会自问一番："你是想带着自己的事业走在一条已残破不堪的路上，还是相信自己的公司可以更勇敢、大胆，有自己的想法？"

那些所谓"事业成功"的固有标准正是我们要质疑的对象。《重塑领导力》中的很多理念虽还未被广泛运用，却已通过很多生生不息、小有所成的公司得以验证，这些先吃螃蟹的公司为我们照见了另一条路，照亮了一条更健康的领导之径，这世界需要这种锐意进取的领导者斩获成功，开创出一条路来。

本书几位作者加起来，共有超过 50 年的陪伴各类初创期和拔节期组织的经验，这些组织遍布世界五大洲。为你这样的领导者提供支持正是我们的激情所在，正是你所引领的事业带着大家走向未来。各位面临的具体问题，我们虽不敢说都有应对之策，但我们坚信你们是自己案例的最佳践行者——去学习、迭代、成长吧，我们所起的作用是提供一些思考，邀请大家尝试。在大家尝试的过程中，欢迎在下面这个网站上分享故事、彼此联结：leadtogether.co。

引言
INTRODUCTION

一种正在兴起的范式

如果想在生活中收获点滴改变,可以从转变态度入手;但如果想收获巨大变迁,则要从转变思维范式入手。

——**史蒂芬·柯维**[①] (Stephen Covey)[1]

"更好的工作状态是有的,我领略过那惊鸿一瞥,看到过大家在一个项目中万众一心的样子——彼此的用意、彼此的信任、彼此的起心动念,都无人怀疑,就是那种感觉,弥漫在我们那个房间里。

"可后来一切复归原样。我又开始满腹牢骚:没人对销售业绩心怀责任;汤姆就是不喜欢纳迪娅,我要怎么管理;在产品管理人员与产品开发人员之间调停,我左右不是人。转眼间,我又落回领导理念的窠臼,感觉很不好。

---

① 史蒂芬·柯维(1932—2012)是美国著名管理学大师,影响人类思想的新智慧学家,是国际上广受尊敬的领导工作权威、家庭专家、公司顾问;在领导理论、家庭与人际关系、个人管理等领域久负盛名,他的《高效能人士的七个习惯》一书全球销量过亿册,并被翻译成28种语言出版,是《福布斯》有史以来最具影响力的十大管理类书籍之一。——译者注

"如何才能打造一个更美好的工作场所？我想让在公司工作的人都看到工作的意义，可我一人孤掌难鸣，况且我也不想自己一枝独秀，这事业需要团队齐头并进。只要大家携手，就能创造出让大家自豪不已的东西。做什么事、定什么游戏规则、让什么人参与，大家都可以一起来决定。哪有人不可以谱写自己人生剧本的道理！问题是，我们敢下笔吗？

"我深信世上没有万灵药，这样反倒让我喜欢，因为我不愿意只做别人的翻版。我们的工作场所可以被打造成大家在一起人人都能变得更好、做得更好、成就更好的地方。

"然而，要怎么做，我……以及我们……都不知道。"

这正是想要让彼此相互携领、重塑领导力的领导者的心路历程。

无论长幼大小、无论地域差别，对我们而言，有一点人人一样：我们工作和生活所处的体制，都不是自己有意识地创造出来的，是千百万年来随着人类进化形成的……但是别忘了，进化不会停下脚步。

任何新事物的演进都需要有人冒险，第一个站出来。20世纪涌现出的伟大思想都在拷问着我们，鼓励我们审视那造就和指引人类进步的机制。爱因斯坦就曾说过："想要解决问题，只在造成问题的同一意识水平上思考是没有出路的。" 巴克敏斯特·富勒[1]（Buckminster Fuller）说："别指望以对抗现有东西的方式来推动变革，要想做变革，那就创造新模式，让现有模式不堪一击。"

通常，在原来那个给社会带来过红利的体制里继续尽我们所能，可能也不失妥当——看着原有体制吱吱运转、各个零件步调一致地转动，也会有成就感、自豪感；这时，追求效率、可靠、周而复始，成为终极目标。但是，如果现有体制已经开始有负于我们，那又将如何？看到我们向地球

---

[1] 巴克敏斯特·富勒（1895—1983）是20世纪美国建筑与设计领域重要的理论家和富有预见性的建筑师、设计师，一位与爱迪生、爱因斯坦齐名的伟大的人类贡献者，一生拥有55个荣誉博士学位和26项专利发明。——译者注

索取的远超地球所能再生的,看到有人反对压迫、因没有出路揭竿而起,看到疫情蔓延在不透明、不团结、不合作的角落,看到我们的工作模式既辜负了事业也辜负了员工,又将如何?

我们一路走来的行囊里所背负的信念禁锢了我们——关于我们自身、关于组织、关于组织里的人,或是关于客户的信念,都建立在过往的经历和偏见上。在让组织安全可控、可期可管的同时,也使我们与组织止步不前,禁锢了进化。如能超越组织现有那已成明日黄花的架构,又会有多少尚未映入眼帘的潜力想要喷薄而出?回应这样的问题,是否会让你觉得崇高的情怀和勃勃的生气油然而生?如果是,说明时机已经来到,我们可以来看看新兴的管理范式是怎样的。

为何要为组织及工作重新思考一种全新范式?亚伦·迪格南[①]（Aaron Dignan）在《组织再进化:优化公司体制和员工效率的双赢提案》（*Brave New Work*）一书中写道:"如果把1910年的房子、汽车、衣服、电话放到人们面前,让人判断是古董还是现代货,人人都能看出来,因为以前的东西在今天看来早已老掉牙;可管理手段呢,以前和现在相比竟没什么截然不同。"[2] 传统工作模式中的层级架构,集权力于金字塔的顶端,自工业革命时代起就一直如此。在流水装配线发明的早期,在把人当机器零件来追求效率的泰勒制时代,一直到如今的管理实践,管理形式都是以科学管理的方式出现的。在人类社会行将进入下一发展阶段,全球经济环境变得更为复杂时,"不知为何,在这个创新风起云涌的时代背景下,在互联网、移动计算、人工智能、航天技术都粉墨登场的时代,"亚伦在书中写道,"我们人类合作共事解决问题、创

---

① 亚伦·迪格南是美国人,他在当今组织管理范式遭遇普遍挑战的背景下,曾花数十年研究了以新型工作范式运作的组织和团队,创办了为组织提供自主管理及动态团队管理咨询服务的"备妥"（The Ready）管理咨询机构,创办了为团队提供合作协议支持的"默默"（Murmur）平台。著有书籍《组织再进化》《以游戏为架构》（*Game Frame*,暂无中译本,此为暂译名）。致力于服务世界各地的组织和团队,助其重塑自身的工作范式。——译者注

造未来的方式，多年来竟然还一成不变。"[3] 要知道亚伦书中的这些看法和理念还不算是最早的，早在1927年，玛丽·帕克·福莱特①（Mary Parker Follett）在其著作和演讲中早就论及变革型领导力（transformational leadership）的概念、领导力（leadership）与被领导力（followership）之间的相互关系，以及领导者与被领导者之间共享目标可以带来强大动力这些话题了。

如果我们就这样按现有领导力模式及现有组织模式因循守旧地走下去，确实是太过苟且了。有些人会觉得，"为什么非要搞不一样的东西出来呢""现在这整个体制都已经尾大不掉了"……但要知道，我们生下来就面对的这个社会、政治、工作模式，现在之所以还立在那里，我们自己也难辞其咎——不知道认识到这一点，对我们来说是喜是忧：正是我们的这种难辞其咎成了我们对变革的抗拒。

"青色"及相关概念

本书默认各位之所以看这本书，或多或少是想在领导力、组织发展上另辟蹊径；也的确有这样的新做法方兴未艾——有人称之为"青色"（Teal）范式。这种范式下的组织不再是金字塔式的层级架构，而是一个生态系统、一种相互连接的网状结构。

弗雷德里克·莱卢写的《重塑组织》一书掀起了"青色"运动的浪潮。他的书中提到，在过去的一万年间，人类历史上出现了四种组织范式：首先是"红色"范式的首领型组织；接着是"琥珀色"范式的农耕时代，官僚式的政体、规格严整的宗教体制等，于大约公元前4000年出现；接着

---

① 玛丽·帕克·福莱特（1868—1933），美国政治哲学家、社会心理学家、企业管理方面的智者，在政治、经济、法学、哲学方面都有极高的素养，她把社会科学诸多领域内的知识融会贯通，在管理学界提出了独具特色的新型理论；有人认为她的思想超前半个世纪甚至是80年，德鲁克称她为"管理学的先知"。——译者注

向"橙色"范式飞跃,橙色范式在工业革命时代得以完全呈现,将组织视作需要改进的机器;后来在20世纪涌现出了"绿色"范式,将组织视为家庭,突出强调仁善与平等;自2012年起,弗雷德里克发现了另一个组织范式的实例,提出了"青色组织"的概念,其要点有:

自主管理 哪怕是上千人的青色组织都可以高效地运转,运转的基础是一种基于同侪关系(peer relationship)的机制,青色组织的架构及做法让人能够在各自不同的领域中高度自主,同时又为彼此间的协作尽责,权力和控制机制深嵌于整个组织,而不只集中在特定岗位上的少数人手中。

身心完整 "橙色组织"要求人在工作中只展现自己"职业化"的一面,"绿色组织"发展了"工作投入度"(engagement)的理念,而"青色组织"则邀请人们重获内在的身心完整,并把完整的身心都带到工作中来。青色组织创造的环境允许人们自由、全然地展现自己,这使人们能以史无前例的方式把自己的能量、激情、创造力带到工作中去。

进化宗旨 青色组织看待战略的方式,是看组织为世界作出了怎样的独特贡献。青色组织能够灵活地处理外部来的新信息、发现新兴业务模式,以此取代过去那种机械的计划、预算、目标、激励等管理手段。让人意外的是,青色组织不太关注利润及股东价值,反而能在这些财务数字上远超竞争对手。

常听很多领导者和组织声称,他们在走向"青色",听起来仿佛他们对"青色"这个范式已有清晰的理解和界定了;然而,"青色"本身并不能成为目的。了解青色概念的人一般会误以为青色的做法改写了其他范式——例如,不应再有"层级架构",他们误认为如果"青色做到位了",原有的做法都不应该存在。其实不然,"青色"范式对前几种范式既有兼容又有超越,要以这样的思路来看青色。比如,新兴的青色依然兼容了层级架构的做法,只是相比其他范式在架构上更加灵活。"青色"范式也许会有全面兴起的那天,但要走到那一步,成为一种稳定、广为采用的人类组织范式，也还需要几十年的历程。但我们并不需要等它完全兴起，就已经可以开始运用其中一些已被证明有效的哲学和做法了。

此外，还有许多与"青色"相类、相关的组织原则、组织模式的提法，这些概念有的和"青色"不是一回事，有的则大同小异，包括觉醒商业（conscious capitalism）、全员共治（sociocracy）、合弄制（Holacracy）、敏捷组织（agile）、自组织（self-organization）、自主管理（self-management）、管理 3.0（Management 3.0）、超越预算[1]（beyond budgeting）、复杂系统（complexity theory）理论等。其中有的概念还有专门组织来进行推广，例如像"合弄制"和"觉醒商业"；而有的像"敏捷""自组织"这样的概念，其定义都有可能因人而异。

漫漫崛起路

以"青色"及类似概念为代表的有关人类如何工作的新范式兴起时，崛起之路不可能是笔直坦途，这里面有很多关键点需要来回辩论、反复质疑。汤姆·尼克松[2]（Tom Nixon）就在《弗雷德里克·莱卢〈重塑组织〉书中悖论的解决之道》（*Resolving the Awkward Paradox in Frederic Laloux's Reinventing Organizations*）这篇文章中，对弗雷德里克提出的青色理论提出了这样的批评意见：

---

[1] "超越预算"（Beyond Budgeting，BB）是管理学术语，是一种"超越了传统的命令－控制方式，更倾向于人员赋能与可适应性的管理模式"（据"超越预算协会"）。超越预算模型由 Fraser 和 Hope 提出，它并不是对传统预算管理的修补，而是提供了一个全新的管理模型来满足管理的决策需要，鼓励企业放弃原有的传统预算管理模式，不再使用预算作为企业管理的工具，而使用其他一些工具或原则来管理企业：一是企业可以建立适应性流程，使管理者关注价值创造；二是彻底的分权化，给员工以充分授权，将权力从高管核心转移到一线人员。可参考书籍《实施超越预算》。——译者注

[2] 汤姆·尼克松是青色组织"图定"软件公司（Maptio）的创始人，他还为其他宗旨驱动型组织的创始人提供教练和咨询服务。——译者注

莱卢的青色理论中有一条悖论。青色组织越是去中心化，CEO或高管就越不需要在战略发展、人员管理、管理运营方面正式地投入精力；同时，他们却又要在"护持场域"（holding the space）方面起到越发重要的中心作用，确保青色组织那些进步的、去中心化的做法不回落到传统模式中去；还有，有明确的证据表明，所有走向新型管理模式的先锋组织里，CEO往往都是具有高度远见的人，他们在组织最高层面创建愿景时所起的作用举足轻重。

可另一方面，莱卢又把青色组织比作像是热带雨林一般的生态系统，"其中并没有某一棵树来统驭全局"，可在组织中，创始人或CEO的角色就是与众不同的，他们护持场域的角色对整个组织体制健康度的影响也是举足轻重的。这样看来，青色组织并非真正的"去中心化"，这个悖论与莱卢描述的下一个组织形式的模型是格格不入的。[4]

"创源点"（source）是彼得·凯尼格（Peter Koenig）提出的一个概念模型，他认为无论是艺术还是商业上的创举，都发端于某个人。人类的重大活动，如项目、政党、整个商业体系等，都是由某个人创始的，这个人就叫"创源点"。创源点是将某个具体想法落到现实的第一人，创源点角色可以通过传承转给他人。

有些领导者的愿景对他人有着触动的力量，想必大家都见过这样的领导者。美国总统肯尼迪曾向美国人发出宣言："我们选择在未来十年飞向月球，以及其他要做的事，并不是因为这些事容易，反倒是因为艰辛才做出这样的选择。"肯尼迪就是一位突出的"创源点"，他引发的力量唤起了人们在事业上的进化宗旨[5]，这个进化宗旨后来由别人继承，在肯尼迪去世六年后完成了登月使命。在人际生态系统变化、成长、换型、演进的过程中，系统的宗旨、使命也同样会变迁。正如汤姆在文中指出的，弗雷德里克发现了具体个体和组织的宗旨之间有种清晰的联系：与其说是英雄般的领导者构想了愿景，不如说是有股伟大的力量选中了这位领导者，那股伟大的力量借助这位领导者得以表达出来。[6]

近几年，有些组织先高调地宣布采用、后来又弃用自主管理，这样的故事不断上演，俨然把自主管理当作一套组织的运营模式，仿佛可以手不沾泥地"采用它"，又"弃用它"；可就自主管理的理念来看，它本身更像是一场旅途，不像是组织的运作模式。当我们看到这样的现象，不必气馁，听到有些公司后来弃用了自主管理，也不必觉得自主管理难以成功，这反倒会让我们更清楚地认识到这个组织范式还在发育的过程中。由于其发展成型之路漫长而复杂，所以当我们学习其他团队的做法，用到自身实际中时，顶多只能算是开了个头。

此去的旅程

我们开始踏上的旅程，是一条发现工作及领导力新关系的旅程，本书后面会介绍实践中的故事和尝试，将这一新兴范式的要点一一呈现。会提到"青色""自主管理""自组织"一系列术语，作为我们所要讲述内容的概念框架；但请不要把这些词教条化，这无益于大家的理解。接下来的章节只是对你的邀请，请你为自己公司开辟出一条与众不同的道路来——不必强求，只需留心关注、记录在案，反思自省、迭代更新，只要在这个过程中投入了意识和觉知，正确之路自然会浮现在你们团队面前。

目录
CONTENTS

第 1 章 重新定义领导力：勇敢地先内观 / 001

领导与架构 / 003
善做领导者 / 004
领导者角色 / 005
创源点角色 / 009
你的领导者角色如何 / 010

第 2 章 权力：承认权力、突破权力 / 012

权力的副作用 / 013
四种权力类型 / 014
从"压人一头"到"齐头并进" / 018
权力方式转变中的支持 / 019

第 3 章 过渡之期：踏上新型工作模式之路 / 021

转型之旅三阶段 / 023
过渡阶段"术"的话题 / 026
自主管理下的管理者 / 030

第 4 章 知而后言：言辞非小事 / 032

"青"言"青"语 / 034

第 5 章　变革的阻抗：处理内在的反对之声 / 039
变革之旅中的痛 / 042
情绪之所在 / 044
阻抗、恐惧 / 045

第 6 章　宗旨：大家一起共事的缘由 / 048
之所图、之所存、之所为 / 052
组织宗旨实例 / 054
探寻宗旨 / 056

第 7 章　价值观、原则、志向：明确彼此间的深度联结 / 059
价值观 / 060
原则 / 066
志向 / 067

第 8 章　心理安全感：为创造力和影响力营建空间 / 070
"心理安全感"概念的兴起 / 072
信任 / 074
自己裹足不前 / 075
心理安全感与尽责 / 076
营建心理安全感 / 077

第 9 章　终极责任：学会行动起来，也帮他人行动起来 / 082
这是团体赛 / 085
终极责任与个体需求 / 087

第 10 章　共识：让尽责和承诺得以发生 / 089
作出承诺、履行承诺 / 091
个人承诺 / 092
团队共识 / 094
共创过程 / 095

共识的变更 / 097
尽责 / 099
直观可见 / 099
处理不尽责的状况 / 101
将"共识"与"尽责"统合到组织中 / 102

第 11 章　清晰的角色：理顺各项技能，与工作并肩成长 / 104
角色建议流程（RAP）示例 / 107
同步梳理多个角色 / 110
用人所长 / 113
区分"角色"与"人" / 114

第 12 章　决策：展开大家一起做决定的新范式 / 115
"知情同意"：自主管理的基石 / 117
建议流程 / 118
生发式决策 / 122
关于有效决策的其他建议 / 125

第 13 章　反馈：建立流经系统的信息回路 / 133
超越反馈，相互好奇 / 135
知情同意很重要 / 137
照亮盲点 / 140
团队学习 / 140
"什么、怎么、要怎样" / 142

第 14 章　人际张力：从逃避冲突到化变冲突 / 144
自己的张力自己负责 / 146
用词问题 / 148
痛楚安放处 / 149

人际张力化解流程 / 150
如何成为真有帮助的教练 / 153

第 15 章　开会，要有意义：安排让人心有所向的会议 / 155
会议引导是门技艺 / 157
有关大型远程会议的建议 / 159

第 16 章　个人成长：把自己及团队的成长放在心上 / 163
锐意发展型组织 / 165
一家锐意发展型组织实例 / 167
小处着手 / 167

第 17 章　透明化：明确共享信息的时机、方式、缘由 / 170
透明化从何做起 / 172
潜在挑战 / 175
有助信息透明的工具 / 177

第 18 章　薪酬：换个新视角看价值交换 / 180
自主薪酬 / 181
关于"所有权薪酬" / 189

第 19 章　多样、包容：远离偏见、远离失效的精英制 / 191
体制层面的修正 / 194
把多样性带到招聘中去 / 198

第 20 章　未进门的同事：招人组队，组织得立 / 200
招聘的方法 / 203
在实践中运用 / 210

第 21 章　新人初体验：有声有色地迎新进门 / 211
让入职精彩纷呈 / 212
入职前期 / 213
帮新人进入自主管理模式 / 214
入职环节的一些优秀做法 / 217

第 22 章　要离开的同事：学会勇敢地迈出下一步 / 220
三种传统路径 / 221
开辟新路 / 223
解职过程 / 226
财务困难期不减员的做法 / 228

第 23 章　让战略勇往直前：在快节奏的世界里进行感知与回应 / 230
战略制定流程三要素 / 232
感知 / 233
汇聚 / 235
计划 / 236

第 24 章　惯例常规：让重要的惯例一路相伴 / 238
仪式虽简，影响却大 / 240
节律 / 243
离修会 / 245
勿使常规僵化 / 246
找机会尝试 / 248

第 25 章　组织运作的操作系统：这是组织层的设计 / 249
全员共治 / 252
合弄制 / 254
全员共治 3.0 / 256

有机组织 / 257
道路选择 / 259

第 26 章　法务合约：以价值观为出发点订立合约 / 261
基于价值观的合约 / 263
传统合同与基于价值观的合约对比 / 265
和谐关系及冲突的化解 / 267
律师的角色 / 268

第 27 章　手册、攻略、博客：记录与分享自己的工作模式 / 270
自主管理下的员工手册 / 272
起草自己组织的手册 / 274

附录 A　补充学习资源 / 277
有关涌现中的"青色组织、自主管理"范式的学习资源 / 278
有关重塑领导力技能的学习资源 / 280
有关提高团队决策能力的学习资源 / 281
有关建立锐意发展型组织的学习资源 / 281
有关"重塑领导力"理念下建立法务合约的学习资源 / 282
有关引导真实对话的学习资源 / 282
有关多样性的学习资源 / 283
我们钟爱的手册 / 283
我们钟爱的博客和简讯小报 / 284
给我们带来了灵感与启发的其他公司 / 284

附录 B　本书提及组织一览 / 285
注释[①]

---
① "注释"部分，读者可从"颉腾文化"微信公众号下载查阅。

第1章

重新定义领导力
勇敢地先内观

重要的是，要不停地质疑，世上之所以有好奇心这种东西是有道理的。

——阿尔伯特·爱因斯坦[1]

"领导力""权力",这也许是商业世界里承载了最多含义的两个词了,对有意探寻新管理模式和新存在方式的领导者来说尤其如此。传统管理模式是自上而下地命令与控制,新兴的管理哲学则看重基于同侪关系的责任与自由。创建人人负责的组织文化,不再"按我说的做",个中道理显而易见,但用什么样的做法才能塑造出这样的文化着实不易。

在很多人看来,业务运转良好是因为集体的力量和团队的贡献,可一旦运转不灵就觉得是有某些领导力上的缺陷在作祟——当然,真实的情形要比这复杂得多,但领导者尤其是创始人对团队造成的影响确实不容忽视,正因如此才需要领导者先从关注自己的内在做起。

"边效"特效软件公司(SideFX)是一家上百人规模的视效软件公司,经过30年的发展成为全球业界的领军者。尽管如此,它给人的感觉依然像一家处于早先业务拔节期的公司。联合创始人金·戴维森(Kim Davidson),自公司酝酿成立至今一直任CEO角色,对公司的事业他激情澎湃,深受公司团队及客户爱戴,携领公司的业务一年年地成长。他毫不犹豫地承认,即使走过了30年发展历程,他仍需日复一日地学习如何才能做好一位领导者。

就在"边效"公司准备重新梳理公司的愿景、使命、价值观的前夕,本书作者之一布伦特以教练身份在一次午餐时问金,对公司新的愿景、使命、价值观有什么看法以及公司该走向何方。金不假思索地说道:"我不知道,你去问团队吧,他们才是最适合做这种决定的人。"当继续追问金在大方向上有什么感觉时,他的回答依然不改初衷:"这真不是我一人说了算的,往哪儿走得通、哪儿走不通,只有团队才知道。"

金是这么说的,也是这么做的。在探寻公司新的未来时,他赋予团队自由和责任,他个人在这个过程中也积极贡献着,但几乎不指挥任何方向,只进行些许微调。最终来看,他们公司的变革项目都是团队在操心,金则乐见其成——公司创始至今,他都是这么带团队的。

理想情况下,组织里的从业人员都应当能力齐备,对工作内容和工作方法都应知尽知;团队成员间步调一致;工作的分配均衡得当;业务的增长则应当一马平川;而组织的领导者,在帮助组织前行的过程中对自己该说什么、做什么也应当都胸有成竹。

但现实从来不是这样,任何一位领导者都能证明这一点。

那么领导者应当以何种姿态出现在公司里呢,尤其是当公司处在混沌期时?开怀接纳一种彻头彻尾创新的工作组织模式需要领导力,这里的领导力不是指职位上的领导力,而是发端于人内心深处的领导力;而这里所说的"领导"角色,是指组织里任何人、所有人,都可以发挥的一种角色。

从"边效"公司的案例中可以看出,变革之旅中成功的领导者需有三个内在特质:好奇心、创造力、求成效。这样的领导者对如何构建组织有着共同的理想,在领导理念上也颇为接近——勇敢、真实、透明、有爱、有情,对领导角色该起到什么作用也都了然于胸。

领导与架构

来看一个有关自主管理的错误观念。自主管理组织通常是一种扁平、没有架构、没有领导的组织,因此被误认为无组织、无纪律、一派乱象,凡事无人出来牵头。但实际上,只要是组织,就会出现层级架构,包括以自主管理范式运作的组织在内。舒伯菲利斯公司(Schuberg Philis)是荷兰阿姆斯特丹一家以自主管理方式运作的IT公司，正如这家公司的高管洛塔·克罗赛特·范·乌切兰[①]（Lotta Croiset van Uchelen）所说："有人的地方就有层级架构，不同之处在于，自主管理下大家相信人可以自己领导自己，相信他人可以帮助自己解决某个问题。而在传统管理下，大家会觉得所有的决策都应由被叫作'领导''老板'的人来做。自主管理的别样做法是，大家一起共事、各显神通，各人在不同方面显露特长，无须事事精通——比如，也许我就更擅长公司战略方向、愿景方面的事。"[2]

接受新兴的领导哲学并不意味着消灭层级架构，而是让领导角色可以动态调整。领导角色不再局限于一小群人来担任，而是根据特定场景的不同，往最具知识与经验的人身上迁移。有人想要完全废除自上而下的管理模式，生怕层级架构的存在说明自主管理没有发挥出作用。但应当这么来看自主管理下的领导力：人人都能利用自身专长，在不同时间点上起到领导团队的作用。也请作为组织领导者的你，少些层级赋予的管理权，在能发挥自己才智的领域里看到自己的独特之处，以此来帮助团队成就更多。

善做领导者

你是怎么看人的？认为人的基本面都是好的、本来都是想好好做事的人，还是觉得人一般都把自己和对自己有好处的事置于组织的业务之上？认同哪种观念，决定了你作为一位领导者的姿态：认同第一种观念的人会认为下属的工作动力来源于人内在，例如想有所作为、想要学习和成长等。

认同第二种管理哲学的人，会觉得下属是受外部因素驱动的，所以应当赏优罚劣——按达成的业绩来分发奖金、用严厉的做法确保政策执行

---

① 他是舒伯菲利斯公司的客户总监。——译者注

等。外源驱动的领导方式，得到的是顺从型的行为，如果大家做的是机械型工作，那么外源式的激励还是有效的。

但如今越来越多的公司需要的是知识型工作，这时"乐业"要比"顺从"重要得多，领导者需要花大量的精力去提高自己，才有可能联结到下属的内源驱动力。后文会提到很多与此相关的例子，例如通过决策流程发挥人的自主性，营造植根于学习成长的文化，沟通大家认同的使命、让团队中每个人都看到使命的意义所在等。

领导者角色

如果领导者不再以职权管控团队，也不再利用外源激励、调控员工行为，那领导者该做些什么呢？新管理范式下的领导者需要确保以下六个领导角色在组织中都有所履行，这些角色常由创始人或 CEO 担任，也可以由组织里其他任何对此有热情、有能力履行的人来担任。谁来扮演这些角色，如何行事，我们看到不同组织各放异彩。在对这些不同角色进行命名、分配的过程中，越是能发挥每个人的天赋特质，团队就越强大。

场域抱持者

自主管理组织所需的领导能力中，抱持（物理、精神、情感方面的）场域可以说是其中最为重要的能力。今天的外部环境，快速变化和错综复杂已是常态，领导者要能够看到、整合组织内外演化着的种种因素，使自身、使他人在模糊环境中仍能自处，迎接未知的同时又扎根于更大的使命、宗旨。在抱持场域的过程中，领导者才能接触到徐徐展开的未来，基于当时当下去引领组织，而不是去试图控制那些控制不了的东西。

抱持场域要求领导者以另一种姿态来聆听、思考、融入，通过这些培养自己的新奇感，无论当下发生什么，都能与当下融在一起（而不抗拒）。

这样的领导者行事时，靠的是内在觉知，这是一种超越了数据、分析、规划的做法。护持场域的过程在旁人看来像是被动的行为，但其实这个过程是领导者积极主动、留心用意的过程，而且要求还不低。

宗旨传感器，战略者，启迪者

团队需要有人站出来扛起团队宗旨及战略的大旗，能承担这样角色的人往往需要有远见卓识、热忱且有内驱力，这样的天赋如果能以启迪他人的方式发挥出来，对团队而言善莫大焉。想要团队里每个人在完成好日常运作的同时还眼观大局，很不容易做到，这时让团队的"北极星"清晰可见、率前引领，于前行中分享信息，就可以让大家心往一处想、劲往一处使。在第6章"宗旨"部分还将就这一角色更深入展开。

信息沟通的交织者

本章开头就把自上而下的官僚制模式和更富创业精神、流动更自由的新型管理模式做过对比，要让团队运作更富自由与责任，就需要团队成员掌握和领导者同样的信息，组织中的信息越能透明地流动，团队就越有力量。领导者需要通过自身的努力来帮团队确立在信息流动方面的预期，而领导者分享多少信息、怎么分享，很大程度上决定了遍布团队的信息是如何流动的。关于信息透明，在第17章还会详加说明。

文化护卫人

从初创时的两人合作共事起，公司文化就开始形成了。文化随着时间而演进，每当有新人加入时都会发生演变。文化是活的，像所有生命体一样，需要有免疫系统来长保健康。极端恶劣行为的出现，或是团队对这类行为的纵容，都将削弱组织的文化。组织的文化最好由所有成员共创，并积极地议定彼此如何相处共事，以这样的方式方能长保团队健康，其中还包括应反对哪些不良行为。文化还需不时的回顾检视——就像时不时打一剂强心针，来确保文化的健康、良好。尽管文化是大家共同创造的，领导者依然在护卫文化根基、保证持续健康方面发挥着极其重要的作用。

在共创公司独特文化的过程中，领导者如何参与，接下来几章内容都提供了一些相关的洞见，其中第 8 章关于营造心理安全空间的内容尤为重要。

资源均衡器、角色塑造的教练员

团队的资源配置得当，才能运转良好，可"人"和"财"往往都是稀缺资源。因此，帮助团队用好已有资源、开发新资源、厘清人员角色，这些动作都很有价值。当踌躇满志又身怀长技的团队成员在工作中享有自由时，见证奇迹的时刻就出现了。如何为每位团队成员都找到兴趣和能力的结合点，辅之以持续的成长进步，如何完成好这样的人才拼图将是我们在第 11 章中探索的课题；如何在资源有限的条件下做决策，第 12 章的内容将助你一臂之力；第 20 章和 21 章的内容则是关于招聘及新团队成员入职方面的内容。

组织捍卫者和组织边界守护人

本章谈到的六个领导者角色里，这个角色最容易误用，用英国的"迪森"数字伙伴公司（Deeson）总经理西蒙·韦克曼（Simon Wakeman）的话说："作为领导者，如果手伸得过长，用不了多久自主管理系统就将被你毁于一旦；可有时确实又需要你出手，挽狂澜于既倒。"[3] 领导者可能会误入歧途地觉得他应当力保每个团队都不掉坑——注意区分一下，如果团队掉的是"坑"，则能有学习和成长；但如果掉的是"悬崖"，就将万劫不复。

迪森的做法是，日常的避"坑"及其学习成长，交由个体及教练来关心；领导者仅有限地在影响全体福祉的事上插手，而且点到为止。

英国的木结构房屋建造公司"橡木匠"（Carpenter Oak）的李·曼宁[①]（Lee Manning）说出了同样的道理：

> 从总经理岗位卸任成为董事会主席后，我的工作就不再是进行管控了……转而变成了时刻感知公司是否有什么东西要倾覆，公司选择的方向会不会让我们走上不归路。这种情况出现时我是能感知到的，过去的三年中有过三次。我努力地让大家看到我所看到的情况，有时也动用权力，这相当不易。我总得扪心自问："我这么做到底应不应该？"幸运的是，我所介入调停的这三次都是为了公司好，那之后事情的发展也都无须我再动用权力了。现在，我们整个组织通体透明，任何个人层面的小九九都不可能对公司造成很大影响，而我的角色又从董事会主席变成了非执行董事，并在财务方面继续履职。[4]

组织捍卫者这个角色相当重要，却经常被误解，大多数时候领导者会在这个角色上用力过猛，我们都知道这种现象有个说法叫"微管理"[②]（micromanagement）。"踏赴"领导力培训机构[③]（Tuff Leadership Training）的卡琳·特纳丽丝[④]（Karin Tenelius）提醒大家不要又跑到另一

[①] 李·曼宁2003年至2020年1月曾任"橡木匠"公司董事会主席及财务总监，2020年1月起至今任非执行董事（非全职）。——译者注
[②] 这与"捍卫者"角色的相关之处在于，领导者因为过于"捍卫"组织而"操碎了心"，以至于事事都不放心，事事都要经手管控，结果就呈现出一种事无巨细的"微管理"模式。——译者注
[③] 这是在瑞典创立的一家为组织提供自主管理方面培训和咨询服务的机构，名称中"Tuff"这个瑞典语单词就是英语中"tough"的意思，意为"不容易"，取这个名意在表达，在向自主管理范式转变时领导者所要经历的理念和行为的转变相当不易；卡琳·特纳丽丝是机构创始人。——译者注
[④] "踏赴"领导力培训机构创始人、管理咨询顾问，与丽莎·吉尔（Lisa Gill）合著有《摆在桌上的麋鹿头——来自瑞典的自主管理组织的故事》（Moose Heads on the Table），暂无中译本，此为暂译名。——译者注

个极端去:"跑偏到另一极端就成了放任自流,明明看到有人在犯低级错误还强迫自己冷眼旁观。不该这样,因为你都已经看到了。只不过不要去指挥他人,给他们提供反馈就好。如果眼看别人就要酿成大错,你可以这么说:'你们现在在讲的这个机会、要做的这个决定,恐怕是有点问题的,因为我能预见到会是这样这样……'你依然可以参与其中,只是不需再用那种'命令与控制'的视角。"[5]

创源点角色

另一个常与领导力有关的角色特别值得谈一谈——"创源点"(source)角色。例如,公司创始人就常常成为创源点角色,这样的人不仅有着业务初起之前的创意星火,也往往是将创意落地到现实中的涉险第一人,他选种育苗、浇水施肥,直到业务成型。是他的这些时间、精力、投入让他成为创源点,明白这一点,就能明白扮演这个角色的人与业务宗旨之间有种重要的联系。

汤姆·尼克松是"图定"软件公司(Maptio)创始人,正在为一些更看重创意和活力、不看重传统层级管理架构的先行者组织提供在线软件工具支持。在彼得·凯尼格提出"创源点"的概念之后,汤姆让这个概念得以普及,用他的话说就是:

> 有的人就是会成为某个特定愿景或是愿景中某一部分的谱写者,这样的人想对提出的愿景行使责权,这很正常;然后再以爱和同理之心邀请别人与愿景相联结,让别人理解他想要做的是件什么事,是什么在推动着他去做这件事。作为自主管理组织里的 CEO 或创始人,当然需要通过一些引导(facilitation)流程来让愿景浮出水面。但光这样还不够,他们还要为大家扛过这面大旗,这就要求他们要多多聆听,也会涉及行使权威,这没什么好忌讳的。[6]

在凯尼格的创源点概念框架中，随着组织的发展壮大，还会出现"次级创源点"（sub-source）——在公司里各个次级创生业务上承担创源点角色。以自主管理方式运行的创新设计组织"一瞬"①公司（The Moment）创办于2011年，创始人是马克·库兹尼基（Mark Kuznicki）、格雷格·朱德尔曼（Greg Judelman）、丹尼尔·罗斯（Daniel Rose），即便后来公司发展壮大，有其他人来承担了领导者角色，他们仨还是最初的创源点，现在依然承担着创源点角色。马克以其经验告诉我们："扮演创源点这个角色，就是种感觉，是对某种意义的感知，而不仅仅是完成什么具体的工作任务。通过'讲故事'（storytelling）这种重要的方式对所开拓业务进行定位，只有这样，开拓出的业务才能不断地与创源点和组织宗旨进行联结，并向前演进。"[7]

你的领导者角色如何

在以上各个角色都能做到优秀的领导者，我们还没有见过，他们也不曾这样想过。相反，他们是带着自身的不足之处出现在大家面前的，在持续学习的路上以身作则。他们知道与他们共事的人不时会犯错，连他们自己也概莫能外；他们着力构建的环境，会让有激情的人愿意投身于共同的宗旨，一路学习成长。每当事有不谐，他们都先内观于己。

你擅长的领导者角色是哪些？你将在哪些方面施展你的个人天赋，让人人都乐见你的领导？你如何做好本章提及的领导角色，来克服你自身、你组织目前面临的局限？

新型管理范式下的领导力中，有个点极其关键，那就是"内观自省"（introspection）——每当有挑战出现，愿意先内观自己的情绪、前置预设与惯性模式，看这些东西如何造就了当下的问题，然后再看自己需要据此

---

① 一瞬公司创办于加拿大多伦多，通过以人为本的设计理念，帮助政府、营利及非营利组织等设计开发产品、战略、项目、政策等；一瞬公司以自主管理模式运营。——译者注

做出怎样的调整。如果想通过额外的学习资料来帮自己建立这种"先内观"的理念，可参考美国亚宾泽协会[①]（The Arbinger Institute）写的《跳出盒子——领导与自欺的管理寓言》（*Leadership and Self-Deception*）一书，书中讲述了一位CEO的领导力模式是如何由"外观"向"内观"转变的故事。

[①] 亚宾泽协会是美国一家深具学术底蕴的管理咨询与培训机构，依据其在人类行为与动机方面的心理学研究，提出了人"自我欺骗"（self-deception）的内在机制，据此发展了用以推动管理变革的框架模型。亚宾泽的很多培训、管理、咨询都是先帮助客户在思维模式上跳出这个盒子，然后再发展领导力及组织能力。他们已有中译本的著作有《跳出盒子——领导与自欺的管理寓言》《跳出自己：责任与自我欺骗》《化解我们内心的冲突：万能金字塔模型》。——译者注

第2章

权力
承认权力、突破权力

> 有人的地方就有权力关系,无论是不是正式地体现……如果不许制订正式的权力结构,非正式的权力结构几乎马上就会显现。对权力结构的回避会对组织造成极其严重的损害。
>
> ——弗朗西丝卡·皮克[①]（Francesca Pick）[1]

[①] 弗朗西丝卡·皮克是一位居住在法国,面向欧洲提供咨询和顾问服务的生态型组织体系的构建者、引导者、组织设计者,专注于分布式领导力及参与式共事、自主管理等话题。——译者注

小时候，照顾我们的人显得很重要——大人都比我们懂得多，照顾我们免受伤害，指引我们成长。公司里也一样，在工作中某个领域学识渊博、经验丰富的同事会指导经验尚浅的同事，他们有更宽广的视野，以此为团队效力，操持着公司在该领域的事务。

权力的副作用

达契尔·克特纳[①]（Dacher Keltner）研究人的行为逾20年，他做过一个"饼干狂魔"的实验：让三人一组进到实验室，随意指认其中一人为小组领导者，安排小组完成一个写作任务。写到30分钟时，达契尔把新鲜出炉的饼干用盘子端到大家面前，小组里每人都有一块，另外还多出一块。所有小组都一样，每人吃掉一块，出于礼貌，多出的那块没有人碰——达契尔要研究的课题正是"谁会吃掉最后那块饼干"，几乎每次都是被那位指认为领导者的人吃掉了。达契尔写道："研究表明，工作场所中，打断同事的话、边开会边干其他活、扯高嗓门说话、恶语伤人，出现这些行为的概率，公司里拥有职权的人是职级更低的人的三倍；我的研究和其他人的研究都表明，走上高位的人更易于把美德抛开。"[2]

[①] 达契尔·克特纳，美国加州大学伯克利分校心理学系教授，心理学家、社会学家，研究领域包括社会心理学及个性心理学中的情绪、社会互动、个体情绪差异、冲突、文化等；著有《权力的悖论》（*The Power Paradox*）。——译者注

权力往往能给人一种地位感、特权感。鹿特丹管理学院（Rotterdam School of Management）证明过这种"地位"是如何影响组织的：某些早该叫停的项目，如果是由地位较高的人在领导，会一直有人支持，因为地位较低的团队成员（权力较小）不敢表达反对意见，也不敢提批评建议。[3] 我们在看到这类研究时，总把矛头指向这些领导者身上的不足，其实我们每个人都一样会成为饼干狂魔。地位、特权，这些东西令人上瘾。

换个角度的"操持者姿态"（stewardship）则与此不同，操持的姿态给组织带来的是一种呵护、指引、滋养。权力会让人借助头衔、职位来达到推行个人意愿和个人偏好的目的，当权力被用来行使个人意志时，就成了一种控制。但在"操持者"（steward）角色下，谁也不比谁权力大，相反更能让人站在呵护者的角度来行事。在第 1 章提到的"边效"公司重新梳理愿景的例子中，金扮演的就是操持者角色，虽然参与这场讨论的人都心中有数，公司重新订立什么样的愿景、使命和价值观，最终都要看金是怎么想的，但是他并没有利用自己 CEO 及公司股东的身份来左右这个流程，也没有在事先左右最终结果。

不管别人愿不愿意，就对一位同事行使权力，这是一种不对等的相互关系，常常让对方产生一种无力感。即使大家都有好的发心，一不小心还是很容易构建出让大家都产生无力感的组织。只有让权力在同事之间广泛地共享，才能让大家都在一条船上，这时即便某些个体负责操持某些具体角色的业务，其他所有人也同样可以行使权力，这种大家在工作中一起"协奏"的感觉正是敏捷组织和自主管理的核心所在，这种感觉把大家团结在一起，营造共同的认知，维系团队的承诺。

四种权力类型

所有的人际关系中都交织着"权力"，权力决定着人们彼此间的互动，也渗透在组织中，但鲜有人正视权力。"大加"（Greaterthan）咨询公司的苏珊（本书作者之一）及其同事们共同设计并开展了一门为期五周的《实用自主管理强化课程》（Practical Self-Management Intensive），简·沃森（Jane Watson）参加完这个课程后谈到了她对于"权力"的新认识："人们以为'权力是种隐形遁迹的东西'（invisible），可这种说法并没能凸显权力'无形无状'（intangible）的本质，更确切的说法应该是'权力是一种人们对其视之不见的东西'（unseen）。这门《实用自主管理强化课程》带着我直面自己，发现了自己在谈'权力'时有多词穷，学习之后我开始去觉知出现在我周围和身边的那些'权力'，有了觉知后，再想要'视之不见'都很难。"

在你我的行为中，权力以四种方式呈现出来："压人一头"式（power over）、"取而代之"式（power for）、"并驾齐驱"式（power with）、"齐头并进"式（power among）。

到目前为止本章提到"权力"（power）一词时，都是指压人一头式的权力。[5]从这种权力类型的名称就可以看出，这是一个人（例如老板）在颐指气使、操纵控制另一个人。这种互动模式下，一个人在发号施令，另一个被迫听从，不管他人心情如何。压人一头式的权力在传统型组织中随处可见，当有人——尤其是领导者——想利用组织来达到见不得人、有损他人的个人目的时，这种权力形式就会带来相当严重的问题。

当一个人代替另一个人行事时，就出现了取而代之式的权力，如照顾家里老人时替他做一些决定、帮他管理一些东西，工作时资深人员帮还在学做事的成员做决策等，都属于这种情况。

当大家一起共同商量、相互协调资源时，就是一种并驾齐驱式的权力。"压人一头""取而代之""并驾齐驱"都是交易型范式（transactional paradigm）下的权力形式，一个人压他人一头、一个人替他人行事、一个人与他人一道，这三种情况都是将有限的权力在两人或多人之间分配。

"齐头并进"式的权力却具有更大的延展性，完全自组织的系统会让权力流经所有系统成员，让权力在成员之间流动。这样做的好处是，当某个人为组织利益谋求进取时，他行使权力的同时并不会削弱他人的权力。例如，第 12 章谈到的决策方式，就可以让组织中任何人在推进重大决策时让其他有意见的人都可以发表有意义的看法。

可能有人会问："如果施展权威（authority）影响力，是以压人一头式的做法做到的，这可以吗？"有一次布伦特和一位企业创始人进行教练谈话时谈到了"权威""权力"的话题，那位创始人说过这样的话："说到底都是为了把事做好，我们办公司的目的不是为搞权力，如果有创始人在施展权力，也是因为觉得用权力可以让事情往前推进，他觉得这是最好的方式。"那么如何可以不必压人一头，也能把事情往前推进呢？

领导者在团队中也会扮演一些重要角色，有时在一些与团队使命休戚相关的决定上，领导者可能还是最适合做这类决定的人选，站在团队利益角度，由他来做这样的决定是合理的，也是必要的。这时如果有团队成员感到有"压人一头"式的味道，多半是由于领导者在行使其角色内在权威时的方式造成的。在气急败坏、忍无可忍，或是想要主张个人偏好时，就开始控制人、发号令，这会让团队有一种无力感（"客户要的新测试样机，我等你做这个决定已经等很久了，现在不能再等了，我已经做了决定"）；如果能抱着一种共同学习的心态，重要决定透明公开地来做，团队就能感受到珍视，也有了一席之地。（如"关于挑选新测试样机的事，本来你答应两周之前就有决定的，昨天我见到我们最大的客户时，他们又在追问这件事，我身为 CEO 不得不最终做出决定，要不然这个客户就没了。我们花 10 分钟时间一起看看，我们双方都该从中吸取哪些教训。"）

金在"边效"公司的做法是自己天然地就不太动用权力来做决

策，而加拿大的这家处理城市交通数据并提供交通解决方案的"美奥市景"（Miovision）公司，创始人及CEO柯蒂斯·麦克布赖德（Kurtis McBride）则采取了更显性的做法。他们最近花时间把公司里包括领导角色在内的所有的角色都清晰定义了一遍，明确不同角色拥有什么决策权限。这样一来透明度就有了——每个人都清楚哪些决策属于自己的角色范围，哪些决策还需要征询他人意见。这也推动了领导者往教练、导师方向的转变，去帮助大家培养有效决策的能力，让决策出在团队最适宜之处。

思考与实践：你爱打哪张权力牌

苏珊曾帮西澳大利亚州一个1200人的组织实施自主管理转型，转型开始后，高管团队成员觉得他们都需要下更大的决心把自己的权力分出去。引用他们中一位成员的话，叫作"我们这些高管们要一起和权力分手"。于是，高管团队留心大家手里都爱拿什么权，或者说得更直接点，大家都在打什么权力牌。以下是他们的自省问题，也建议你在迈向新型管理模式的过程中，用这些问题来自省一下：

- 我是否在操纵结果？
- 我是否向着自己偏好的方案？
- 我是否因最了解情况而对别人张牙舞爪？
- 我是否在利用我身上的权威之便？
- 我是否在我行我素地做决策？

很多人会被各种权力形式诱惑，偏好某种特定的权力形式。只有看清自己习惯的倾向，才有可能把某些决策权透明、负责地交给他人，这时，也就开始从"压人一头"式的权力向"齐头并进"式的权力转变了。

从"压人一头"到"齐头并进"

在组织中有意无意地滥用职权,压人一头式的权力就会大行其道,当领导者想要减少或是完全放掉职位权力时,需要给权力找一个出处。进行自主管理到了某个点之后,所有领导者都会发现,只"走下权坛"是没用的,团队还是会跑回来找你做决定、出方案。这时你如果还帮他们做决定、出方案,交出去的职位权力便又会回到你手中;而你要是不置可否,团队就会一步三磨直至止步不前。

在"柜所"财税律师事务所(Counter Tax Lawyers)向自主管理转型后不久,有一次创始人彼得·阿普里尔(Peter Aprile)和一些同事利用午餐时间聊起事务所员工福利项目的事,他发现大部分时间都是自己在说话,旁人都没有想法,也没人做决定。那天午餐后他开始深思:"为什么什么都要让我来做?"回到家后,他想明白了:"他们该会的东西我都让他们学了,接下来是我该采取一些行动的时候了,我需要改变一些做法。"

走下"权坛"后,还得让权力在团队中安家才行,要把权力设计到组织的操作流程中,设计到大家达成的共识中,设计到明确的角色定义中,设计到特意安排的架构中。对整个团队来说,包括领导者在内,方向、一定的边界,这些也都不能少。

在做法和共识方面达成自主型的治理模式,最广为人知的做法也许要数合弄制[①]了。合弄制经过过去十几年、上千家组织的打磨,形成了如今的做法:通过"合弄制宪章"界定一系列规则作为合弄制基石,

---

[①] 合弄制是一种由"角色"来承担工作的管理系统,把以前的由"人以及固定岗位"来定义工作,转变为"围绕工作任务"来定义工作,且可以经常更新。合弄制下组织架构去中心化,员工重新自由组合成一个个的"工作圈"(小组),工作圈中每个人选择自己的职务和目标。合弄制通过组织制定的"宪章"规定权力如何分配,有一套独特的决策流程不断更新角色,有一定的会议流程用于团队共享合作、共同完成任务。这一模式彻底摒弃了一般公司的传统科层制组织架构,将市场营销、人力资源、客户关系等具体工作职责分散到一系列工作圈中。软件工程师布赖恩·罗伯逊(Brian Roberson)首创了这一大胆的公司管理模式,2007年他创办 HolacracyOne 公司,以在全球推广合弄制做法为己任。——译者注

只要团队签署并执行宪章，权力就从某个人或某些人手中移到了整个系统中，每个人都依同样的规则和规范行事。本书将在第25章探讨合弄制及其他类似的治理模式。现在大家只需要明确一点，无论是采取合弄制还是其他模式，都需要团队在一些认识和做法上有共同的认知，为每一个人的快步前行打通经脉。

权力方式转变中的支持

权力方式转变的过程特别不易，需要领导者对自己的信念坚毅不挠，时刻准备着迎接挑战，这时以身作则的重要性非比寻常。如果没有做好要在这整个转变过程中接受淬炼般的考验，那不如先等自己准备好了再开始。

"柜所"的彼得认识到自己需要采取一些行动之后，后来就发生了事务所收入锐减的事，当时他的意志就受到了这种严峻考验。如果是以前的他，会性急地自己接手解决问题，以免让整个团队受苦；但现在，用彼得的话说："我就在那里看着团队里的人都不愿彼此问责，他们每个人都想让别人站出来问责，自己又都不愿去问责他人，怕反过来招致他人对自己的问责。大家这才开始学习如何让彼此问责得以发生，而不再指望问责的事都归某一个人来管。"[6]虽说这个教训委实沉痛，却成了"柜所"的转折点，团队里已经有人注意到，也有人提出了大家在尽责方面的问题，大家从此学会了彼此间可以如何相互问责。

领导者想要从职位权力上走出来，首先要让自己和大家做好尝试的准备，去探索什么是自主管理，还需要大家都愿意开始试水，下一章会讲如何为这种权力转变搭建舞台；其次，可以在第一次迭代中进行一次小范围试水，大家可以选择组织中的某些流程、某些共识、某些角色、某些架构来试水；随着试水的开展，整个团队接着就可以去碰那些与宗旨密切相关的主要角色，快速地做出一些定义和安排。

在踏上变革旅程之初，就要看一下在组织中，或最好是组织外部，可不可以找到教练来有意识地引导大家的学习历程（本书三位作者就是这样的教练角色，当然世界各地也都有许多这种优秀的教练），可以发掘一下团队中能起到引导者（facilitator）作用的人。当有人主动做一些事时要积极地宣传，如果有以前不在管理岗位上的团队成员开始主动发起一些事，要给予赞赏和支持，这些都是有价值的好苗头。最后，当职权出现空窗期时，要当心层级架构死灰复燃，一旦出现这样的苗头就要快速地开展一些必要的对话。

如果你已做好准备，要开始这种权力方面的转变了，那就马上行动起来吧。下一次需要你做某个决策时，先自问一下：

- 这个决定其他团队成员能做吗？
- 通过这个决定给同事们带来的学习成长，是否超过了由此造成的公司层面的风险？
- 即使做出的决策跑偏了，后面发生的情况是否仍有回旋余地？

如果回答都是肯定的，那么即使你仍觉得有些不舒服，也该后退一步，让他人来做这个决策；如果其中有一个或几个问题你回答不了"是"，那想一想为什么，你在"权力"方面还有哪些学习点。

第3章

过渡之期
踏上新型工作模式之路

以自组织的方式行事,需要人更加自觉自知,在这一点上,我们将永远在路上……没有终点。

——蒂姆·琼斯(Tim Jones)[1]

想象一下，你站在马拉松比赛的起跑线上，头顶拉着横幅"新型工作模式耐力跑"。站在那儿你心潮澎湃吗？你是第一次开跑这样的马拉松吗？多长时间能跑完？要经过哪些不同的路？你有备而来吗？之前跑过训练赛吗？有教练指导吗？热身运动做了吗？有没有想过一路上哪里有补给站？有后援团吗？

用跑马拉松来喻示走向新型管理范式的变革之旅，是个不错的主意，但两者的不同之处仍值得注意：管理范式变革的马拉松，每跑一段路，路形地貌都不同，难以预料，不可捉摸；有些路段将是你从未经历过的，事先备战也不可能；要跑多久也是未知数，只知道很久很久；另外，你的某些同伴并不打算和你一起跑下去。

本章旨在帮你形成合理的心理预期，因为向新型管理范式的转型挑战重重。有多么富有挑战？"柜所"财税律师事务所创始人彼得·阿普里尔这么形容："我们经历了很多艰难的事情，事先没料到会这么难，事先的预料与真正发生的事相比真是小巫见大巫，这是有史以来最艰难的事，毫无疑问，从很多方面来看都是这样。"那么，这值得吗？"'柜所'现在变成了让大家探索自我潜能的地方，一度曾被人以为是极限的点，也被我们不断突破，个人层面、团队层面都在进阶升级，如若不然，我们又是如何走到今天的……经过了这些，我长成了一个更好的人、律师、同事、丈夫、父亲。"[2]

很多深入自主管理变革历程的人是这么描绘其中的转变过程的：

从无意识层面的做不到（"我自己意识不到自己有不知道的东西"）到有意识层面的做不到（"唉，这个我做得不好"），再到有意识层面的做到（"如果我用功投入，我就能做好"），最后到无需意识也能做好（"我现在已经自然而然、不假思索地运用着新型工作模式"）。

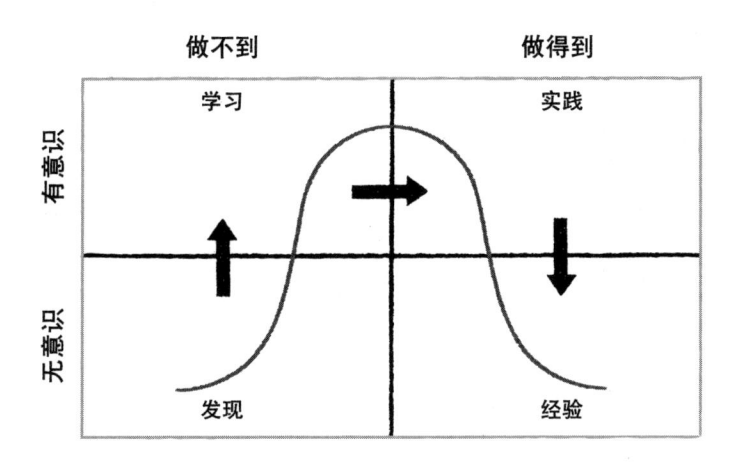

	做不到	做得到
有意识	学习	实践
无意识	发现	经验

"梭博"软件公司（Sobol.io）是一家为分布式团队和自主管理团队提供软件平台服务的公司，公司团队成员之一布赖恩·彼得斯（Bryan Peters）在经历自主管理变革的早期阶段时，虽说自认为已在自主管理理论世界里浸淫很久了，可还是遇到了需要跨越的"小我"问题。"我曾以为自己对自主管理那套东西早熟稔于心，"他回忆道，"可当我们团队在新型工作模式上越走越深时，我才发现自己仍有很多功课要做，我在一些方面的表现真的不尽如人意，亟待进步，还有一些对自己、对团队都没有好处的老习惯（不得不）破除。"[3]

转型之旅三阶段

"易扬马丁"集团（Ian Martin Group）现已完全按自主管理模式运作，

集团领导者之一埃德温·詹森[①]（Edwin Jansen）认为这场变革之旅有三个明显的阶段。[4]虽然下面列出的三个阶段让人感觉像是线性发展的过程，真实经历时就会发现，这其实是个来回往复的过程。在你开启变革之旅时，应当把这些阶段作为一遍遍轮回的过程，不要将自己禁锢在某个阶段，记得要先往前走下去，然后返回来迭代，再进入下一个迭代的轮回。

第一阶段：开"头"（理智阶段）

先从理性上对自主管理的核心概念有所了解，这一阶段你开始不再把组织看作是一个用来管理的金字塔架构，而视之为一个建立在信任基础上的生态系统。这种管理模式是一种从头到脚完全不同的新共事方式，做法上、技能上都有全新的要求，成功的转型既需要个人的成长，也需要组织的调整。在这个阶段，可以利用这本书以及书末所附的相关学习资料，进行阅读、反复查阅，这对变革的理智阶段大有裨益。如果对以下这些问题你都有肯定的回答了，那么说明你已经超越了开"头"的阶段：

● 我对新型工作模式是否已开始有所了解？
● 是否能较清晰地为我自己、为他人定义什么是新型工作模式？
● 在我自己的组织内，关于新型工作模式，我的定义和别人的定义是一回事吗？
● 这种工作模式于我们有好处吗？

---

① 埃德温·詹森现为"易扬马丁"集团的一位领导者，曾任集团旗下 Fitzii 公司的营销总监。此前，Fitzii 公司员工受弗雷德里克·莱卢《重塑组织》一书中所载 12 家先锋组织的青色组织管理范式及其做法的感染和影响，于 2015 年在 Fitzii 公司启动了自主管理变革，埃德温·詹森是当时公司自主管理变革的主导推进者。在经历变革的旅程中，他一路记载并写作了有关自主管理变革过程中的一些思考与反思，发布在公司网站的博客专栏上：https://blog.fitzii.com。——译者注

第二阶段：释"怀"（情感阶段）

当走入例如"自主管理"这种新范式时，你需要不断地、如实地反观于己，这在情感上并不容易做到，从"无意识层面的不知道"阶段进入"有意识层面的知道"阶段（最终进入"无意识的知道"阶段），是一个不断与自己的小我做斗争的过程，需将自己植根内心深处的信念都挖出来审视一番。与这个过程随之而来的常常会有一些重要的情感领悟（emotional realization），有时甚至会让人不禁潸然泪下。变革之前身居高位的团队成员经历这个阶段时，会有种特权被褫夺之感；其他团队成员经历这个阶段时，由于需要他们比以往更多地进行决策，更多地发表自己的意见，也会因此勾出内心的不安。

历经了这个阶段，也就具备了运作自主管理体系所需的情绪基础。这个阶段将让你重新校准自己，从过去主要关注自己的诉求，转变成为满足你所在团队的诉求，认识到自身以及自己的诉求仅仅是团队诉求中的一个重要组成部分。如果能明白地回答以下问题，说明你已经可以超越第二阶段了：

- 向自主管理的转变，于我个人而言，会觉得怎样？
- 我身上出现了哪些情绪的搅扰（愤怒、沮丧、恐惧等）？
- 自己长期以来秉持的信念和个人视角有哪些在被重新审视？
- 我有哪些固着于过去的情感需要放下？

第三阶段：习"惯"（行为阶段）

你每天的行为，都有赖于某些既定的行为模式，一些根深蒂固的习惯常常成了一种不假思索的条件反射，表现在你所用的语言、情绪化的反应、反反复复呈现的行动之中，一般都是很久之前由于你的小我在面对恐惧时出现的自我保护慢慢发展成了习惯。在变革过渡期，可能有的领导者还会像以前一样认为他们的想法应该备受他人推崇，觉得他们的观点更富影响力，觉得自己就能代表大家；可当团队有了共同新认知之后，会期望领导者多听少说，允许他人在项目中有自主的角色职责。

转变管理模式时，领导者需要通过有意识的练习才能养成更恰当的行为习惯。但众所周知，说起来容易做起来难，因为人的旧习惯往往顽固难移。第三阶段的完成，最需要你能够展现脆弱，着意地进行行为改变，为团队大众尽责。以下问题如果能够回答了，说明也取得了这一阶段的进步：

- 此前有哪些你意识不到的行为模式在阻碍自己？
- 你正在努力改变哪些行为习惯？
- 想要形成哪些更恰当的行为习惯？
- 对于你不曾意识到的一些行为模式，如何能以更开放坦诚、更能展现脆弱的方式，在人前袒露自己这些行为模式的源头？
- 如何把为团队大众尽责融入自己所期望的行为改变中？

过渡阶段"术"的话题

不同个体、团队向新型工作模式转型时方式各异，以下这些建议将有助于大家形成自己独特的转型方式。

不要做火急火燎的理想主义者

在看到一些做得很不错的自主管理组织之后，有的人恨不得自己的组织也马上照搬全上。追求完美的心愿可以理解，但若以之为目标，就一定要栽跟头，从"无意识、没能力"状态到"有意识、有能力"状态的转变，需要时间和精力的投入，同时团队还需要关注业务上产品和服务的交付，此时时间和精力都是稀缺资源。

回首那段转型时期，"迪森"数字伙伴公司的西蒙·韦克曼觉得自己当时少一些理想主义就好了："我们读了很多自主管理书籍资料、看了不少演讲谈话之后，对其中一些原则恨不得逢人便说——我们在这个概念上搞得心比天高，而且也高得太快了一点。结果就在我们第一轮尝试时，组织的震动造成了很多破坏。后来，我刻意收敛了一些，慢慢添砖加瓦，就好多了。我们第一轮时没做好背后的真正原因在于大家都没做好准备，真正的自主管理对团队成员提出了很多能力上的要求，这是他们以前想都没想过的。"[5]

不时指明方向

对很多人来说，传统的工作模式很顺手，凡事都在自己预料之中；但转向新型工作模式后，这种改变就像是从原来点单上菜的小菜馆一下子来到了餐品琳琅的大型自助餐现场，至少在最开始时太多的选择让部分人有些吃不消。正是由于这个原因，需要帮助大家对一些关键的要素快速进行澄清，如角色、决策机制、会议及治理机制等。

行动，行动

变革是要行动的。"备妥"咨询是一家以自主管理模式运作的咨询机构，公司的凯瑟琳·马洛尼（Kathryn Maloney）这么说道："我们纵使全天候地教大家学习新的会议结构、决策工具、沟通技巧、团队架构等，但只要大家没做好准备放下过去的'已知'，为'未知'腾出新空间，只要没准备好接受那种略微失衡的感觉，那么是出不了多少新的、不一样的东西的。"[6]

采取行动，涉足未知，都令人会恐惧，恐惧会使我们止步在幻想、计划之中。走向自主管理需要每个人都行动起来，行动之后再有行动，就这样不断重复、不断迭代，然后某种稳固的、会自行扩散开来的东西才会在组织中浮现出来，如果没有这个过程，转型不可能发生。

发邀请，不强求

荷兰的"玻尔"电商平台（Bol.com），有员工 2500 人，其自主管理变革是从一个 40 人的团队开始的。他们先是基于合弄制的一些原则开始试水，随着时间的推移，在合弄制做法基础上自创了一套自己的工作模式，他们称为"星火"（Spark）模式[1]。之后这个试水团队变成了"星火"模式的宣传队，而其他团队受此鼓舞也加入了这一变革运动。5 年后，公司 1500 多人都加入了"星火"工作模式。公司的哈姆·詹斯[2]（Harm Jans）把"星火"模式称为"玻尔自定义的自主管理团队模式，高度自治、高度凝聚、职责清晰、决策敏捷、会议高效"。依他的经验来看，"以这种工作模式工作也非易事，但如果你和团队都投身其中，团队的发展和以前相比将大大加快。"[7]

登堂入室，进入自主管理

有的团队可能会说，让人一夜之间就从一种工作模式变到另一种工作模式，这既不科学也不公平啊。另外，还有一种做法是为大家提供一段学习试验期，让每个人可以按自己的快慢节奏来进行自主管理。

---

[1] "星火"模式是荷兰"玻尔"电商以合弄制为基础自己发展出来的一套自主管理做法。"玻尔"先在物流部门小范围试水合弄制的自主管理模式，后来贴合组织实际，随着试水一步步发展了"轻量版"的合弄制做法，内部称其为"星火模式"。在这一模式下，原有的组织架构依然保留，但员工可以跨部门、跨职能、跨职级地加入"星火团队"；原有职能部门与"星火团队"一起对共享的员工划定清晰的职责范围，在既定范围之内，"星火团队"自身可能拥有清晰的使命宗旨，可完全按自主管理模式运作。——译者注

[2] 现任荷兰"玻尔"电商的创新支持总监，深信宗旨及使命驱动型组织的理念，对敏捷式、合弄制等自主管理的工作模式有强烈的热忱和推动力。2015 年，时任物流部门主管的哈姆·詹斯在自己部门小范围试水合弄制的自主管理模式，后来结合组织实际把它发展成了"星火模式"，这成为后来"玻尔"电商整体向自主管理转型的"星星之火"。——译者注

"柜所"的每位员工，都被称作"掌柜的"[1]（Counterpart）。最近，他们又新发明了一个角色叫"新柜人"（New Counterpart），用来指那些还在学习自主管理核心技能的同事，进入团队的新人都先从"新柜人"做起。现在，"柜所"的团队正在进行一些角色整理，思考可以用什么样的行为特征来定义一个人在角色上的进步，如何能从"新柜人"变成"伙计"（Counterpart Friend），再最终变成"掌柜的"（Counterpart-ner）。与传统那种定三到六月个试用期的做法不同，他们这个一步步毕业的过程看的是所展现出来的真实技能，不是说时间到了就可以毕业。彼得·阿普里尔后来也意识到可能会有人一直毕不了业，离开律所，"我们知道有些人会离开'柜所'另觅他途，但我相信这种离开能让各方都各得其所吧。"[8]

练练练

在自主管理领域，我们经常使用"练习"（Practice）这个词，这是在有意提醒自己一直走在学习路上。"练习"某样东西时，我们要反反复复地做，才能越做越好，慢慢地才能感觉出自己目前做得如何，进展得是否顺利。

《水平领导力》（Going Horizontal）一书的作者萨曼莎·斯莱德[2]（Samantha Slade），创办了"彼尔共建"实验台（Percolab），一家位于加拿大蒙特利尔的国际性共创与共建企业。她用弹钢琴做了一个比喻："我们练习弹钢琴时，如果随心所欲地练，是不会有进步的，我们会让自己

---

[1] "掌柜的"是"柜所"对员工都是公司一员的一种表达，意为员工都是律所里能做主决策的"一分子"，都是能做主"执掌"这家公司的一员。这家律所的英文原名是 Countertax，名字中 counter 有"柜台"的意思，而员工都是律所的一分子、一个组成部分（part），把这两个英文单词合起来，就将员工称作"Counterpart"。——译者注

[2] 《水平领导力》一书由颉腾文化于 2022 年出版，作者萨曼莎·斯莱德是青色组织等面向未来的新型工作模式的工具运作以及文化驱动措施方面的先锋，致力于为团队、组织、生态体系在发展参与式领导力、合作、边做边改进等方面提供支持，她创办了"彼尔共建"实验台（本书后文多次提及）。在过去 20 多年的经验中，她立足于自身在人类学、学习设计方面的专业背景在北美地区及国际上为各类创新工作提供支持。——译者注

按一定的方法来练习。每周二练 30 分钟，每周三练 40 分钟，每周六练一个小时；平日里练同一支曲子，每逢周六就挑战一下不同的、更复杂的曲子……我们在学习和练习时很自然地会给自己安排一套方法让自己进步。那么，在工作中实行自主管理进行的练习也是一样的。"[9]

自主管理下的管理者

很多走上自主管理之路的领导者都有一条相同的经验教训：容易从一个极端误入另一个极端。新一代组织管理模式需要寻找管理上的新平衡点，多一些个人自行管理的部分，少一些来自别人的指挥性的领导行为。在找到这个新平衡点的过程中，很多领导者承认自己有些过犹不及。

社交软件平台公司"缓适"软件（Buffer）的联合创始人利奥·威德里奇（Leo Widrich）这样写道："做自主管理之前，我们几位（创始人）都是很传统的管理者，做决定、指挥团队及业务领域向着目标和既定的项目节点努力。在进行自主管理的第一轮迭代时，我们几个人都放任不管了，帮助员工成长的一对一的谈话也停掉了，决策不做了，还故意避开制定愿景方面的事，只做团队其他成员都在做的事：乔尔·加斯科因（Joel Gascoigne）做些日常产品方面的工作，我做些日常市场方面的事，但很快我们就发现这是有问题的。真可惜我们浪费了那些时间。"

领导者退得过快、过猛，会使整个公司的学习速度降下来，让公司找不着北。利奥接着说，"我们现在正在迭代的自主管理做法中，乔尔和我又开始承担一些全局角色了，做辅导、教练的部分回归了，还有一些全局性的决策像是愿景、产品方向等，又回到了我们手中；放手的是管理方面的事，大家不再向我们汇报什么东西了，我们也不再指挥大家做这做那。"[10]

海伦·桑德森[①]（Helen Sanderson）是提供社区支持服务的组织"身心健康团"（Wellbeing Teams）的创始人，也有相似的经历："坦白说，我往后退得太多了些，关于不再做传统的 CEO 这一点意味着什么，我是有些犯迷糊的。我觉得在自主管理团队里，需要每个人都走上前承担领导角色，可我自己往后退得太多了些。现在好多了，我学着改了些做法，和同事们一样，我也走上前去，承担领导角色。"[11]

就这样，迈出第一步，再迈出第二步，你的"新型工作模式耐力跑"就正式开跑了。你从开"头"，跑到释"怀"，再跑到习"惯"，然后又会跑回开"头"，如此不断循环往复。随着练习的进展，你和团队在这方面的相关"肌肉"都会得到锻炼；当然，脚下打滑在这个旅途中也是在所难免的，也是其中的应有之义，没失过足的你只能原地不动。下水去试吧，让这一段学习经历可歌可泣。

[①] 海伦·桑德森是"身心健康团"创始人，在过去 20 年间，她在健康及照护领域孜孜不倦地探索，在客户服务和管理模式上，不断探索着以人为本以及自主管理的做法。——译者注

第4章

知而后言
言辞非小事

要做根本层面的变革，光解决问题是没用的……倒不是说解决问题这种思路有什么不好，而是想说要做这深层的变革，关键是要先转换底层框架、语言、思维，先为问题的解决腾出"可能"的空间。

——**彼得·布洛克**[①]（Peter Block）[1]

---

① 彼得·布洛克是美国俄亥俄州一位从事有关管理咨询以及社群支持等工作的知名顾问，是授权、管理工作、选择问责以及社群调解领域的咨询专家，著有被誉为"咨询圣经"的《完美咨询》等书。——译者注

觉察工作场所中行为模式的同时，也注意一下是不是有些言语上的东西在强化着人的行为模式。人选择用什么样的语言来表达，也影响着人的行为，加强了"刺激—反应"的固有链路。花些时间让大家在所用言语的意义上取得一些共识，非常重要，也很有意义——团队能因此得到一些惯用的简称，有助于形成组织自己的文化。每当团队有新人入职时，也要记得花些时间帮他了解你们特有的一些"行话"。

有些词用得太滥了以至于我们常常用得不假思索，如"反馈""绩效""合作""管理""领导力"这些词。我们对这样的词用得太习以为常了，因而也对工作场合下某些预置预设一样习以为常地接受了，而这正是问题所在。我们对这些词的含义从来都不加思考（更不必说去思考别人想表达什么了），也没想过要大家共同就这些词义形成一以贯之的、彼此相同的理解。

可以花点时间由表及里地分析一些工作中用到的词，澄清其在组织中、在团队中的含义。人们很容易在词义问题上随波逐流，所以定义清楚才显得很重要，尤其有些词还与人所背负的一些东西有关联——词里带上了人的特殊需要、人的特定身份认同等。例如，"信任"这个词就是状况最多、用得最滥的一个词。"信任"这个词的含义是什么？是指我相信你会对我说实话吗？还是指我相信你会说到做到？还是指因为我相信你会为我好，所以我会把自己的权利交到你的手中？抑或是指我会支持你？一个团队中的信任是如何出现的？它是不是成了一个用来美化遮丑的词？是指每个人都相信彼此心口如一吗？既然给予了彼此信任，我们

第 4 章 知而后言：言辞非小事　　033

还可以再去监督别人做的事情吗？应该还是不应该那么做？对本书几位作者而言，我们的"信任"一词包含两层含义：对"目的"的信任以及对"能力"的信任。如果有人对你说"我不信任你"，你可能理解成对方是对你在"目的"上的不相信，而实际上对方很可能只是表达他不相信你有这个"能力"。

另外，当我们引入新型工作模式时，如果用一些别人闻所未闻的词，或是很多人在工作场合下从不这么说的词，像"青色""合弄制""自主管理"等，会使情况更复杂。所以，需要花些时间让大家对这些新术语形成统一的理解，即便引入的是别人在其他场合听过的词，如"民主"（democracy）、"层级制"（hierarchy），也不要理所当然地认为这些词的含义是客观的，它们很容易就造成混淆，因为这些词具体是什么含义每个人其实各有各的定义。进行组织变革时，让大家对所用的这类词形成共同理解很有必要。贾森·科特雷尔（Jason Cottrell）是加拿大多伦多一家名叫"我的星球"[①]（Myplanet）软件工作室的创始人及CEO，他在"用词"问题上就有很多思考，如他会思考应当怎么称呼公司的管理团队比较合适："我知道，在业界已有'既定标准说法'的情况下，我还来回讨论一些用词问题，有人觉得我很傻，可那些'既定标准说法'大多都是科层式管理体制下的产物啊……我始终相信言为心声。"[2]

"青"言"青"语

一群人一起工作、生活、成长，就会产生相应的共同语言，这是自

[①] "我的星球"是加拿大多伦多市一家软件工作室，是认证的"共益企业"（B Corporation），其宗旨是与世界上最有影响力的组织一道为打破业界之间的藩篱而努力。公司主要以数据、系统思考等为依托，致力于帮助客户企业改善它们与用户之间的交互界面，从而帮它们实现与其宗旨、使命相关的数字化转型。——译者注

然生成的过程。所谓的"行话",促进着人们间的归属感,"共同语言"是成为某个群体一分子的必要组成部分,这让大家有了"在一起"的感觉;可对那些"还没在一起"的人,"行话"会造成理解上的隔阂,可能会让人觉得这样的氛围排外,觉得那些"行话"让人听了很不舒服。以下列举一些在"旋之炫"社群(Enspiral)中常用的词语——这个社群一直在支持人们发起及营建各类助力世界向好的活动项目。下面这些词语并非"旋之炫"社群所特有,很多自主管理组织也都有这些说法。[3]

青色常用语:签入(Check-in)

使用示例:"我们开始前,先很快做个签入吧,现在大家主要在忙些什么?"

含义:在会议前或大家集体活动开始前,邀请在场的每一个人发言,在正式开始之前让每个人的声音都被听到,允许个人表达任何内容,这对大家以什么样的"呈现状态"参加会议会有影响。

青色常用语:签出(Check-out)

使用示例:"我们很快做个签出,在今天结束时,大家觉得怎么样?"

含义:与"签入"对应,"签出"的流程就是邀请每个人在会议或集中活动行将结束时,说出任何他们想说的话,"签出"环节通常会很快、很轻松地进行。

青色常用语:生态系统(Ecosystem)

使用示例:"他们不在我们社群里,但他们肯定是我们这个生态系统的一分子。"

含义:这个词借鉴了自然界中的现象,用"生态系统"来表示与某个社群、某个想法、某个对话有关的互有联系的人、项目以及公司等。

青色常用语：被领导力（Followership）

使用示例："我们在被领导力方面宣扬得还不够多。"

含义：相比"领导力"这个词虽不太常见，但重要性上一点也不逊色。"被领导力"指的是当其他人在某事上承担领导者角色时，给对方予以积极的、显性的支持，如答应对方第一次开会时到场，并让其他人都知道自己的支持态度。

青色常用语：采收（Harvest）

使用示例："谁来把今天大家讨论到的东西采收一下？"

含义：这个词并不是采收树上苹果的意思，而是指把大家在讨论会、工作坊、集中活动时提到的点子及行动方案收集整理并记录下来。这个"采收"的成果可能就是用思维导图的方式在大纸上画出来，或是给贴在窗上的便利贴拍个照，或是把内容写到一个共享在线文档里。

青色常用语：抱持场域（Hold space）

使用示例："多谢你在这次离修会[①]上为我们抱持了那么好的场域。"

含义：指的是帮大家在进行会议、对话、辩论、探寻时，在物理环境及氛围方面创造并维持最合宜的条件，让团队得以完成需要完成的事，且在帮助的过程中不预判任何具体的产出。

[①] "离修会"（retreat）是现今很多组织常用的一种回顾与反思的会议或工作坊形式，一般做法是暂时让一群人从日常所忙碌的事务中跳出来，通过设计好的会议或工作坊的形式，换个视角来反思回顾之前一直在做的事情，讨论一些组织宏观层面及与未来方向、战略相关的话题，还会特意安排一些能让工作伙伴共度、一起提高合作默契度的非工作时间，通常安排在一个让人远离原有环境与氛围的处所进行。——译者注

青色常用语：感知（Sense）

使用示例："我的感知是，我们想要的那个点就快出来了。"

含义：某种说不出来的东西，或是某种尚未成型的思考或过程，被感知到的东西有点模模糊糊，有时也指一种尚未成型的想法或洞见。

青色常用语：呈现状态（Show up）

使用示例："我们需要一直问自己，想以怎样的状态呈现自己。"

含义：指人们对把什么样的思维和状态带到了某个项目或某个活动中来，自己是有意识的。例如，是开放的姿态、反省的姿态、温和的姿态，还是体贴照顾人的姿态。

作为领导者在组织中引入这些词对组织是有好处的。语言上的变化能带来行动上的改变，帮助大家形成新的行为模式。语言是他人洞悉我们思维的窗口，如果想要以新模式引领组织，语言往往成为试水的第一步。

团队要以新工作模式共事，大家的一致程度非常重要，这个过程不可能一劳永逸，需要每一个人的不断实践。除了先让大家认识到言语的重要性，还需要大家对所说的话、想表达的意思，都有相当程度的自觉自知；当有人跑回旧的言语模式时能做到彼此澄清，相互提醒。

当大家有了相当程度的一致性后，就可以发挥言语的作用，帮助团队澄清和强化一些价值观上的东西，帮助团队真正地活出价值观。例如，"缓适"软件公司有条价值观是"聆听"，为了活出这一价值观，公司要求大家少用绝对性的语气说话，多用表示不确定的词，像是"可能""也许""感觉上""或许""直觉上"等，把出现的各种情况都视作某种假设状况的呈现。考特妮·塞特①（Courtney Seiter）在公司的博客文章中这样写道：

在"缓适"公司，很少听人会用"一定""当然会"这种非常肯定的词，大家常常是这么说话的：

我的直觉让我觉得……

我感知了一下，我们可能可以这样……

有可能这样……吗

我的感知是，可能可以这样做……[4]

如果你们也打算改变传统的职位称呼，准备把角色看作一系列的职责集合的话，还可以拿言语来做些文章。有很多团队就给一些角色取了富有新意的名称，从中收获了很多快乐，例如，把董事会的联络员角色称为"董语者"（board whisperer），负责报销审核的人被称为"钢镚儿大管家"（steward of the coin）……当然，这里并不是说大家一定要拿语言来搞笑。

与本书向大家发出的所有邀请一样，本章关于在语言方面的邀请也是请大家先"觉"（能把那种东西觉察出来）后"知"（有了对其存在意义的理解后，带着意识行动），对自己话里所用的词、对言语造成的影响做到自觉自知，然后大家就可以一起来决定如何利用语言来促进新工作模式的形成。

---

① 考特妮·塞特是"缓适"软件公司的前任人力资源总监，现在常在公司网站的博客上撰文，记录公司发生的一些重大变革及重要事件，可参阅 https://open.buffer.com。
——译者注

第 **5** 章

变革的阻抗
处理内在的反对之声

人的头脑中都有个小声音,那是人的愤怒和恐惧。这个声音就是阻抗,是人的"蜥蜴脑"① ——它只想让你做个平平庸庸(以及安安全全)的人。
——塞思·戈丁 ②(Seth Godin)[1]

---

① 根据美国神经学专家保罗·麦克里恩(Paul D. MacLean)在 1970 年提出的"脑的三位一体理论",人脑由网状脑系统、情绪脑系统、大脑皮层系统等三种物理脑系统组成。其中的网状脑又称"原始脑",负责个体生存、生理安全需求和身体知觉,原始脑只照顾自己的愿望和需求,它趋向快乐而躲避痛苦,代表动物是蜥蜴,故又称"蜥蜴脑"。——译者注
② 塞思·戈丁是 20 世纪 90 年代后期以来一系列商业领域专著的作者,也是一位演讲家,著有《许可营销》《公司进化》《紫牛》《营销人都是大骗子》等书。——译者注

每天，我们都要用硬生生的决心和血肉之躯的意志来对抗自己的"蜥蜴脑"。我们苟且偏安、省事偷懒、不求更好的本能是种内生机能，如果听之任之，它就会一直压制着我们本性中更好的追求。每天，我们都需要觉知并应对自己身上的阻抗，与之相处、与之共舞。哪怕最勇往直前的人——那种"永恒的乐天派"，想必对下面这段话依然会感同身受吧，这是《艺术之战》① 一书的作者史蒂文·普雷斯菲尔德（Steven Pressfield）在博客里写的一段话：

有时会有人问我："你一天中何时会感到阻抗的存在？"

我回答："睁眼就有。"

其实可能睁眼之前就有了。

可能在我感觉到自己醒来之前就有了。

能觉察到它的存在。

"阻抗"这种东西像头身躯硕大、贪嗜成性的熊，并肩和我睡在床上，我下床的脚才刚着地，它连鞋带都系好了。

"阻抗"早已候我多时。

它早醒了。

---

① 原书英文名为 The War of Art，暂无中译本出版，此为暂译名。这本书中所指"艺术"是指广义上人类所有需要发挥创造力的活动，本书所指"艺术的战争"不是艺术成果之间的比拼，而是人们在进行艺术创作的过程中与内心的争斗，在这个过程中人们都会遇到同一个敌人，作者把它称为 resistance，意为"阻力"，这正是本章所谈的核心关键词。——译者注

准备随时出击。

不许我有哪怕 0.0001 秒的机会。

该怎么办？

我会怎么办？

我发现打败它的唯一办法就是在最开始的第一微秒和他正面交锋。

我爬起身，起床。

冲进浴室。

我愤愤不平，喃喃自语，我（焦灼地）等待身上第一缕积极的念头降临。

我在思想上早已做好了面对这只"巨熊"的准备，我要打败它。[2]

如果我们面对自我时足够真实，就会明白这个比喻里的"熊"在我们日常生活中"天天见""各种见"。"恐惧""阻抗"，无论用什么词来表达那种感觉，它都像呼吸一样俨然成了我们生活的一部分。自人类有羞恶之心（不管哪种方式下产生的羞恶之心）的那一刻起，直到剩下最后一口气为止，与之相关的挣扎都历历在目。如果问："你恐惧的是什么？"答案有很多可能，其中最主要的就是"怕伤到自己、伤到他人"。关于"怕伤到自己"，如果细究一下，也许发现其中有意思的部分，也可能因此会让人觉得简单很多。

如不考虑身体上的受伤、物质需求上的受损（食物、居所），那么人所怕的主要是在情感、心理、精神上受到伤害。"伤"的感觉可以是"羞"也可以是"愧"。有位同事常和我们提到他自己一段"开始有羞恶之心"的往事，这件事成了他心中阻抗的主要源头："记得我那时 7 岁上下吧，上二年级，我觉得自己有一些聪明的想法要告诉同学们，激动地举起了手。老师让我发言，我说了，接下来我完全被吓蒙了——全班包括老师在内都哄堂大笑……"被人取笑、遭人嫌弃，觉得自己像个傻瓜，这种情感上的伤，伤得真真切切。对很多人而言，面对变革时出现的或大或小的阻抗，都能回溯到这种恐惧，生怕自己贻人笑柄、遭人嫌弃。

当传统工作模式早已在人们内心根深蒂固，我们哪怕只提一提想换种共事的方式，就已经像在自己脖子上挂了块"你来笑我啊"的牌子。难怪大多数领导者，甚至一些意识上很激进的领导者，也都按捺住了自己的内心——"省省事儿吧，用传统的管理模式按部就班地做下去算了"。

变革之旅中的痛

出现阻抗很自然，每个人多多少少地都要面对，每人也都有自己的应对之道。大多数时候，面对阻抗时人会选择逃避，如对引入新型工作模式有隐隐的恐惧时，我们会表现得迟迟不敢尝试；有时，恐惧也会化身为对他人的愤怒和沮丧的情绪。因此，当你在组织里开启变革时，先好好审视一下自己的信念系统，加强自身的修持，这极其必要。

"易扬马丁"集团的埃德温·詹森回顾道："有机会揭开和探究我内心最为恐惧的东西时，我的个人成长也就突飞猛进了。我口口声声说想听别人给我的反馈，却发现一旦别人说了我哪里需要改进，我的情绪和防备马上就出来了。后来我就自问：'我在怕什么？'我学着让自己带着勇气把自己脆弱的一面呈现出来。"[3]

苏珊曾陪伴一家人数超过千人公司的 CEO，这位 CEO 持有这样一种（有局限性的）个人信念——可能其他很多人也都有，归结起来即，"既然我是老板，那么人人都会觉得我的想法是最好的，只有我才可以安排他们的工作；而一旦我要挑战这种假设，我就会觉得要么辜负了大家，要么欺骗了大家。"

事情就是这样：探究阻抗，就是会痛。

这种痛随着探究的进行会一直持续好几年，学习与成长也就需要那么些年。或许在某一天你会以某种方式自问，"我这都是为了什么？就只有我一个人关心这事吗？"你猜怎么着？其实团队里其他人也都在自问同样的问题。我们都知道变革的进展不是线性的，即使你踏上了目标崇高的变革之旅，为了让组织更有人性的光芒，但你作为这个变革的领导者依然有可能是变革最大的桎梏。而这，也正常。

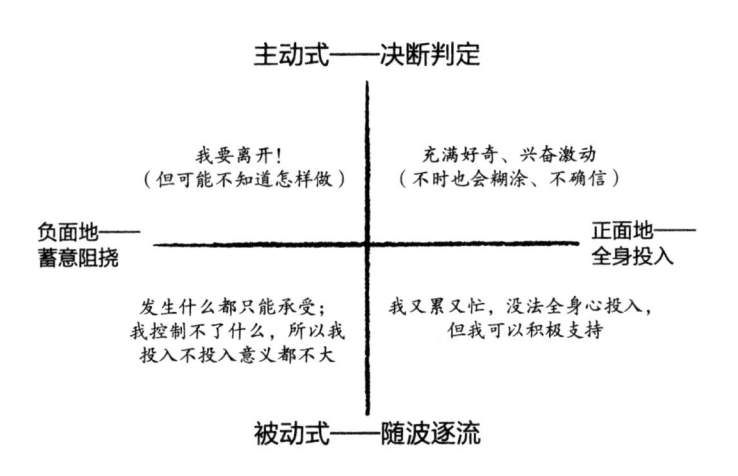

```
                         主动式——决断判定

             我要离开！              充满好奇、兴奋激动
         （但可能不知道怎样做）      （不时也会糊涂、不确信）

   负面地——                                            正面地——
   蓄意阻挠                                              全身投入

         发生什么都只能承受；          我又累又忙，没法全身心投入，
         我控制不了什么，所以我             但我可以积极支持
         投入不投入意义都不大

                         被动式——随波逐流
```

承认阻抗的存在，并有所觉察，会好很多。上面这个简单的四象限工具很实用，可以帮忙分辨团队在自主管理转型之旅中每个成员处在什么状态。例如，可以在团队会议开始做"签入"时，用它来问问大家目前感觉如何，可以画在白板或在线电子白板上，或是打出来让大家标一下自己处在哪个位置。用熟了之后，这个工具团队成员自己都能画出来。

这个工具的用途还有很多，有些用过的人表示，在向自主管理转型的过程中，他们会在各个象限之间游走。各个象限并无对错之分，只表明了当下真实的状态。因此，这个四象限图还可以帮助团队成员明白，转型之旅不会一路坦途，这很正常，而且本就如此。有时大家会感到特别积极主动，对自主管理中的"自由"与"责任"很投入；有时又会觉得被动得难以融入，感到随波逐流、身不由己；时而又觉得不得不被动地投入，虽有一阵阵欣喜，但日常工作的繁冗又淹没了欣喜；时而又想故意地不管不问一阵子——这当然也无妨。想让人在整个转型过程中时时都全程投入，也不现实。

如想要更深地探索内在阻抗，还可以参考罗伯特·凯根[①]（Robert Kegan）在《变革为何这样难》（Immunity to Change）书中提供的一些流程上的做法，"大加学院"的《实用自主管理强化课程》用的就是该书的模型，帮助参与者来审视自身的理念及行为，帮助大家看到自己的预置假设，让大家明白如果改变行为可以收到什么效果；通过向自己发问的方式，让大家直面自己的阻抗，然后设计一些风险较小的尝试来让参与者测试自己的预置假设。这种试验可以帮助大家获得更精妙的视角，以便看到在追求更高宗旨时，自己身上的恐惧为何"既有用，又有害"。

情绪之所在

向自主管理转型，处理由此而来的阻抗——无论是我们自身还是他人的阻抗——都需要把根本放在对情绪的处理上。弗雷德里克·莱卢关于向"青色"转型提过这样一个观点："如果你向青色转型的理由来自头脑的理性，你是不会成功的，因为反对变革的人总能针锋相对地提出反对的理由。"[4] 变革的目的需源于个人亲历的故事和生活的体验，是这些东西推动着我们走上新的征程，探索不同的、更好的东西。你可能总会听到一些说法称"工作中就不该有情绪上的东西"——可这样的观点忽略了一个平常的事实：情绪已然出现在工作中了，它每天都在舞台上上演。令人咋舌的是，对有可能引发恐惧的各种东西，人们也都学会了身手敏捷地东躲西藏、千逃百避，想把这些东西碾碎于脚下。

[①] 罗伯特·凯根是世界知名心理学家，哈佛大学成人教育和职业发展威廉·米汉和米莉亚姆·米汉（William and Miriam Meehan）教席教授、学习与教学专业主任，以及教育管理与领导力研究所教学主任，著有经典著作《发展的自我》《人人文化：锐意发展型组织DDO》《深度转变：让改变真正发生的7种语言》等。——译者注

回想一下你自己所经历过的事，在某个项目上你们团队本来相当协调一致，后来有个冲突在团队里爆发，对你而言相当意外。想到这些都是共事了很久的同事，人都很熟，于是你双眉紧锁，强忍自己的怒气。你心里盘算："都是共事多年的人了，团队似乎也足够成熟，沟通也没问题啊，怎么会搞成这样？"

如果他人对我们视而不见，做重要决定时将我们排除在外，虽然我们能够意识到是什么东西引发了我们的情绪，但我们的头脑、身体、心里还是会有挫败沮丧、被人嫌弃的感觉。在传统工作模式下，公然把这些感觉拿出来谈会被认为是不太好的做法；要不就是认为这是人性的弱点，不值得"浪费"工作上的时间来讨论。如果是这样，大家都觉得上班是件苦不堪言的事，这就一点都不奇怪了。如果人产生情绪时，遇到的都是对自己情绪不闻不问或戏谑不恭的人，那他们也只得被迫将自己最真实的东西深埋或者忘怀了。人都懂得要避开会伤到自己的东西，在人们进入职场前，都已花去数十年时间练就了一身闪转腾挪的功夫。

阻抗、恐惧

如果你下定决心不再闪躲，决意要与阻抗共舞，可以先学会觉知、辨认、说出自己的情绪，下述做法可以让你慢下来，看看自己身上发生了什么。试着回答下面这些问题，也可以把答案写到日记中：

● 我是否接受自己内心出现了阻抗？（如不能接受自己内心有阻抗，看看是什么东西在对抗着你的阻抗，"我在抗拒什么？"回答要细致、诚实）

● 这个阻抗有没有带出一些恐惧，如有，是哪些？（阻抗之下往往会有恐惧）

● 我在恐惧和阻抗中有否发现一些智慧的东西？（虽然不一定，但阻抗常常能指引我们看到一些潜藏的、不明显但有意义的东西）

在这个过程中，随着你情绪的流露，便可以进一步将其打开并细究。

为了让他人也能探究情绪而为其营造安全的氛围，这将是你为他人送上的一份厚礼，也是正在兴起的青色范式的应有之义：我们不再压抑自己的感觉，尤其其中的恐惧，在通往更好的工作模式的路上，我们将带上自己的感觉前行。

带领团队走上青色转型之路，对很多人而言都会有阻抗和恐惧，以自主管理模式运作的"备妥"管理咨询公司的朱里安·卡默[①]（Jurriaan Kamer）谈到对组织进行变革时这么说：

这看似简单，实则难于上青天；最难的变革是对系统进行的变革。很重要的一点，大家要知道，任何变革或在系统中出现的任何不同以往的做法，都会引发组织免疫系统的自动反应，这个"免疫系统"可能会竭力摆脱这种不正常的东西，当你注意到了这一点，并且在注意到之后依然有勇气继续变革时……还需要你不断地站出来表达，你这么做的目的在于追寻更好的工作模式，这点很重要。勇敢一些，不要泄气，如果做不到，你就会失望而归，还会造成很多伤痛。[5]

遇到组织层面的阻抗时，也要一步步地处理。不要把团队层面的阻抗看作要去战胜的东西，与个人层面的阻抗一样，对它保持好奇，然后再处理它——阻抗中包含着重要的洞见，往往能让我们知道发生了什么。先把关注点放在对新工作模式感兴趣的人身上，当这些人有了一定发展之后，他们便可以去帮助其他人。

在聆听和探究阻抗时，用心聆听他人说的话，以及话背后的东西，学着开门见山地问对方有什么需要，表达你所感觉到的他们的阻抗中有哪些正常的东西，比方有一些的确需要澄清的担忧等；这时的目的是澄清误会，确保同事们都真正聆听并得到了理解。

[①] 朱里安·卡默是"备妥"管理咨询公司合伙人、组织设计顾问及组织转型教练，著有《秘方X：如何让组织变得极速》（*Formula X*，暂无中译本，此为暂译名）。——译者注

046　重塑领导力 LEAD TOGETHER

很抱歉本章未能为大家总结出一句简单的答案,但我们可以保证,只要你选择身入其境,就会像《绿野仙踪》里踏上奥兹国领土的多萝茜一样,在走出房子的那一瞬间,肯定会看到前所未有的五光十色和光鲜亮丽。[1]

---

[1] 这里借用了《绿野仙踪》童话里的典故,多萝茜是故事的主人公。这个童话里的多萝茜一次次地把希望注入心田,又一次次地经历了失败。但是,多萝茜心里一直想着堪萨斯州的家,她和伙伴们凭着十足的勇气和必达目的的坚强信念,终于到了奥兹国实现了自己的愿望。这部作品揭示的主题是:做任何工作都必须有一个美好的理想,经过坚持不懈的努力,最终必能取得胜利。——译者注

第6章

宗旨
大家一起共事的缘由

> 宗旨是处于中心地位、具有自我维系力的生命准星,是它激发了目标、管控着行为、赋予了意义……(在它指引下)个人有限的资源才得以应用……像为行路人引航的指南针一样,宗旨引领着方向。
>
> ——托德·卡什丹(Todd Kashdan),
> 帕特里克·麦克奈特(Patrick McKnight)[1]

---

① 托德·卡什丹和帕特里克·麦克奈特是美国弗吉尼亚州乔治梅森大学(George Mason University)的心理学家,此引语来自两位学者发表在心理学期刊上一篇关于人的人生宗旨与健康状态之间关系的研究论文。——译者注

人最理想的职业生涯就是投身到由宗旨感召的、有意义的工作中去。可于多数人而言,工作的核心动力只为生计,要想让工作符合个人的价值偏好、找到内在动力,可称得上是种奢望。组织的北极星或能引领人的意义,是组织得以存在的强大保障,但这个北极星却很不容易说明白。世界上有一大把咨询公司的存在,就是为了帮各类组织挖掘使命、愿景、价值观,可一旦组织把这些东西"搞到手",这些宗旨、宣言很可能也就被"束之高阁",发挥不出指引行为的作用。在自主管理的大拼图中,发掘并阐明组织宗旨是其中重要的一块,如果没有共享宗旨的感觉,如果不用宗旨指引人,系统就不可能有效地自主运转。

与本书中涉及的其他很多词语、术语、习惯表达一样,"宗旨"一词也演绎了各种不同的解读。有人是从"实用"角度来看宗旨的作用,但文化建构师凯特琳娜·布尔格瑞拉[1](Caterina Bulgarella)提醒我们,究竟该如何看待宗旨,是当"手段"看(财务上的增长才是真"目的"),还是当转型的"催化剂"来看?她在《福布斯》杂志上撰文道:"可能如今很多公司都认识到了宗旨的重要性,但只有少数公司把宗旨用作决策的定鼎之柱;另外,现下很多员工,尤其千禧一代,他们并没有觉得和雇主

---

[1] 凯特琳娜·布尔格瑞拉是组织文化与组织伦理方面的建构师,美国《福克斯》杂志撰稿人、书籍作家,她关注的话题有员工凝聚力、宗旨引领、新领导力、自主引导的敏捷团队等当今很多根本性的组织挑战;她创办了名为 Be Thread 的咨询公司,提供相应的工具和解决方案,帮助组织、团队、领导者在组织变革、自我觉知、自主引领、富有宗旨意义的工作等方面前进。——译者注

的宗旨有什么情投意合之处——上述两种症候都源于同一病根：这些公司只把宗旨用来促进组织的线性增长（煽情地把大家往前拽），而没有发挥宗旨改观世界的伟力（让组织进化着向上长）。"[2] 弗雷德里克·莱卢在《重塑组织》一书中也抒发过类似的感慨，他写道："至少在我个人的经验里，公司的高管们在激烈的业务讨论中，并不会暂停一下回到企业的使命宣言来寻求指引，问一句'我们组织的宗旨会要求我们做些什么呢？'"[①][3]

真正意义上的宗旨发端于组织大写的"为什么"，往往需要长年的反思与求索，组织里身负强烈个人价值使命感的人操持着这个求索过程，大家对组织的某种可能性形成了共同的愿景，进而探寻到组织的宗旨。无论这个宗旨是为用户编写体验良好的软件，还是诸如"WD-40公司"[②] 所说的"让我们做的每件事，都化作美好而持久的回忆"[4]，宗旨这颗北极星就像是决策与战略的伟大仲裁者，又像是我们改观世界的激发者。

为了抓到宗旨要义并加以传递，"用语言来表达宗旨"虽说很不容易，可我们也只能借助这种方式来传达。无论如何努力尝试，语句字词永远都不可能自带生气，字句上的表达虽然重要，也有些用，但终归做不到淋漓尽致。组织在创立之后，就走在活出宗旨的路上，组织中的每一个人都需要去聆听"组织"接下来想要做什么。这种认为"组织"自有主张的想法可能会让很多人觉得怪诞，但请看看下面这个故事，便可类比一下。

新西兰有条河流不久前开始具有了自身的权利和价值主张，成了世

---

① 原文可参见《重塑组织》第二部分"进化型组织的架构、实践与文化"中的第2.6章"倾听进化宗旨"。——译者注

② WD-40公司是全球消费品公司，成立于1953年，总部位于美国圣地亚哥，主要产品为WD-40金属制品多用途保养剂。其文化中最独特的部分是公司的"部落文化"：将公司视为"部落"（tribe），将员工称为"部落成员"（tribe members）——公司作为"部落"是一个共享价值观、知识、仪式感、归属感的自我存续又相互依赖的地方，员工作为"部落成员"既各有专长，又同为部落利益作出贡献。WD-40公司认为这样的部落文化会让公司成为一个自我存续的所在，每个人才愿意在其中驻留和成长。——译者注

界上第一条具有生命体地位并被赋予法人资格的河流。[5]这条旺格努伊河（Whanganui River）位于新西兰北岛，当地毛利人一直觉得它有着特殊的精神意义。新西兰国会通过了一项法案，授予这条河借助两个法人代表来声明自身主张的资格，这两人一位来自伊维（Iwi）毛利部落，另一位来自新西兰政府。旺格努伊河，毛利语称之为"具有某种超自然存在的河"（Te Awa Tupua）。这种获得法人地位的现象实属罕见，① 但在毛利人看来，这条河就是从山到海的自然机体的一个组成部分。参与条约谈判的克里斯·芬利森（Chris Finlayson）提到，这个伊维毛利部落从19世纪70年代起就一直为争取这条河的人格权而战，现在旺格努伊河终于有了自己的法人资格，有了相应的权利、义务与责任。正如克里斯所说："我知道有些人一开始会觉得这种让自然资源成为法人的做法太奇怪了，但想想看，家族信托、公司、法人团体的存在不也是这样的吗？"[6]

将组织视为生命体，认为它自身具有进化着的宗旨（"青色"理论因此称之为"进化宗旨"），有助于个人将自己的需要和诉求与组织的需要和诉求分开来看。在上述例子中，河就是由两名指定的组织来代表的；同理，公司里任何人也都可以成为组织的代表。虽说人们可以代为书写组织的原则、想法、价值观，但要真正把组织作为自身宗旨的主人来对待，还需要团队以"组织代表"的身份帮助组织去"感知"其宗旨。这个感知过程不只限于理性的思考，还要发挥想象力，带着觉知进行反思；这个感知过程还需要持续不断地进行，因为宗旨会"进化"，会发生"一种缓慢而具有方向性的诉求上的变化"，这一点很容易被人忽略，如能充分感知，进化就可以带来成长与发展的契机。

---

① 2017年3月15日，新西兰通过法案，赋予了位于北岛的旺格努伊河"法人权利"，使其成为世界上首条具有合法生命体地位的河流。160年以来，当地毛利人一直在为这条河争取权利，因为他们坚信山川、河流、海洋都有人性。无独有偶，据《今日美国》2017年3月21日报道，为了保护河流不再受污染破坏，印度的两大标志性河流——恒河和亚穆纳河——被赋予生命，和人类享有同等的权利、义务和责任。这两大河流被近10亿名印度教信徒尊为神物。——译者注

第6章 宗旨：大家一起共事的缘由

很多组织发掘宗旨的做法是，由点到面地拼出宗旨全图，而不是去解读变动着的需求。弗雷德里克·莱卢在《重塑组织》书中是这么阐述组织进化宗旨的发掘过程的："组织成员被邀请去聆听与理解组织想成为什么以及想要服务于怎样的宗旨，而不是企图预测和控制未来。"[①] 7 本章最后一部分有一系列的练习，助你聆听、接收你组织独一无二的进化宗旨。

思考与实践：个人宗旨

对组织的创始人和操持者来说，践行组织层面的宗旨之前，应该对自己的个人宗旨、自己的独特职业追求先有一定程度的认知。如果你准备用宗旨来带领组织，在此之前也先要完成这一步工作。来看看你对下面这些说法是否有感觉：

- 我能感觉得出是哪些东西成就着我工作的意义。
- 我知道我的工作是如何对这个世界产生积极影响的。
- 我所做的工作有助于我更了解自己。
- 我所做的工作给我带来了生活上的提升和个人的成长。

如果对上面的这些问题都没感觉，那就要反思一下自己目前所走的路了，看看要如何调整，才能让自己的工作更富意义、更具宗旨感。个人宗旨往往是个人热情（从事什么领域会引燃你）、个人技能（教育和经验磨砺出来的东西）、对外贡献三个领域的交集。

之所图、之所存、之所为

宗旨是组织团队关于想把时间花在哪里的郑重宣言，它是组织"之

---

① 参见《重塑组织》第2.1章"三项突破与一个隐喻"中的"进化—青色组织的三大突破"一节。——译者注

所图"（intent）、"之所存"（being）、"之所为"（doing）三者交汇的地方。比方说，"易扬马丁"集团（Ian Martin Group）的宗旨是"将人和有意义的工作相联结"，这是"之所图"；以"人"（people）、"环境"（planet）、"营利"（profit）为公司运作的三条底线，得到了"共益企业"[①]（B Corp）认证，"坚信社会各利益相关者都将受益于公司的商业活动，助力他人、社会、环境向善"；当团队成员真实地将这些想法身体力行出来时，他们就很好地活出了宗旨的"之所存"；他们信奉"通过事把人做了"（getting people done through work）的原则，而不是"通过人把事做了"（getting work done through people），以这样的准则行事并为自身的成长而努力时，他们就在"之所为"与"之所图"的两相一致中真正地活出了公司宗旨。

宗旨不等同于公司的价值主张，也不是博人眼球的时兴宣传。宗旨指引行动、创造协同，但要想清晰地表达是极不容易的。艾莉森·亚历山大[②]（Alison Alexander）在论文《宗旨的力量：组织如何让工作更富意义》中提到，宗旨与具体事业的结合处就在于"公司促进员工（以至整个组织）更全面地发展，以此在业务上为这个社会创造更大价值"[8]。可以关注一下在你自己的组织中，有什么样的个人发展能撬动你和你同事们前进的脚步。

也许会有人觉得宗旨这种东西太过软性、太不着边际了，如果你也

[①] 2005年"AND 1"品牌的创始人吉尔伯特和霍利汉在被迫出售公司后，与华尔街的好友安德鲁·卡索伊共同成立了一家名叫"共益实验室"（B Lab）的非营利性组织，提出"商业向善"的口号（Business as a force for good）。2006年共益实验室依据所提出的一套"好公司"的评估认证体系，筛选出一批在社会与环境绩效、透明度以及责任感方面达到高标准的营利性企业，并称之为"B Corporation"（共益企业）。现在这个全球认证体系正推动着将商业作为一种"向善"的手段的社会变革："大家奋力奔跑，不只成为世界上最赚钱的企业，更要成为对世界最有益的企业。"（Not only BE the best in the world, but the best FOR the world.）——译者注

[②] 艾莉森·亚历山大是美国一位"让宗旨引领业务"的变革促进者、组织有效性方面的专家、以人为中心的战略规划师、客户体验创新师等，她为各类组织提供大客户及项目管理、领导力教练、有影响力的变革、战略转型等方面的咨询服务。——译者注

有此感，可以换种思路来看：宗旨其实是组织的一种"承诺"（promise）。建构社会创新的先驱人物谢里尔·赫勒①（Cheryl Heller）把这种"承诺"定义为："这是公司向每一个与它打交道的人许下的承诺，它代表了公司的独到之处，让公司的客户、合作伙伴、投资人或公司员工等每个人都清楚地知道自己付出时间或金钱之后换来的是什么。"[9]其实每个宗旨宣言中都隐含着这层意思，我们在这里想做的无非是邀请大家把这层隐含意思显性地表达出来。

组织宗旨实例

真实而清晰的组织宗旨可以为团队注入活力、聚焦于这一点。宗旨就像引力场，让大家可以共同看见某种可能性构成的图景。接下来我们一起来看一些宗旨宣言实例，如果你初看上去觉得这些宗旨不过如此，那说明你还没能深入把握这些公司存在的精髓，只有深入之后你才能发现这些宗旨为何对这些公司的团队产生了强大的力量。

TOMS 鞋业

TOMS 的宗旨是"我们深信能用商业改善人的生活"，这一宗旨源于创始人布莱克·迈科斯基（Blake Mycoskie）在阿根廷旅行和做志愿服务时的一些个人经历，[10] 该公司最广为人知的承诺是，每卖一双鞋就为贫困儿童赠送一双鞋。

---

① 谢里尔·赫勒是美国亚利桑那州立大学实战与创新设计系教授，她为世界各地组织里的领导者讲授创造力方面的课程，在文化变革、社会及健康公平、跨国组织的创造力等方面有资深经验。——译者注

"什长"集团（Decurion Corporation）

"什长"集团旗下子公司的业务很广，有为老年人的居住地营建休闲娱乐中心的业务，也有商业地产业务，公司的宗旨是"提供让人可以绽放的场所"，相信赚钱和人的发展并不矛盾。这个宗旨在公司各个层面的业务上都能体现出来，因此人们如何定义"什长"集团，更多看的是它以什么样的方式存在、如何运作，而不是以它的业务范畴来下定论。公司相信人可以在商业领域中蓬勃发展，所以才有了许多自主管理的原则。例如，公司会为员工提供为期十周的课程——《自主管理的流程》，帮助员工探寻个人宗旨，发展个人的表达能力，提高个人的服务型领导力。

新脆咨询（Crisp）

新脆咨询[①]的宗旨是"让每位顾问都能'顾'盼生'怡'"。这家成立于1999年的咨询公司由很多位咨询顾问组成，是为了顾问才存在的组织。[11]用他们的话说："我们不是一家常规的咨询公司，没有CEO，也没有主管，所有咨询顾问都是为自己干活。"新脆公司还将其独特的业务运作模式公开供大家参考。

你的组织有这样成文的宗旨吗？时至今日你们的宗旨还立得住吗？其中反映了公司的价值观、个体的人生价值观吗？有把这两者相融合吗？你们会常把宗旨挂在嘴边、每过一段时间就进行反思吗？有没有感觉到宗旨发生了变化、进化，表达宗旨的文字能否跟上变化的步伐？

---

① 新脆咨询是一家位于瑞典斯德哥尔摩的IT咨询公司，但又不是一家典型意义上的公司："新脆"作为一家公司不从公司的顾问身上赚钱，公司的咨询顾问有100%的自由（前提是不可损害"新脆之家"），公司只是顾问们一个快乐的家，除此无其他经营目标。这家公司的另一个亮点是将自己这种特殊的运营模式以开源方式毫无保留地发布在公司的在线手册上，提供给全世界感兴趣的组织参考借鉴。——译者注

探寻宗旨

发掘宗旨的过程始于一系列的追索及回答,直到某个贯穿始终的内容浮现。这一过程可能耗时数月,甚至数年;在这个过程中,个人宗旨与组织宗旨会不断地交融。下面这些练习可以作为你探寻宗旨的起点。

先用 5 分钟时间发掘个人宗旨

亚当·莱比锡(Adam Leipzig)在一个 TED 演讲中用五个简单的问题带听众做宗旨探寻,[12] 你也可以用这些问题来探寻自己的宗旨、组织的宗旨。对这些问题的回答,应像问题一样言简意赅,尽量在 5 分钟时间内快速作答。

- 你是谁?
- 你爱做什么?
- 你为谁而做?
- 他们想要什么、又需要什么?
- 他们如何因你给予的东西而不同?

你所在组织为谁服务?为什么而服务?如何服务?

一家名为"立切"①(Imperative)的咨询公司,开发了一套问题清单,通过三大重要抉择来引导组织探寻宗旨的过程,每个抉择都必须做出选择,然后宗旨会随之慢慢浮现:

我们所做的事业对谁影响最大?(只能选一项)

社会

组织

---

① "立切"咨询是位于美国西雅图的一家咨询公司,成立于 2014 年,是提供同侪教练的平台(peer coaching platform),通过同侪教练的形式帮助组织当中的个体彼此支持,把教练的效果与建立组织的同侪信任关系相结合,以此帮助组织形成富有韧性的高绩效文化。——译者注

个人

我们所做的事业有何不可或缺之处？（只能选一项）

为每个个体营建了公平公正的场域

帮助人们解除了障碍，活出自己的所有潜能

我们的核心胜任力是什么？（只能选一项）

营建社群、建立联结

解决人们面临的问题

让知识和信息浮现，然后分享给他人

建立能持续创造显著绩效的系统

用以测试组织宗旨的问题

下面五个问题可用以测试组织的宗旨：

宗旨具有进化性吗？ 你们团队是否安排了充足的时间来聆听、理解组织想要走到哪里？有没有不小心掉到两个坑里：一个是你们的宗旨仅仅为一部分利益相关者描绘了他们想要的未来；另一个是你们宗旨所描绘的未来无视组织之外更大生态系统[①]的声音。

宗旨够明晰吗？ 如果宗旨宣言哗众取宠、泛泛而谈，或听起来像是公司的市场宣传口号和价值主张，则无法成为对你们有用的北极星。宗旨只有明晰，才能成为有意义的引路者，让你们明白时间及有限的资源应当用在何处，如何服务围绕在你们身边的人。

做好改变的准备了吗？ 对进化宗旨进行感知与回应的过程中，变革是其中应有之义。变革的时机取决于你所在组织的需要以及周围的环境，组织的宗旨既可能在一段时间保持不变，也有可能时时更新。

[①] 这里的生态系统并非指狭义上的自然界中生物构成的生态系统，而是指由人创建的各类组织以及大自然、社会环境、人群等实体相互组成的彼此互通互赖、互通有无的系统，如公司与上下游企业就会构成产业链生态系统。可参见本书第4章的"'青'言'青'语"小节对这一词条的释义。——译者注

就当下而言，你们宗旨中有哪些不变的因素？哪些地方又让你感觉到宗旨需要进化？

能抵挡短期诱惑吗？ 你们的宗旨必将经历考验，短期压力终会浮现，此时你们团队不可动摇的东西是什么？有什么是你们所感至深以至决不可撼动的东西？

宗旨会对你说话吗？ 你作为组织的领导者，是组织宗旨的信号通道，如果从没感觉到宗旨会对你说话，那么你便不是一个有效的信道。这时，想想可以做些什么，以便让组织的宗旨能联系到你。

对宗旨进行清晰的表述及保持清醒的认知是两种不同的能力。"认知"是来自内在的感知，这种感觉有时很难用语言表达出来；而"表述"的为难之处就是：要用恰当的措辞将这种感知解释清楚。这两者可能都需要一定的时间，才能交替着前进。你所能做的，是将当下自己已有的东西说出来，在接下来的过程中，会发现连自己的内在认知也将被不断打磨，虽说现在能想到的东西等一段时间之后再来看时会发现它不够精准，却可以成为你不断调整的基础。探寻宗旨的旅程是在反思与行动之间平衡着前进的，你会发现自己在"确信"和"又不太确信"之间来回切换，随着新情况的出现，随着所在环境的变化，对宗旨的认知也必然需要持续打磨。

第 7 章

价值观、原则、志向
明确彼此间的深度联结

价值观像人的指纹,各不相同,但人摸过的每件事都会沾上他的指纹。
——埃尔维斯·普雷斯利[①]（Elvis Presley）[1]

[①] 埃尔维斯·普雷斯利（1935—1977）即美国著名摇滚歌手"猫王"。——译者注

如果说价值观是我们怎样走过这个世界的表征，是我们独一无二、深植内心的指路牌，那么原则就是我们为自己设立的所需秉持的防护栏和边界网。除了为自己和团队树立价值观和原则，我们还会憧憬世外桃源般的大美未来：到那个时候，团队磨合得宜又高度协同，决心要做的任何事几乎都能实现。要建立一种带有觉知的新型工作模式，那就要求领导者理解价值观、原则、憧憬这几者之间的作用关系，为团队伙伴和组织创造活出这些价值观、原则与憧憬的条件。

价值观

不管我们能否识别、能否表达价值观，价值观都活在团队及每一个人身上。价值观是人信念与动机的体现，它与个体有关，不可能人人一样。在理解世界、与世界互动的过程中，价值观为我们提供了如何解读、如何交互的框架，告诉我们什么是重要的、什么可做、什么不能碰。

"液岩之效"管理咨询公司[1]（Magma Effect）的杰姬·勒费夫尔[2]

---

[1] "液岩之效"是英国一家专注个体与组织价值观话题的管理咨询公司，旨在帮客户发掘工作内在意义和内在动机方面的洞见。——译者注
[2] 英国一位专注于文化与价值观话题的专家，对人的深层意义与动机方面的话题有深入研究与实践，是"液岩之效"管理咨询公司的创始人。——译者注

(Jackie Le Fevre)认为价值观深藏于人的潜意识:"人的价值观是位于脑缘区(limbic area)深处的东西,这个区域没有语言活动,脑缘区运作时只能'感受',既不会'思考'也无法'知晓'。信念和价值观一起构成了在我们后台运行的操作系统,这个内部自动导航机制帮助我们理解世界如何运转、我们如何回应,它让穿梭在日常事务中的我们有了一个快捷通道。"[2]

让团队成员共享一套价值观,有时可以做到、有时做不到,但这不是必需的。自问:在你们团队,是在信念(价值观)上取得一致更重要,还是在表现方式(原则)上大家的一致更重要?如果觉得团队必须要在核心价值观上毫不含糊地相互对齐才能活出你们独特的宗旨,那么即使定义共享价值观的过程很困难,也要投入时间精力去做;如果觉得不是,那只关注原则就好,这时你们将允许多种价值观并存,而价值观的多元化又能为你们所用,来让组织发挥更大的影响力。

转型之后,不用层级架构来领导组织时,大家才会意识到,原来的传统做法下,厘清重要价值观的过程都是"上面的人"在做——创始人、CEO、高管团队,或是在高层相应授权范围内由某个任务组去做。可是现在,大家会反思这种方式真的有用吗?当大家发现自己做的是上面管理层认为重要的事,会给人带来一种无力感。有了这样的反思,就会看一看还有其他什么可能的做法,调用自己的直觉去感知,找到对组织而言更好的做法。

鉴于价值观不可见,也不易讲明白,因此时不时我们就发现自己的价值观在和他人的价值观打架。我们都明白"物以类聚、人以群分"的道理,我们自然会被具有相同价值取向的人所吸引。可正因为有了这种"人以群分"的预置假设,我们也都在朋友、恋人、同事关系上"中过招":当我们陶醉于一段两人关系的新鲜劲儿时,只在对方身上看到自己想看到的东西,误认为双方颇有共同价值观;后来随着时间推移,等

第 7 章 价值观、原则、志向:明确彼此间的深度联结 061

对方终于露出"本色"时，我们往往大失所望。[1]

"合睦"咨询[2]（The Hum）的纳塔利娅·隆巴尔多（Natalia Lombardo）给我们提供了这样的思考视角：

"价值观"这个词，对我来说就是一些重要特质及理想状态的清单，是我自己想要体现、想要活出来的存在方式。因此，如果要说"价值观一致"，我认为需要对方清单和我自己的清单不仅在内容上差不多，而且在孰先孰后的排序上也要差不多。

比方说，我的价值观按重要程度排序包括：

- 尊重
- 正直
- 关爱
- 诚实
- 自主

而你的价值观排序是：

- 自主
- 自由
- 乐活
- 关爱
- 正直

---

[1] 这段话意为，当人陶醉于一段两人关系的新鲜劲儿时，会盲目地、选择性地在对方身上看到自己想看到的东西（往往是与自己有相同价值取向的东西），而对其他不同的东西有眼如盲。其实对方身上同于自己的、不同于自己的东西一直都在，等到后面看到那些不同点时，自己就会觉得"大失所望"——可这种"失望"是怪自己在开始时选择性地去看人导致的，并不应归咎于对方到后来才显露"真本色"（其实对方一直都有所显露，只不过自己选择性地看到一部分、看不到一部分）。原作者把这种所谓的"大失所望"称为"中招"，中的是"人以群分"这个预置假设的"招"。——译者注

[2] "合睦"咨询是一家位于新西兰的咨询公司，主要服务于自组织、开源式社群、宗旨引领型组织等话题。他们的理念是让组织里每个个体的声音都成为独一无二的音符，当组织把很多人聚集在一起时又能演奏出精彩的合奏。公司名称中的英文"Hum"意味为，让每个团队都可以像嗡嗡忙碌的蜂群一样干得热火朝天。——译者注

从清单上看，我们的确有很多相同的部分，可鉴于在重要性的排序上不同，我们表现出来的行为也将不同。[3]

组织深入探讨价值观话题时，还有极为重要的一点，即不要觉得能写出价值观关键词就够了，还需要对其进行精准定义。正如海伦·桑德森和杰姬·勒费夫尔所说：

来看"富有同情心"（compassion）这条价值观的定义，下面第一个定义是一家大型医院信托机构的表述，第二个是"身心健康团"的表述：

1. "富有同情心"这条价值观意为"在与同事、病人、客户以及他们的家人互动时，要做到以人为本"。

2. "富有同情心"这条价值观意为"对他人的想法和感受要积极地聆听、积极地感知，与人为善，找到富有同理心的方式来支持他人、支持彼此，以期达到好的结果"。

这没有孰对孰错之分。对价值观进行定义，有总比没有好，特别是通过大家共同参与讨论出来的价值观定义，聊胜于无。[4]

价值观应用实例

价值观在组织中是否真正有意义，最大的考验就是看价值观是否在决策时起到了指引作用、是如何起作用的。"生态洲"①（Ecosia）是一家提供搜索引擎服务的"社会企业"②（social business），价

---

① "生态洲"是一家运作搜索引擎的公司，其产品"Ecosia"搜索引擎被称作"会植树的搜索引擎"，又被称作"绿色搜索引擎"（暂无中译名，此处"生态洲"为译者暂译）。公司理念是"相信众人向善的力量"，Ecosia依靠展示广告和用户点击的行为获取广告收入，80%的利润捐赠给全球各地的植树造林项目，创造了"你搜索我植树"的业务模式，它是德国第一家被认证为"共益企业"的公司。——译者注

② "社会企业"是指那些融合了社会和商业特点，既达成商业目标又照顾社会目标的组织，其经营目标是为了社会而不是个人或组织的利益最大化。——译者注

值观对他们而言具有指路牌的作用。即便他们的宗旨已经包含有为社会服务的意义了，他们在日常决策时还会再用价值观来指引方向。公司的价值观包括：积极影响、正直、可持续、领导力、聚焦客户、快乐。"公司眼前是不是该发展壮大？有限的资源要不要投入到对产品的改良上？我们是不是工作过头了，有透支身体的危险？彼此之间是否好好地给予反馈了，反馈得充分吗？""生态洲"的每一条价值观都对应一句话简述和一小段说明，在内部沟通一些项目提案或是变革事项时，他们会用"#号+话题标签"的方式来标注与此事相配的价值观。

价值观冲突

组织中可能出现两条价值观相互打架的情况。ET集团（ET Group）是一家以自主管理模式运作的以技术整合为业务的公司，他们通过技术支持手段把和谐带到客户的工作和工作场所中去，公司有四条价值观：尽责、增长、客户合作、团队协作。其中"增长"这条价值观鼓励大家"以财务稳健、盈利状态和高效运作来打造公司的业务能力"；而"客户合作"这条价值观指的是"积极主动与客户建立伙伴关系"。短期来看，要与客户建立伙伴关系，就有可能占用额外时间、影响盈利水平——两条价值观发生冲突时，团队必须考虑如何权衡，这时要求大家要做到坦诚，以宗旨为方向去找解决之道。这类决定着实不易，但要让ET集团在正轨上运行，这样的决定就必须做。

价值观大多时候藏而不露，以一种隐含方式存在着，于他人甚至于我们自己并不都是昭然可见的；"原则"却不然，原则是可以由团队拿出来谈、拿出来立的东西，原则可以为大家明确地树立公约，规定团队该怎样共事协作、成员该秉持怎样的行为。

思考与实践：个人与组织价值观

你个人持有怎样的价值观，价值观如何调谐着你的决策？

澄清并让别人了解自己的价值观，是自主管理组织中需要做的关键一步。有个很不错的资源可作为大家探索的起点："巴雷特价值观研究中心"[①]（Barrett Values Center）提供"个人价值观测评"（valuescentre.com/tools-assessments/pva）的免费在线问卷，填一下10分钟不到，相比其他一些快速测评它还能提供一份让你觉得不错的报告。接着可以针对自己的价值观，通过下列问题逐条进行反思和检视：

- 这条价值观对我来说为什么很重要？
- 我深深地活出这条价值观时，会呈现哪些行为？
- 如果我这条价值观他人并不赞同，我会有什么反应？
- 我如何在工作、生活中体现这条价值观？

组织中真正的价值观都是发掘出来的，而不是人为造作的。"一度/移步"咨询公司（1-DEGREE/Shift）在帮助客户定义和对齐价值观时，通过五要素来定义一条价值观：名称、简述（最多五到七个词）、活出这条价值观时的五种行为、违背这条价值观的两三种行为、鲜明体现了这条价值观的小故事。有家为动物健康和动物福利提供学习和信息沟通解决方案的公司"宠生学习站"（Lifelearn）在表达他们"充满激情"（passion）这条价值观时，这五要素是这样的：

[①] 受马斯洛需求层次模型启发，理查德·巴雷特（Richard Barrett）开创性地提出了构成人动机的层次模型，从低到高包括七个不同层次的动机，分别是存活存续、发展关系、卓越成效、创新演化、表达真实、共生社群、活出宗旨。"巴雷特价值观研究中心"是一个咨询服务机构，基于这一层次模型为客户提供测评及咨询服务，为客户营建价值观驱动型的文化，帮助组织及个人发现自己真正觉得重要的东西。——译者注

名称：充满激情

简述：倾注热情来改善动物健康

行为表现：面对困难挑战时，充满能量、态度积极；使我们的空间充满乐趣与幽默；对新奇的好想法保持开放心态；在公司内外庆贺成功

不可接受：散布负能量；说"这不是我的事"这种话；出工不出力

小故事：就像狗狗，开心地来回蹦跶

原则

原则是有关大家如何集结在一起的条约，是划定分明的边界。与价值观不同，团队所订立的原则要求全体团队成员都必须同意依此行事。如果做不到，或不情愿，那就要到其他团队去。想想看，你们团队立有哪些原则，有哪些不可逾越的红线？

书籍作者、TED演讲者道格·柯克帕特里克[1] 在美国加利福尼亚州一家以自主管理为创建原则的番茄加工企业"晨星公司"[2]（Morning Star）工作过，根据自己在那里的工作经历，他提到晨星有两条毫不含糊的原则："第一条，任何人不能强迫、胁迫其他人；第二条，信守对别人作出的承诺。"他提到晨星公司还没有发展壮大之前，就已经在按这两条原则运作。时至今日，假如有人不同意这两条原则，那就

---

[1] 道格·柯克帕特里克是晨星公司的"自主管理学院"创始人之一，现任美国Redshift3咨询公司的总裁，他的职业生涯大部时间在晨星公司（Morningstar）担任财务总监和高管。著有《不设限的企业：新工作范式下组织的自主管理模式》（The No-Limits Enterprise，暂无中译本，为此为暂译名）、《超越授权：自我管理时代的到来》《从层级制到高绩效体系》（From Hierarchy to High Performance，暂无中译本，此为暂译名）等书。——译者注

[2] 晨星公司是世界上最大的番茄加工企业，《重塑组织》一书的调研对象之一，公司在推动并完善自主管理方面追求到了极致的程度，创造性地形成了多项被其他自主管理组织用以学习和借鉴的做法。——译者注

不必来晨星上班。

本书几位作者之间达成的共事原则中有一条是"公开、坦诚地沟通"，如果你也想与我们一起共事，就要接受这条原则。由这条原则出发，我们又有了两项共识：想表达什么就直接说、想要什么就直接问。

每次形成新团队时，团队成员都需要订立一系列原则，或借助一些已有原则订立自己的原则。"旋之炫"社群就为每个"豆荚式团队"[①]（在"旋之炫"社群的生态体系中，每个小组都叫作一个"豆荚式团队"），提供了团队组建时可以参考借鉴的一些原则表述作为指导：

- 注意并分清彼此的个人边界。
- 一旦大家同意，就要遵守有关时间及一些安排上的规定。
- 认可我们思想及理念的渊源以及所遵循的传统。

与本书其他章节的内容有所不同，本部分内容似乎让人觉得不依不饶、很不客气，之所以会让人感觉这样，背后的理由是：如果想要身心完整地走过我们的人生，人就不能总在一些核心原则和不可逾越的红线上不断地协商妥协。本书很多内容，说的都是要让"原本如此"的东西不屈不挠、不畏缩地进入人的意识层面。有时我们就应该不屈不挠、不畏缩。

志向

志向（aspiration），指的是一群人如何在一起共事的愿望，目前还达不到，所以这是一种理想状态。人们常常把它与现下的价值观相混淆，不少

[①] "豆荚式团队"（pod）模式，是由在技能上彼此互补的个体为实现某个目的或宗旨组成团队，共同完成某更大项目中的一部分工作或是共同完成某个具体活动的团队形式，因为这样形成的团队与个体之间的关系像是豆荚和豆子的关系，故此得名。每个个体（豆子）可以同时在不同的豆荚团队中出任角色、组织基于不同的目的或意义上的需要又可以创建不同的豆荚。这不只是一种流程上的安排，更是一种理念和组织形态模式，整个"豆荚团队"拥有完全决策权和行动的终极责任。——译者注

团队误认为"某条原则既然被感知出来了,就说明它已存在于团队行为中了",其实不一定。

新团队刚在一起时,肯定对所能做到、将会要做的东西是不清楚的,需要一边共事一边才能知道。这时有些团队会直接埋头开干,而有些团队则觉得需要花时间在上层建筑上澄清有些什么可能。最近,苏珊陪伴的一个新立团队就在他们第二次会上澄清了他们的"志向"。

我们是创造派

将集体创造的能量注入目标的实现之中,改进共事之道,使流动顺畅又时刻轻快。

我们是卓越派

以高标准要求自己、要求他人。我们在各自的角色上游刃有余,我们在演奏"音乐",而不是演奏"乐器"。

我们是理想派

努力成为那个最好的自己,在这样的志向中我们彼此支持。默认他人都抱有好的出发点,也怀着好意为他人提供反馈:坦率、诚实、友善。

我们是行动派

对自己力所不能及之处有自知之明,所以我们因时而化,深知"时"(time)与"间"(space)未可把控:我们默认彼此的沟通无须步调一致、无须同进同出,已经可以拿出手的东西交由他人品评分享;但有时候我们也需要同在共处,联结相宜。

我们是不屈派

遇到挫折，寻找他路，避免将败点集于一处。在自己角色之外彼此伸出手来，支持他人。挑战出现时，清醒地认识，彼此沟通清楚，然后寻找出路。

这个团队此时此刻还无法知道这是不是他们真正要的东西，但先把这些内容列出来对他们来说很重要，这样就能成为他们团队转起来之后的圆心；他们准备时常回顾检视这些内容，以便一些行为模式和做法可以在集体层面慢慢浮现，实现这些志向。但最后，这些内容既有可能成为他们真正活出来的价值观，也有可能进化后变成其他东西。

每个人都需要方向感。宗旨可以给人提供方向感，价值观、原则、志向也能为我们指明方向。要在团队中行事，需要和团队一起有意识地对这些方向上的东西有清晰的定义、共同的理解以及意图上的共识。想象一下和队友开车进行长途旅行的样子，首先要知道要往哪开、为什么要去；开到危险路段时要看清道路的边界线和护栏，留心"不可驶入"的标志，以免误入歧途。像这些东西，整个旅途中并非时时刻刻都会派上用场；可到了一些关键时刻，有和没有这些东西，却能造成天壤之别。

第 8 章

心理安全感
为创造力和影响力营建空间

（心理安全感是指）人在内心相信并预计，当有人直言不讳地提出想法、问题、担忧，或是犯了错时，不会因此受罪遭罚，也不因此蒙羞受辱。

——埃米·埃德蒙森[①]（Amy Edmondson）[1]

[①] 埃米·埃德蒙森是哈佛商学院领导力与管理学诺华教席教授，研究领域包括组织学习、心理安全感、领导力、VUCA 时代如何成团组队等，著有《无所畏惧的组织：在职场创造有利于学习、创新和成长的心理安全感》（*The Fearless Organization*）、《组队：知识经济时代组织如何学习、创新、竞争》（*Teaming*），两书暂无中译本，此为暂译名。——译者注

假设有这样一个场景：亚伦受聘于一家快速成长中的电子商务小公司，他上面有三个老板需要周旋，但这三位在业务重点上的看法时有出入。由于亚伦自己偏向于在解决问题时想做到让人人都满意，不喜欢暴露彼此观点不一致的现象，这使他的处境愈发困难。他身上这种"不敢搅局"的行为倾向，源于他曾在世界500强公司中顺着职业阶梯往上爬时造就的一些过往经历。

他明白自己在这方面还有很多需要提高的地方，也明白现在公司之所以聘用他就是看重他过往的相关工作经验，他也想好好表现。他的工作职责是不断发展壮大仓库管理团队，他也在努力这么做，但员工流失率还是超乎他的想象。他询问几个老板对此有什么建议，没得到什么回应，只得到沉默。他只好自己热火朝天地尽他所能来支持和发展他的团队。

六个月后，他听到了一些反馈，是通过一些小道消息听来的，说几个老板中有人对他不太满意。他找到老板想问个明白，得到的回应却含糊其辞，说法是他的仓库发货没能达到每天100%的准确率。这个反馈模棱两可，但他知道如果再追问下去可能会有问题，还会给他招来更多的非难，可是他又能怎么办？

这是个虚构的案例，但真实地表现出缺乏"心理安全感"时会出现的状况，类似上面这种现象可能各个团队都在上演。

"心理安全感"概念的兴起

尽管心理安全感一直都是驱动团队绩效的因素，却只在近10年来才成为被普遍关注的领导力话题，主要是因为谷歌所做的一项研究。当年谷歌的一些领导者起了好奇之心，想知道为什么谷歌有的团队可以做到阔步前行，有的却步履蹒跚。为了找到优秀团队的"秘密武器"，谷歌发起了一项复杂的研究。在调研了180个团队的绩效之后，研究人员却仍不得其解，"我们掌握了大量数据，"谷歌一位人才数据部门的经理在《纽约时代》杂志一篇文章的引言中说，"但毫无迹象表明由特定性格、特定技能或特定背景的成员构成的团队就一定会与众不同，在我们研究的这个课题中，团队由'什么人'组成似乎并不重要。"[2]

研究者们继续锲而不舍地推求，最终发现了一个强相关的因素：影响团队成功、高效的决定因素中排名第一的，正是心理安全感水平：当团队成员敢于在人际方面涉险时，团队绩效往往更佳；相反，正如在开篇案例中所见，由于团队动力问题导致人觉得"不安全"的，团队绩效更差。简言之，如何对待员工，会直接影响团队的工作效益。

"心理安全感"一词是哈佛商学院领导力与管理学诺华教席教授埃米·埃德蒙森创造的，根据人对以下几条说法的赞同程度，可以评估相应的心理安全感：

1. 如果在团队里犯了错，别人常常会拿这个错来针对你。
2. 团队里的成员可以把一些问题和一些棘手的状况拿出来谈。
3. 团队里的成员会为了标榜自己异于他人而拒绝别人的想法。
4. 在这个团队里做点冒险的事是安全的。
5. 在这个团队里很难向他人求援。
6. 这个团队里没有人会蓄意暗中破坏我努力在做的事。

7. 与这个团队里的成员共事时，我独特的技艺和才能被人珍视、得以施展。[3]

用这几条来把脉一下本章开篇的案例，会发现案例中团队的这位新人就觉得团队有人会用他犯的错来针对他（上述第 1 条），他难以把一些棘手的状况拿出来谈（第 2 条），而且觉得很难向他人求援（第 5 条）。关于个人如何做可以提高团队的心理安全感，埃米在她的 TED 演讲中提了三点：

1. 把工作看作是"学习"东西的过程，而非"执行"任务的过程。
2. 承认是人都会犯错。
3. 躬身示范"好奇"的状态，多提问题。[4]

谷歌研究人员继续深入挖掘，他们发现有两种特定行为只在心理安全感高的团队中出现：一是高绩效团队中各成员发表意见时所占时间比重大抵相等，有人称之为"均等发言时间"现象，虽然在有些特定话题下某些声音更占主导地位一些，但终归会让每个人的声音都被听到；二是在这些更厉害的团队里大家都能通过彼此的语气语调、身体语言、社交暗语来感知他人的感受，这使得团队可以随时监控自身的情绪健康度。当然，对远程协作的团队来说，第二点比较难以做到。以自主管理模式运作的"骇绘"电子游戏工作室（Hack and Paint）的马林·佩特洛夫（Marin Petrov）谈了他在这一点上的感受：

我们公司很多人原先都在科层制组织或大公司上班，要改变他们的行为很难，因为早已根深蒂固，这种改变需要很多时间、很多努力。对我个人而言，远程线上协作的工作方式曾让我痛苦不堪，因为如果和大家一起坐在办公室，我还能从各种角度获得大量反馈，如他人的肢体语言、环境氛围等。而现在我们的工作更多时候是分散地坐在各处进行远程协作，没有了这些反馈渠道，有些恐惧可能就更加难以消除，建立信心也要花更多时间。[5]

信任

心理安全感的核心是信任，这里所指信任不只是一项团队技能，更是一种环境因素。心理安全感也不只局限在组织的围墙之内，"团队"的范围很可能会延展，以至将其他业务伙伴、供应商、客户都囊括进来。西蒙·韦克曼在下面谈到了"迪森"数字伙伴公司在启动新项目时是如何与公司客户共建心理安全感的：

我们公司有个说法常被提起，即"我们和客户是同一个团队"，因此彼此需要相互多了解一点。我们会在一起做暖场游戏，在项目初始阶段还会在工作坊之余安排很多联谊活动，就是为了更了解客户，让项目团队成员彼此信任。团队成员彼此信任，给彼此清晰的反馈，以及在什么样的情况下做反馈，这些都非常重要。一旦大家在这些细节上上手了，还需要能够彼此对话、有效沟通。我们的经验教训是，不同的人沟通方式各异，有些人非常自信，有些人则内敛一点，如果团队在这点上把握不好，又没有建立彼此信任的话，就会出问题，就需要花费更多时间来安排教练谈话。[6]

人们需要有这样的信心，觉得袒露自己的脆弱以及在人际交往上冒险一点不会招致别人的品头论足，也不会造成恶果，每个独立的个体、每位同事在内心深处都是渴望得到珍视与尊重的。

自己裹足不前

在工作中有很多人会消耗相当一部分不必要的时间徘徊在"我想让别人这么看我"和"我觉得别人是这么看我的"的边缘地带，从入职第一天就想显示自己很能干，想让老板觉得挑对了人。

关于影响别人对自己的印象，我们自小就学会了"印象管理"，谁都不想被别人看作是懵懂无知、能力不济、鲁莽冲撞的人，也不想被贴上消极负面的标签，于是我们产生了一系列自我保护的行为习惯。为了不让自己显得懵懂无知，就不敢多问问题；为了不让自己显得能力不济，就把弱点和错误加以掩饰；为了不让别人觉得我们鲁莽冲撞，就三缄其口、不表达任何想法；为了不让别人觉得我们消极负面，也就不敢质疑当前的局面。

此外，我们还会触发他人的自我保护行为。进行头脑风暴时，对同事的点子横加评判，那种自然流淌的创意之流马上就戛然而止了，这恰恰与头脑风暴的初衷相悖；当有同事阐释自己的想法时，一语未了，我们头脑里的过滤系统就横加取舍，捏造出一条条理由来证明别人的想法行不通；我们偏执于过往的经验，故封于自己的思维……造成的后果就是，对别人另觅他途的想法我们等不及听完全文，就把同事逼到墙角，让对方不得不开启自我保护模式。

我们多多少少都介意给别人留下什么印象，想一想自己在哪些地方最容易产生批判和批评他人的行为？有没有形成某些特定的场景模式，如当自己和很有权势的人打交道时，就特别不想让自己显得无知无能？当下一次想要左右他人关于自己的印象、想要让自己觉得安全时，多留意一下自己在这些方面有什么样倾向性的行为模式。

虽说人都有想要保护自我的冲动，还是有很多人想要打破这些无用的行为习惯，让团队走得更好。在环境中感知到的心理安全感越高，我们和同事们就越不可能裹足不前。

心理安全感与尽责

人们经常会把高心理安全感与高尽责行为混为一谈，事实上，这是两个彼此独立的因素。高心理安全感和高尽责行为可以，也应当在团队里同时出现，这一组合可以推动团队的学习，对团队的激励水平产生积极影响。一个团队环境可以既安全容错，又同时要求高标准绩效。例如，可以同时期望同事们产出高绩效，又与大家分享经验教训，并对犯下的错负责到底、积极解决。这样的期望，无须用责备的方式来实现。埃米·埃德蒙森用下面这个模型来表示"心理安全感"和"尽责"两者之间的关系：

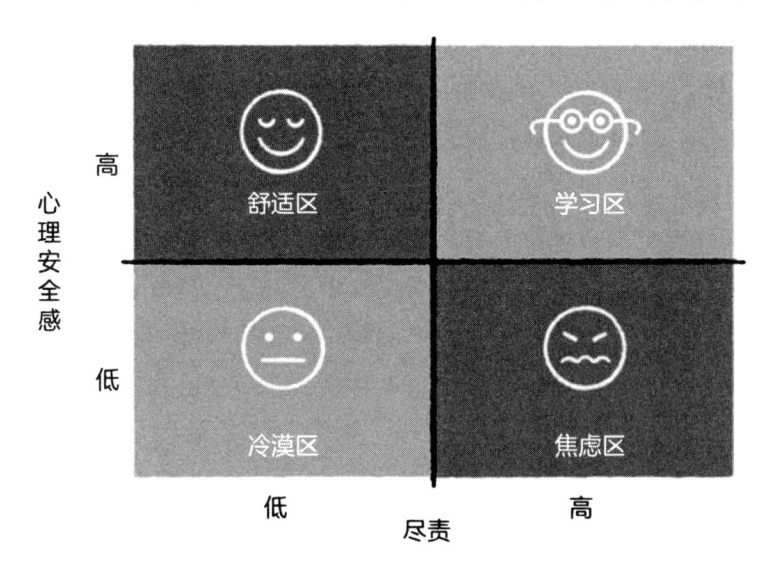

	尽责低	尽责高
心理安全感 高	舒适区	学习区
心理安全感 低	冷漠区	焦虑区

过于安全的环境也有问题，如果压低"尽责度"的要求，从"安全"跑到"过于安全"一端，就到了"舒适区"，这时工作虽有人做，但不会有实质性进展。只有在右上角的"学习区"，团队才会努力产生各种想法和创意，使之成为一个学习的过程——当某人的创意被其他人更好的创意取代了，之前的那个创意依然得到大家尊重，因为它也有抛砖引玉的价值。

当大家在很多轻重缓急的事上太过雷同时，就很容易陷入"舒适区"，对彼此应尽责的承诺没有达成时，会用"大家都很忙"来搪塞过去，这将导致组织整体尽责度下降，此时团队就已经处于没有绩效产出的区域了。关于如何增强尽责度，可参阅第10章的一些建议。

思考与实践：心理安全感

如果由于不容许新创意的生发，或是由于过早地选定了某个创意，而使大家陷入"舒适区""冷漠区"或是"焦虑区"，可以试一下用你自己的方式这样来和团队沟通：

- "再挑战自己一把，在这个创意基础上看看还能想出什么来，也许我们可以在这个过程中有所收获。"
- "要不让我来抛出一个不同的想法，让大家花几分钟时间来议论议论？"
- "当然啦，对我自己提出的想法我虽说很激动，但我还是想被大家挑战一下，看看我能从中收获什么，说不定会激发出更好的想法。"

营建心理安全感

在团队中营建心理安全感并没有什么秘密武器，需要的是不断尝试各种做法，鼓励并支持大家在相处时胆子可以更大一些。下面列举可以尝试的十种做法。

问题重构

以"学习"东西而非"执行"任务的视角来重构问题，与大家一起订立共同学习的意图，让大家清楚地看到前路的不确定性，以及解决问题所需考虑的各因素之间的互赖性。未来不是过去的延续，"我们来一起看看眼下这个难题又将教给我们什么"。

承认"是人都会犯错"

如果要营建心理安全的空间，让大家自由发言、提想法、问问题、讲顾虑、敢谈个人犯的错误，需要有第一个吃螃蟹的人。如果团队成员看到你这么做，他们也将会变得更有信心、更大胆一些。学会展现自己的脆弱，和大家谈谈你犯的错——越大的错越好，并乐在其中，"谁能帮我看到自己身上的盲点，我就请他吃饭"。

越个人的东西越好

和团体分享一些在日常业务交流中不太会谈及的偏个人的东西。传统工作场合更强调人理性的一面，不顾人情感、直觉、灵性的一面。你可以试着将自己很个人的一面呈现出来，让团队知道人的这些不同面也都是工作业务中的重要组成部分；可以尝试在开各种会议时，让大家轮一圈，说说各自那些"尚未昭告于人的发生在自己身上的趣事"。

身体力行，表现"好奇"

我们大脑有"评判"与"好奇"两种不同状态，但在某个时间点只能二选一，两者不可能同时出现。为了让自己有安全感，大部分人很快就会进入"评判"状态。可以多试试"好奇"状态，把它作为消解预设的工具。每当我们对同事的意图有所预设时，往往就要犯错，事实上也常常如此，这时就会破坏心理安全感。学会多问这样的问题："关于某个点我可以和你确认一下吗？"

创造共同经历

位于心理安全感中心地位的，是人与人之间在交流上的彼此尊重和彼此支撑，要达到这种水平的交流，需要大家在更深层上彼此了解。团队一起烧烤、徒步、晚上一起活动都能创造建设关系的契机，哪怕在活动结束后，大家形成的这种关系仍将持续。

一起"回顾并再次打开"

要对他人讲一些对方不太容易接受的话，是很不容易的，当需要对同事表达这种"带着爱的批评"时，可以在说完之后试着回顾并再次提及自己刚刚的行为："跟你说这样的话于我而言很具有挑战性，我尽力地想做到清晰、友善，有没有什么话如果我换种说法、有没有什么事如果我换种做法，会更能帮到你？"保持这种好奇心态，于你和对方而言可以在成长的旅程中让彼此都从中学习进步。

学会示弱

愿意展现脆弱，这是需要花一些时间的。位于西班牙巴塞罗那的"赛博之点"①（Cyberclick）公司是一家在线营销与数字广告公司，关于这一点他们就花去了好几年时间才做到。2012年，他们引入了一个衡量工作快乐指数的做法，每天给团队成员发邮件问三个问题：早上来到办公室你的情绪状态如何：绿灯、黄灯、红灯？今天离开时你的状态如何：绿灯、黄灯、红灯？你今天这一天以及工作完成得如何，用1至4分打分。开始时让大家匿名，一年后，团队信任度上来了，

---

① "赛博之点"是西班牙一家领先的帮助客户通过在线广告及数字化营销方案来获取用户的服务机构，"以人为先"是公司的理念，以此为出发点，公司相信以人为先必将收获最佳的成果、最佳的团队必将带来最大的成功，因此将透明和彼此尊重放在最高地位。公司的文化价值观主张体现在三个方面：每个人获取成就最关键的元素是谦卑与尊重；永远有更好的办法；超越用户预期，让其惊艳。——译者注

就实名了。每周例会的第一项议程就是一起看看这些红绿灯的数据情况，据此得出一些结论，做出一些改变，并在会议结束前作出行动承诺。再后来，索性连邮件都不发了，大家直接在会议现场回应这三个问题就能完成这个流程。

在会议中安排"签入"

如果会议进程很快或是在线上开会，人在情感上的细节很容易被忽略掉，需要时时聆听情感细节我们才知道某人点头是否真正代表着他赞成刚才所说的内容。进入会议下一个议程之前，或是要结束整个会议时，也可以问问"谁还留有什么张力吗"。

发展聆听技能

积极有效的聆听能带来信任及融洽的关系，和其他技能一样，想要在这一点上发挥最佳作用，需要全力以赴才行。可以试着练一练复述同事的话，提高自己的理解能力；留心自己话语中一些表示回应的词，那说明你很可能已经由聆听姿态转向了输出建议、盘查、辩解的姿态；最后，用眼神和语言向对方表示你在听他讲。

庆祝成功，也庆祝失败

只要大家能从中有所学习并采取行动，失败也是一种进步。在"尊乐"[1] 公司（Johnsonville）就有"每月'错'谈俱乐部"，鼓励大家

---

[1] "尊乐"公司是一家位于美国威斯康星州的食品加工企业，美国最大香肠生产商，员工人数1800人（2021年数据），其产品在中国也有销售（"尊乐香肠"）。公司创办于1945年，至今仍是家族私有企业；1978年公司开始的内部变革被哈佛商业案例收编为"尊乐之道"。尊乐的宗旨是"通过践行尊乐之道，创造并维持一个让每位成员都能够完全施展其上天赋予之才能的环境，也通过彼此帮助让他人也可以完全施展其天赋才能"。现任总裁R.C. Stayer这么说："其他公司是用人来做事业，在尊乐，我们则是以事业来立人。"——译者注

讨论当月所犯的错、学到什么经验教训，他们还颁发"'搬石自砸脚'大奖"，给到犯了最大的错，又让大家从中收获最大的一位员工。[7]类似这样的奖，可以让大家的尝试过程充满欢乐和激情，也就不会乏味、恐惧了。

以下是一家新西兰组织里的一位成员关于心理安全感的诚恳反思，她希望组织里能多些让人有心理安全感的行为：

我觉得自己在这个群体里为人处事很难，我将其归结于两点：第一，团队里没有"whanaungatanga"（毛利语，意为"紧密关系、亲密关系、彼此熟识"），这需要有相当程度的信任建设，需要时间，也需要彼此的给予，因为这是种超越了"工作"的东西。第二，没有"kawa"（毛利语，意为"我们这个小团队关于彼此间如何相处的决定"）。我常在开会时听到各种让我不知其意的概念和单词，说不上话，也不知道要怎样才能加入大家的谈话。

"kawa"和"whanaungatanga"这两样东西，能给我理解事物的边界感，然后我才能安全自信又有能力地与他人共事，没有了这些，隔阂便难以消除，人们也不过问彼此有什么需要，有种让人走投无路的感觉。我想我们这里有点变成这样了。

对很多团队来说，心理安全感是种"无意识地做不到"的东西，需要花些时间、精力才能向"做得到"领域转变。想想看，你自己团队中有人提出疯狂的想法、问傻乎乎的问题以及表达个人顾虑时，或是犯下很不幸的错误时，他们可以不必担心受罚，不用担心受辱吗？邀请各位先试试一两个本章提供的做法，营建心理安全感；当你和团队都觉得准备好了，再进一步推广、扩展。

第 9 章

终极责任
学会行动起来，也帮他人行动起来

> 有个故事讲的是"人人""某人""任何人""没人"四个人之间的事。有件重要的事要做，"人人"都听到了要求，然后"人人"都觉得"某人"会做，因为这事"任何人"都能做，结果到最后"没人"做。
>
> ——佚名

"全部人一起负责，最后谁都不负责"，这种情况我们听得耳朵都快起茧子了；在自主管理领域还有一个让人也听得耳朵快起茧子的误解，即没有老板就意味着把所有人都放了羊。对于成功地实施了自主管理的团队来说，再也没有比这更无稽之谈的话了。《终极责任》一书的作者弗利特·莫尔[①]（Fleet Maull）给"终极责任"下了定义："终极责任是指面对生活中面临的每一个境遇，人们自主自愿地选择为此肩负承担起百分百的自主权来。是这样的选择让我们夺回了自己的权力，并把注意力放在解决问题上，而不放在他人身上或是放在责备他人上。在工作场合中，终极责任要求每位成员百分百地为自己的行为负责、为自己在项目中的任务负责，也因此能让人更多地投入创造积极成果的行为中。"[1]

"图定"软件公司的汤姆·尼克松引用查尔斯·戴维斯（Charles Davies）[②]的话说，责任这种东西只可能由人主动承担，不可能由别人推给。终极责任在实践中运用举例："我叫翠西，我的角色是产品设计师，负责

---

① 《终极责任：如何跨越指责，无畏无惧地活出宗旨，成为永不停歇向善的力量》（Radical Responsibility，暂无中译本，此为暂译名），作者弗利特·莫尔是美国一位商业咨询师、高管教练、正念与冥想老师，曾因贩卖毒品有过一段14年的入狱经历，后走上了通过正念、冥想等方式帮助他人获取终极责任与终极自由的道路。——译者注
② 查尔斯·戴维斯是英国一位专门为个人和组织带入"创造力"和"清晰力"的顾问、教练、培训师，他相信做任何事情之前，拥有"清晰力"是先决条件，可参考网站：https://www.howtobeclear.com/（英文）。——译者注

开发设计下一代产品，我的初稿将于11月30日完成，我的尽责监督人是斯蒂芬和维多利亚，我请他俩在隔周会议上检查我的进度，假如我未履行承诺，他俩都有义务、有权利挑战我。"我们一起来看看这个例子中翠西是如何担责的（注意责任不是别人要求的）。其中有五个要素：

● 翠西自主选择了自己有热忱、有能力、有时间完成的角色任务。
● 说明了任务完成的标准是什么。
● 指出谁是她的尽责伙伴。
● 说明了尽责伙伴如何监督她尽责。
● 说明了尽责伙伴的权利和义务。

注意在此例中，需要等斯蒂芬和维多利亚两人同意接受翠西给他俩安排的监督职责，这个流程才算完整。在实践中，本来很好的一个角色定义流程，恰恰在这最后两点上会跑偏：未经他人同意就把这种责任让渡他人。

对很多刚刚接触自主管理的人而言，步入"终极责任"的世界会感觉找不着北。瑞典的比约恩·伦丁（Björn Lundén）创办了以他名字命名的知识与软件公司——"比约恩·伦丁"公司，现有员工115人。他说，对新人，尤其是从学术机构过来的人而言，大约需要一年时间才能适应这种终极责任及随之而来的自由：

新人说："意思是，如果我有需要的话，可以自己去购入一台新电脑？"

我们的回答是："当然，你是否真有需要，只有你自己才能判断，别人判断不了。"

"那么说，我自己就可以决定买台价格4万瑞典克朗的豪华电脑，而不是1.5万克朗[①] 的平价电脑？"

---

① 4万和1.5万瑞典克朗分别约合人民币3万元和1.15万元。——译者注

"你可以这么做，但这样一来大家都会认为你在决策方面是有所欠缺的，你如果顾及这一点，就不会那么决定。"2

有人很适应这种终极责任，也很欢迎随之而来的自由；可能也有人会纠结不适，因为以往的经历会让他们觉得走向终极责任也就进入了不安的境地。比约恩举的这个例子很好地说明了当我们以实现组织的宗旨为出发点，用价值观指引团队的决策，又尊重组织所在的社会系统，"肩负起责任来"才是最合情合理的工作方式。

这是团体赛

在管理范式上的转变不只是合作和协作问题，还关乎我们如何为自己、为团队负起终极责任来。

由于没有掌控权——无论是真没有，还是自己觉得没有，因此产生的习得性无助（learned helplessness）[1]，会使人陷入甩脱责任的死循环中。[2] 对大部分工作中的人来说，没有掌控感是真实的状况。大家都有过这样的经历：我们刚做出一个条理清晰、切实可行的方案，就被某位更有权势的、可以对我们指手画脚的人将这个方案驱逐出局；要不然就是有人直截了当地告诉我们，说我们的想法或观点无关痛痒。你会发现，有过这样的经历的人即使邀请他们进入终极责任的工作模式，他们依然还是会有种无力感。

伟大的探险家、人道主义者埃德蒙·希拉里爵士[3]（Sir Edmund

---

[1] "习得性无助"是心理学术语，指个体因接连不断地受到挫折，在面临不可控情境时形成无论怎样努力也无法改变事情结果的不可控认知，继而导致放弃努力以及在情感、认知和行为上表现消极的一种特殊的心理状态。——译者注

[2] 这里"死循环"是指，"没有掌控感，就不愿意负起责任（因为也负不了责）；越是不肩负责任，就越不会有掌控感……"如此循环下去。——译者注

[3] 埃德蒙·希拉里是新西兰人，1953 年 5 月 29 日埃德蒙·希拉里和同伴丹增·诺尔盖一起，从珠峰的南侧登顶，成为世界上第一个登上珠峰的人。——译者注

Hillary）曾说："建立'战友关系'（comradeship），面对危险时与你的同侪伙伴一道共担生死——我一直认为这是世间所有杰作中最伟大的东西。"[3] 从习得性无助跨越到终极责任，需要勇气和坚毅，不可能一个人完成，这个转变需要在同侪群体中完成。

有一家公司，已走上团队自治之路，大家共同决定把人员的任免权限都交由某一位领导者来行使，大家在知情同意的情况下将相关的决定权让渡给了这个人。后来，这个人开掉了大家的一位同事，整个团队都怒了，因为大家对他这个决定不买账。请大家考虑一下这个事情其他的可能性，如果大家达成的共识是——所有与绩效相关的问题都需要完全公开透明；与绩效改进相关的责任要整个团队来承担；有关人员任免的相关决策，此前[①]由一个人负责，现在把它变成整个团队的学习机会，由团队来负责——如果大家这么安排，这个故事的结局会怎样？这就是"终极责任"在实战中的具体呈现。

说白了，自主管理环境下有关"担责"，最难以做到的就是当有同事没有承担起相应的责任时，你能否把他们亮出来，这是终极责任最核心的内容。

在一个处处营建着信任（和爱）的团队中，如果我们站出来要求自己的伙伴履行承诺，可能被视为太"强硬"——我们不太愿意这么做。其实，在没有老板的团队中，我们可以试试这种做法：鼓励每位成员自行邀请其他成员做自己的"尽责伙伴"，这一小小的角色交换就能带来改变，在大家身边会出现一位伙伴来实施尽责询问，"本周你设定的指标达成了吗？"如果回答"没有"，那还要承诺相应的应对措施。具体在做法上也不一定都是一对一的安排，某个团队可以邀请某人作为团队所有成员的尽责伙伴，在这种做法下，团队里出现未尽责的情况时整个团队都会知道。

---

① "此前"指这个团队实施自主管理之前，传统做法下招聘、解聘由某领导负责的那个时期。——译者注

思考与实践：终极责任

为工作肩负起终极责任，需磨炼一些个人技能及人际技能。弗利特在《终极责任》一书中提出，在处理与他人的冲突时可以通过以下步骤来担起终极责任：

- 如果发觉自己处在"戏剧三角"①（drama triangle）中时，先看看自己在扮演哪个角色："迫害者""受害者"还是"拯救者"。
- 暂不行动，不激起自己无意识的行为。
- 接纳和领受你当下产生的感受——无论什么感受，都将其视之为对你有用的信号。
- 分辨一下你有什么需求，清楚地表达出来。
- 必要时，明确自己的边界在哪。

上述每一步又分别需要相应的技能，如自我觉知、自我反思、自我关爱、自我尽责等技能。另外，还有个人发展、摒弃旧习、思维重构等技能，这些技能也都是至关重要的。

终极责任与个体需求

有些工作让我们精神振奋，有些工作则让我们焦虑沮丧，这种差别也会影响我们承担终极责任的意愿，汤姆·尼克松提出了以下有助团队澄清的做法：

---

① 此处指"卡普曼戏剧三角"（Karpman's Drama Triangle），这是一个社会模型，也是用于心理治疗的工具。美国心理学家卡普曼发现，每个人心中都有一个"受害者－迫害者－拯救者"的三角戏剧。人的"小我"会在这三种角色中不停地切换，当你扮演其中一个角色时，周围的人为了维持这个三角的平衡，会无意识地扮演对应的角色。其中的问题在于这里的角色定义往往是在潜意识里进行的，也只有不让潜意识操控自己的行为，主动为自己的人生负起百分之百的责任，才不会来回演绎这个戏剧三角的苦情剧。——译者注

先将所有要做的事都列出来，分为两列：一列是让人振奋的事，一列是让人不振奋的事，好比一列是让人逆流而上的事，一列是顺流而下的事。那些不让人振奋的事，常常都是大家完成得不好、超时拖延、憋不出来的事，这部分也往往需要在尽责方面采取一些措施才能让人把事做好。

而让人振奋的那一列，事情会自然而然地向前推进，因为大家充满了力量。这里很多公司都会犯的错就是，认为需要建立更多的机制和流程来想办法让大家为不想做的事情尽责。可为什么不考虑把那些大家都觉得不够振奋的事情一笔勾销，从而免去大家成日里因为没有完成这些事情或是没做好这些事情的负疲之感呢？这样我们就可以清空被这类情绪占据的头脑以作他用。这才是一种更加有效的做法。[4]

当然，可能你并不能从自己的责任中一笔勾销所有的事情，好比你不想付房租，这种事你勾销不了。但对哪些事让各个团队成员有振奋的感觉、哪些没有，这个澄清并使之透明化的过程却有助于尽责事项在成员之间进行调整，让事情尽可能地落在每个人的"振奋域"里。而作为领导者的你，自己也需要找到合适的方式为自己的诉求和感觉肩负起终极责任来，这将是你为团队作出的最佳贡献。

第 10 章

共识
让尽责和承诺得以发生

> 任何不对他人尽责的人,都不应得到他人的信任。
> ——托马斯·潘恩[1]（Thomas Paine）

---

[1] 托马斯·潘恩(1737—1809)，美国思想家、作家、政治活动家，被广泛视为美国开国元勋之一。美国独立战争期间，他撰写的《常识》极大地鼓舞了北美民众的独立情绪，受法国大革命影响撰写的《人的权利》成为启蒙运动的指导作品之一。——译者注

波兰一家做开源电子商务平台的公司"塞利乌斯"[①]（Sylius），有段时间我们会在他们公司里听到这样的对话："我不是要来管理你，但你能不能花些时间帮我把这个做了？"这发生在他们刚实施自主管理后不久，还在学着如何让每个人都获得接受或拒绝项目的自由，允许大家相互协商。那么，在没有"压人一头"的权力（power over）之后，如何确保组织里的事情都有人做呢？

传统组织运作的前提假设是，在业务上"老板最懂，至少比别人懂得更多"，因此由老板来决定谁做什么。正如第2章所述，这种职位上的权威用不了多久就会演变成一种"压人一头"的权力，其突出特点在于，这是一种"成人对儿童"[②]的交互模式：凡事都要征得同意；事情的推进则需要像挤牙膏一样一点点催出来。但我们还有另一种可能，就是让组织建立在"成人对成人"的交互模式上；成功的自主管理正是以这种模式为

[①] 公司创办于2010年，产品Sylius平台（暂无中译名，此处公司名"塞利乌斯"为译者暂译）是一个开源的电子商务网站解决方案，是仅次于Magento和WooCommerce的PHP电子商务解决方案的前三名。公司的宗旨是"以技术促动交易"，相信让人们更好地交换商品和服务能让世界更美好，公司因帮助素昧平生的人达成自愿自主而又赢互利的交易而存在。公司于2018年确立了合弄制宪章，开始以青色组织理念运作。——译者注

[②] 根据伯恩（Eric Berne）在20世纪50年代提出的"沟通分析理论"(Transactional Analysis，又称"交易分析理论")和PAC人格结构理论，个体的个性由三种不同比重的心理状态构成，"父母"（Parent）、"成人"（Adult）、"儿童"（Child），人际交往中由于双方处于某种状态而形成特定的互动模式，如主管和下属之间可能出现的"父母对儿童"交互模式，一方表现为统治、训斥、责骂的家长作风，另一方表现为服从和任人摆布。伯恩认为，一般来说工作中最有效的交互方式应当是"成人对成人"模式，这种模式能促使问题得到解决，视他人同自己一样具有理性，降低了人们之间感情冲突的可能性。——译者注

基础，以大家相互达成的共识、承诺、尽责为前提的。

随着时间的推移，"塞利乌斯"公司里的团队逐渐学会了健康的"成人对成人"互动关系，帕维尔·耶德叶维斯基（Paweł Jędrzejewski）既是公司创始人，也是公司的"链长"① （lead link），他说："我们已决定绝不可以出现压人一头的权力，大家都有商议的权利，对项目可以接受也可以拒绝；可一旦达成了对某件事情的承诺，那大家是可以这样要求彼此的：'这事什么时间能做完？我需要快点，你之前说过会做好的，可到现在还没好。'相比以前，并非对大家提出了更高要求，而是希望大家应该比以前更靠谱一些，对彼此间的期望也可以比以前更健康一些。"[2]

作出承诺、履行承诺

作出承诺、履行承诺是自主管理的必备技能。如果什么承诺都没有，事情就做不出来；如果什么事都承诺，也肯定履行不了。显而易见，除非彼此之间互有承诺又能践行承诺，团队间的信任才会建立，否则，自主管理是无法运作的。

如果有外部访客去参加"彼尔共建"实验台的内部会议，大家会问你："你对这个会议的结果想作出什么承诺呢，如果有的话？"而访客可能的反应是，"我应该作出什么承诺？"这时，"彼尔共建"的伙伴们会笑而不答，安静地等你来说。

---

① "链长"是合弄制术语，合弄制之下不再有具体的职位，传统职位的职能被分解为一个个"角色"（roles），角色有约定好的职责范围，员工自行选择自己的角色并依角色要求决定工作内容；围绕完成某项工作的角色形成"圈子"（circles），这相当于传统公司中的部门，各圈子独立为政，也可相互重合；虽然没有经理和主管，但每个圈子都有自己的"链长"（lead links），链长对自己圈子里的工作没有决定权，所有圈子里的重大决策都由这个圈子里所有角色参加的治理会议和战术会议经民主讨论决定，链长也不对圈子的工作成果负责，但对圈子里每个角色下的人有任免权。——译者注

"彼尔共建"的自主管理已经做得较有经验了,他们知道"承诺"是人表明自己想要什么的方式——依各人的热情、专业、经验,提出最合乎自己心意的东西。很多刚接触自主管理的新人这时才恍然大悟:原来承诺什么是自己的事,无须交由他人来安排。

个人承诺

在日常工作中,每当我们答应同事某件事——发送文件、在截止日期前完成项目等——就在许下新承诺。按预期把事情完成了,我们就履行了自己的承诺。承诺履行得越多,建立的信任度就越高;相反,承诺的事做不到,会一点点吃掉我们户头上的信任,这个户头可以是我们与伙伴之间的信任户头,还可以是我们自己与自己间的信任户头。

关于我们自己给自己的承诺的履行我们很有可能更加草草了事。"青色之上"[1](Beyond Teal)管理咨询机构的布鲁斯·彼得斯[2](Bruce Peters)在一个TED演讲中分享了他一直用了40年的个人承诺计分卡工具[3]。他在后来一次访谈中提到:"我许下的承诺我都会跟进,听上去有点强迫症。但想想看,如果这样持续跟进,你的生活将发生什么变化?这将改变你作出的承诺:对什么说是,对什么说不;也将改变你想从他人那里得到什么承诺——它将改变'承诺'这个世界里的玩法。"[4] 布鲁斯采用的承诺计分卡工具用起来很简单,其中包括

---

[1] "青色之上"是位于美国纽约的一家提供领导力课程、教练、咨询方面业务的咨询机构,创立于2010年,基于创始人布鲁斯·彼得斯在心理效能感方面的研究,其开发相关的领导力发展项目,到目前为止已经覆盖超过了1000位组织高管。——译者注

[2] "青色之上"咨询机构创始人、CEO,专注高管领导力发展以及组织学习社群方面的课题,他的理念是,一次只作一个承诺,每一个承诺都要带来一个变化。——译者注

作出承诺的日期、尽可能详细的承诺的内容、承诺履行完成的日期。布鲁斯还会记录自己履行承诺的百分比，每周五上午对自己一周里答应、承诺的事及所做的行动进行一周总结，用周五剩下的时间来完成尚未履行的承诺。除非有意外发生，每周五的这个惯例他都雷打不动。你在管理自己的承诺时，既可以像布鲁斯这样严谨，也可以不那么条条框框，但无论采取什么样的做法，都要明白，履行承诺的能力是其中关键所在，这也是在自主管理团队中把工作做好的关键。

给他人承诺时，很容易产生误解，想要在日常非正式达成的共识中减少这种误解，可以试试下面的三个"R"：

快速回顾（**Reflect back**）："结束前，我们一起快速回顾一下我们协商好的事，以确保彼此说的是一回事。"

邮件重申（**Recap by e-mail**）："我会很快给你发封邮件，把我们开会时最后定下来的东西重申一下，确保我们之间是一致的，如果你觉得没问题，或是觉得我漏了什么，都请回复一下。"

现场记录（**Record live**）："我们来打开一个文档，把所谈的和所答应的事情做个实时记录吧。"

此外，还有较正式的明确个人承诺的方式。在有的组织中，同事之间把共立合约作为事情达成的基础，最常听到的例子就是晨星公司的"同事理解备忘录"（colleague letter of understanding，CLOU）。这是每位成员订立的、与其他团队成员之间形成的合作关系，包括几个部分：一部分是订立个人自己的"个人业务宗旨"（personal commercial mission, PCM），即在组织范畴内个人层面的根本宗旨是什么；一部分是为了实现自己的这个"个人业务宗旨"，订立人答应完成的关键工作任务；一部分是借助哪些关键的衡量指标来评估自己的绩效；还有一部分是承诺的时间点（自主定义），以及会被自己所立承诺影响到的同事名单，由他们在这份文件上签字。

下一章会讨论各种定义角色与职责的方式，和 CLOU 相类似，"角色"也是一种用来集录个人承诺的较正式的方式。

团队共识

有了以书面形式达成的团队集体层的承诺，"一群人"才能变成"一个团队"，这是关键的一步。成文的承诺和书面的共识代表大家有了共同的理解，可以让整个团队具备清晰度和主人翁意识。这样的共识在你们团队肯定也有，有些可能是成文的规定，更多的可能只是约定俗成的一些做事方式。例如，大家来开会要不要求准时，还是说迟到一点很正常？对资深团队成员的反对意见可以公开表达吗，还是不可以这么做？大家的工作时间是固定的还是弹性的？

无论发生什么好好坏坏的情况，正式、非正式的团队共识都将给团队成员带来相互的理解。大家带着意识订立出来的共识能成为成员之间相互信任、相互开放的基础，在这个意义上，团队共识能促进学习，给个人一种包容感（inclusivity），让团队成员觉得"有归属感，明白作为团队一分子的意义，可以在保持个体独特性的同时贡献于这个团队"。

团队共识有三类：

治理类共识：关于团队如何做出变革的一些奠基性的方式和流程，如决策方式、团队架构调整的方式等。

社群类共识：成员之间如何共事相处的共识，像如何安排休假、如何反馈等。

运作类共识：有关团队日常工作在做法和流程上的共识，像如何启动新项目等。

共创过程

其实每一个新的团队共识都在验证某种假设，因为相信达成新的承诺能给大家带来好处、让大家更清晰、团队能更好地发挥作用，所以才订立新的共识。只有经过时间的检验才知道某个共识行不行得通，所以说每个新共识都只是大家进行的一个"打样"（prototype），允许人随着了解的深入提出变更建议。

"曼特尔314"[①]（Mantle314），一家设立于加拿大多伦多市的、提供气候变化方面专业服务的咨询公司，过去一年发展迅速，团队规模扩大了一倍。公司创始人劳拉·齐佐（Laura Zizzo）和瑞安·齐佐（Ryan Zizzo）在公司发展早期就引入了自主管理模式，没过多久他们就意识到想要团队有效运作，还需要订立团队共识。他们花了六个多月时间新立了十项团队共识，内容从薪酬方案到质量控制，各方面都有。在布伦特的帮助下，他们当时订立共识的过程运用的是下面这个六步法：

1. 先开一个会识别出需要在哪些领域订立明确的共识，当时有十个领域进入大家的视野，每个领域都由一位成员认领，负责起草共识。
2. 参考其他公司的例子，分头准备共识草案（关于如何形成共识，本书第27章提供了一些建议）。
3. 起草人邀请两三位同事审读草案，给出一些反馈。
4. 起草人定终稿，公布给整个团队。
5. 由所有团队成员表态确认这个共识是不是"当下可行，试试无妨"

[①] 现在很多公司或组织开展业务时都会留心自身的业务活动可能给气候变化造成什么样的影响（包括法律上的要求或是自身在宗旨层面的要求等），因此这家咨询公司的主业就是为其他公司和组织在气候变化专业领域提供风险评估和战略行动建议。注意，这家公司的名称已于2021年初更名为"Manifest Climate"（"显达气候"，此公司译名为译者暂译，无官方中文译名），旧名称"Mantel314"已不再使用，但以下译文仍遵从本书英文原文使用旧名，特此说明。——译者注

的（"good enough for now, safe enough to try"）。

6. 任何成员如觉得无法签署这份共识，可以向起草人提出修订意见，这时又回到第 4 步。

如有新人加入"曼特尔 314"公司，公司都会先向他们介绍这几项重要的团队共识，让他们明白加入公司意味着要作出哪些承诺。新人加入公司后，也可以发起变更共识的提议，交由团队考量，看看是不是接受提议做出变更。

有的组织还设有专人或专门团队负责订立团队共识。无论是哪种方式，团队共识采纳前，都需经由组织全体上下讨论、反思、修订。当组织发展到一定规模，没办法让每一个人都来参与这个过程时，可以选出决策代表，用第 12 章提到的"建议流程"来完成这个过程。

这个流程大家可以练习一下：试着拿一些你们约定俗成未成文的共识，通过这个流程将其载录成成文的共识；也可以试试拿一些已在组织里某些部门发挥作用的、未成文的约定，将其共创成组织全体层面的显性共识，以此作为练习。例如，如果某个团队采用了一种有效的开会或是决策模式，可以考虑将其订立成文，成为一项全体组织范围内通用的新基本做法。对共识进行共创时可以思考以下几个问题：

● 所提议的内容是什么？
● 在共创的过程中如何听取每个人的声音？
● 这项共识中涉及的行动将由谁来开展？
● 这项共识及与之相关的进展如何跟进？
● "打样"（prototype）过程有时间上的具体要求吗？打样何时结束，何时让团队进行关于学习点的反思？
● 共识需要变更时，如何变更？

共创过程通常都比较简单易行，但也有例外。"旋之炫"社群里大家共创出来的共识，从如何用钱到如何鼓励多样性，全都载录在一个开源的社群手册里①。和很多组织的情况一样，"旋之炫"社群手册之所以呼之而出，也是因为觉得有必要将大家已经在用的一些松散的工作安排和前提假设进行归整记录，经过大家激烈的对话以及"同意/不同意"的团队表态流程，最终敲定了内容，并将达成共识的结论成文记录在案。苏珊下面这段话分享了她在"旋之炫"社群里参与共识共创过程时所经历的事：

"旋之炫"的某些共识很容易订立，有些共识的订立却极其费心费力。这是一个珍视不同声音的社群，需要创造"生发"的氛围而不是"收敛"的氛围，这就要求我们要相当小心、要深思熟虑。我就有过一次这样的经历：我提出一个有关社群治理的变更建议，建议将某些决策交由一小组人来做。虽说我已做好心理准备会听到别人的反对之声，却没料到我这个建议会被大家直接"拉黑"。在事后看来这个拉黑的决定确实是对的，可当时的我是真的是很难翻过这一篇，总觉得自己提案的意图没能好好传达给他人。事实上，我那个思路确实是有根本性问题的，正是因为我们社群有鼓励并珍视不同声音的文化，才让我接受了事情发展的结果，没觉得委屈不平。

共识的变更

建议大家从一开始就要有关于"共识如何变更"的共识，这是大家关于既有共识如何在未来做出变更的共同认识。罗德里戈·巴斯托斯（Rodrigo Bastos）是"下一站青色"（Target Teal）咨询公司的一员，这家巴西的咨询公司主要在组织设计领域提供服务，自身也按自主管理模式运作。罗德里戈说，"团队共识应当可以迅速进行变化调整，

---

① "旋之炫"的社群手册，包含"导语""团队共识""运作指引""各工作组""旋之炫基金会""钱财"等几章内容，该手册基于 Github 开源平台发布，具体可参考：https://handbook.enspiral.com/（英文）。——译者注

因为时间不等人。客户大单来了或是团队运作不畅了，团队共识就要变更，这时要解决的问题是：如何可以又快又不伤筋动骨，又不大费周章地变更共识，然后再在新共识基础上继续迭代？"⁵

变更过程包含两阶段，前一阶段是如何发现现有共识的缺陷，并把问题摆到桌面上来。要能做到这样，需要营建一定的空间，并时时提请大家留意，以便张力可以浮出水面。有了这样的文化后，每当有人提出张力，团队就会讨论、做出判断，看解决这一张力是否意味着团队共识要变更。

一旦大家觉得需要变更，就开始进入变更阶段。在第12章里我们提供了各种决策工具，到这时，之前已达成共识的"共识变更流程"就成了变更行动的主心骨了。

团队集体达成的共识可能还需要进行定期的、结构化的更新，这种做法有时也被称为"重构"（factoring）。"旋之炫"社群里的阿兰娜·欧文①（Alanna Irving）是这么说的：

这里"重构"的说法借用了软件开发术语，软件开发人员在软件开发出来并使用了一段时间之后，对如何使其运转得更好会有新认识，他们通常会在不对软件基本功能和存在意义做出根本变更的前提下，通过软件内部运行结构的梳理，让代码变得更简洁、更易读、运行效果更好，更便于日后改进维护。在软件开发领域，"重构"是解决"技术负债"②（technical debt）的一种方式，这里的技术负债是指原有代码虽然还能用，

---

① 阿兰娜·欧文是新西兰一位专注于"非老板领导力"、开源式组织发展、合作式治理、参与式技术、影响力创业精神、金钱合作等方面话题的咨询顾问，现任职于一家开源的、透明化运作的众筹平台，该平台为没有法人实体的组织提供财务方面的合作支持。——译者注

② "技术负债"是软件编程及软件开发中的一个比喻，有时开发人员为了加速软件开发，在之前应该采用最佳方案时却进行了妥协，改用了短期能加速软件开发的方案，从而在未来给自己带来了额外开发负担，这种需要"日后来偿还"的额外开发维护负担被称为"技术负债"。这种技术上的选择，就像一笔债务一样，虽然眼下可以得到就近的好处，可在未来偿还时不仅需要"还本"（原有问题依然需要解决），还要支付"利息"（还引起了其他的问题），付出额外的时间和精力持续修复之前由于妥协造成的问题及副作用；或者，可以通过"重构"的方式，把架构改善为最佳实现方式。——译者注

但却使得软件变更的难度增大、耗时增多的现象。[6]

"重构"这种做法也可以用在公司文化健康方面的问题上,团队文化、运作类共识中的一些核心内容,可以时不时地进行"重构",及时消解那些阻碍组织新变革生成的因素。在解决组织特定的文化问题时,有时并不需要加新东西,化繁为简的"重构"可能更有价值。

尽责

想要领导自主管理的敏捷型组织或在其中工作,个体尽责和集体尽责都是不可或缺的因素,"成人对成人"的互动关系要求团队成员之间都要有"尽责"的意识。每当承诺无法兑现时,失于尽责的人有责任找相关方商议解决办法;同样,受此影响的人也有责任在尊重的前提下直接与有关当事人对话,进行这样的对话需要有勇气和一定的技能。在第14章中还会提到处理张力及分歧的一些做法。

如果这样的对话没能发生,有些领导者常会落入一个陷阱,开始对未兑现的承诺进行评判、对后续的进展挤牙膏式地推进;而在自主管理组织中,这时需要组织领导者做的,是进行教练(coach)和引导(facilitate),以教练的方式让同事自行解决问题、在需要时给予引导(而非评判),让团队成员学会如何彼此尽责,并发展自己的能力和自信。

直观可见

人是"群居动物",如果将承诺可视化,"同伴压力"[①](peer

---

① "同伴压力"是社会心理学术语,指因为渴望被同伴接纳认可,避免被排挤,而选择按照同伴规定的规则去思考或行动时的一种心理压力。以青色组织的视角来看,同伴压力的使用既可能有积极作用,也可能有消极影响:如果能促进个体积极应对同伴压力,使其变为成长的动力,个体良性的部分就得以成长与呈现;而消极影响则是指用同伴压力来迫使他人做出行为上的改变,这是一种通过引发个体"小我"的恐惧而变相地进行"权力操控"的手段,这种出发点下的做法有悖于青色组织的哲学。——译者注

pressure）就会发挥作用，这时有很多东西整个团队都会看在眼里。"美奥市景"（Miovision）公司的做法就是借助群体责任感而不是领导自上而下的方式，来推动个体行动：每日"站会"（一种围绕尽责话题的短会）、公开透明的团队汇报、公司周会和月会……其中内生的责任感，就是公司运作的基础。用公司 CEO 柯蒂斯·麦克布赖德（Kurtis McBride）的话说："这样的会议能促使大家公开讨论、透明承诺，消解了各自为政的问题，使尽责贯穿在整个团队中。"[7]

要让"尽责"在组织中开花，还可以考虑使之变成一些组织的惯例常规。在 ET 集团（ET Group），起初团队成员都不记录各自的项目时间，而这个信息对计算项目收益是必要的，后来有团队决定按月度来分享所有成员的时间利用率，不出两月，这个跟踪时间利用率的做法就在公司里大范围运用了；在供应链软件服务商"努乐极"①（Nulogy）公司，有一次公司年度离修会（retreat）结束时，有位团队成员自告奋勇地提出要做"尽责伙伴"（accountability partner），将会上决定要做的事放到大家平时的周会上跟进，直到所有事情都被勾掉为止；"杰克在此"（Jack.org）是加拿大的一家慈善组织，46 人的团队，为青少年领导者提供培训和赋能，来帮助青少年消除精神健康方面的障碍，他们在工作空间中用一面超大的指标白板墙来跟进各项事情的进展情况，团队站会就安排在指标白板墙前进行，这面白板墙也成了参访他们组织的访客（包括捐赠人在内）参观路线中的重要一站……类似这样将"尽责"变成某些惯例常规的做法，可以把大家共同的应尽责任融入团队日常工作中。（有关"站会"和"惯例常规"方面的更多话题，可参考第 24 章。）有

---

① "努乐极"是加拿大多伦多市一家供应链软件提供商，创办于 2002 年，为客户提供基于云平台的敏捷供应链解决方案，公司引航的北极星是："团结整个供应链社群，让持续创新变得可能，以此来满足人的日常需求。"公司相信只要整个供应链社群协同努力，就可以创造出独特而又强大的机遇来减少这个世界上的浪费。——译者注

了这样直观可见的形式，再加上一点群体压力，对大家在工作上的要求，以前那种隐含不清晰的状态现在就变得明明白白、清清楚楚了。

处理不尽责的状况

当承诺了却没做到的情况出现时，如果不提出来解决方法，这种事迟早会成为家常便饭，变成一种文化。处理这种责任未尽的状况的确很不容易，我们天然的反应要么是不说话（以一种"被动攻击式"[①] 的行为方式选择对此视而不见）；要么就施加惩罚（攻击、责备）；要么就找借口。这些做法都不能解决问题，只会减损信任，也让你的同事失去了一次发展进步的宝贵机会。如果能进行诚恳、尊重对方、及时的对话，相互之间的关系以及尽责感都将增强，第13章中有关于处理这类反馈难题的内容。

作为领导者，你还需要在尽责这个话题上以身作则。一路下去，你偶尔也会犯错，自己答应的事也可能没有做到。在马不停蹄的快节奏工作中，人常常忙得四脚朝天，你也需要时时调整所承诺事情的优先级。为了营建尽责的文化，自己未尽责时，要主动认错，告诉大家你以后会做出哪些改变，并乐于让同事们来监督你的尽责情况，当他们行使监督权时要给他们以相应的尊重。

有承诺有担当，并保持健康的尽责水平，这是集体要共赴的路，它需要开放透明的环境，也需要"成人对成人"模式的对话。无论团队良好运转还是失于运转，这种情况都会传染开，所形成的习惯四散传播，很难去除。如果下一次你遇到承诺不兑现的情况，可以

---

① "被动攻击"（passive-aggressive）是心理学术语，见于"被动攻击型人格"（passive-aggressive personality），这种行为的表现是，当内心因某些事情充满怨恨或者愤怒时，不直接表现出来，却在暗地里通过敷衍、消极怠工、不支持、抱怨等方式以消极、恶劣、隐蔽的方式发泄自己的不满情绪，以此来"攻击"令他不满意的人或事。
——译者注

试试让大家一起开个关于尽责的短会，你可以这么来提问："这次失于尽责造成了哪些影响？大家学到了什么？是什么原因造成的？"不要责备人、羞辱人，而是要把问题呈现出来。

另外还要避免两类错误：不要做尽责度的监督执法者，也不要过分揽事以致自己因此总是失于尽责。第一类错误常常会让人——尤其是高管——陷进一种不健康的团队关系中，为避免这种情况，可以尝试上述 ET 集团、"杰克在此""努乐极"几个组织的一些常规化做法，并采取角色轮值的运作方式。第二类错误反映出的核心问题是不会说"不"——对自己、对他人难以拒绝，对此布琳·布朗[1]（Brené Brown）在她的著作中提过这样一条原则："宁要不舒服，也不要惹怨恨"[2]，要学会让自己的承诺不超过自己可承受的量。

将"共识"与"尽责"统合到组织中

以下是将"共识"与"尽责"统合到组织 DNA 中去的一些做法，可以挑其中的一两条实践一下：

● 在会议安排签入环节时，将"尽责"作为一个固定话题，用以检查之前答应要做的事的执行情况。

● 下周之内，试着找一位承诺未兑现的同事谈话，保持好奇心，清楚地询问对方有什么需要，如果可行也问问你和团队可以如何支持他。

● 安排团队尝试一下晨星公司的做法，订立你们自己的"同事理解

---

[1] 布琳·布朗是美国休斯敦大学社会工作研究生院的助理研究教授，她的研究课题包括脆弱、勇气、真实和羞耻。2010 年，布琳·布朗在 TEDx Houston 的演讲《脆弱的力量》，成为 TED 网站上最受瞩目的演讲之一；她的著作中已有中译本的有《无所畏惧：颠覆你内心的脆弱》《超越自卑：如何运用同理心战胜自卑感》《归属感：做真实的自己》《成长到死》《我已经够好了》《脆弱的力量》；还另著有 *Dare to Lead*，暂无中译本。——译者注

[2] 此处意为对一些情况说"不"时，虽然当时自己或对方可能会觉得不舒服，但比起不顾实际情况地满口答应下来，之后又做不到而惹人怨恨的情况仍要好得多。——译者注

备忘录"。

● 开辟一块公告板（可以是实物形式，也可以是电子在线的方式），列出最为重要紧急的团队共识和目标。

● 引入每日10分钟的站会，检看前一天尽责事项的履行情况，并依当天情形进行调整。

如果你认为你的团队离作出承诺、履行承诺的能力还有一些差距，思考一下这是为什么？和团队一起就此展开对话，看看他们也有同感吗？尝试着用你自己的方式开始作出承诺、要求他人尽责，随着团队在"共识""承诺""尽责"方面技能的进步、成熟，健康的"成人对成人"的关系也就成熟了，并成为你们团队的文化。

第 11 章

清晰的角色
理顺各项技能，与工作并肩成长

给团队找来优秀的人不难，但要让他们合兵一处，
那又是另一回事了。

——凯西·斯滕格尔[①] (Casey Stengel)[1]

[①] 凯西·斯滕格尔（1890—1975），美国著名的棒球传奇人物，曾是美国职棒大联盟纽约扬基棒球队的经理，1966 年入选棒球名人堂。——译者注

工作需要有人做，然后有团队成员答应会完成——乍看上去，这无非是把不同人的技能和各项工作的需要之间连连线而已，可组织中的实际情况却远要复杂得多：工作被搁置、期待落了空、有人抱怨工作味同嚼蜡……更别说还要关照人的职业追求，况且有时个体所追求的和业务所需要的还不一致——这样的领导和组织过程，就像在玩积木拼图，不光要拼出的图是动态变化的，就连手中的积木块也不定形。

传统意义下的领导者就是拼图人的角色，在很多公司里 CEO 就是个"总拼人"。每当需要新角色了，由领导来定义；每当成员不爽了，由领导来安抚；到了谈职业发展的时候，由领导来定有什么路可走、有哪些发展的可能性。"易扬马丁"集团的埃德温·詹森认为解决这些问题有个一了百了的法子：人岗匹配这种差事，你（或其他任何领导者）还是脱身卸任吧。

领导驾驭不了"读心术"——他们本就不可能有深入人的灵魂里去搜罗信息的本事：谁喜欢做什么、谁做什么做得最好、谁因什么激动、又因什么受挫，他们都不得而知……《准备好让绩效发力》[①]（*Primed to Perform*）一书的两位作者尼尔·多西（Neel Doshi）和林赛·麦格雷戈（Lindsay McGregor）对公司如何营建高绩效文化的课题进行了研究，

---

① 暂无中译本，此为暂译名。该书提出了"全激励因子"（Total Motivation Factor）的概念，以此解释了优秀的公司是如何通过"全面激励"的做法拥有了高绩效的文化。——译者注

发现影响员工激励水平的因素有九个：绩效考评、治理流程、薪资报酬、领导力、人力与资源规划、社群、职业阶梯、组织认同、角色设计，他们写道：

> 全面激励（total motivation）中最有力又最容易被忽视的因素是组织关于人的角色设计问题。这在以往，角色岗位如何设计完全围绕战术层绩效打转：先制定出战略，再分解到流程，然后编写实施流程所需的角色岗位说明书……很少有人通过角色设计来进行人的全面激励、激发人的适应性绩效[①]（adaptive performance），角色设计的这种欠缺使得营建高绩效文化几乎不可能。[2]

但还是有领导者把时间浪费在拼图这种事情上，在信息不具备的条件下还妄图做人岗匹配，置个体的独特性于不顾。与此相对的另一种做法是，只需创造出条件，让每个人为自己的工作负责、为自己如何融入组织的要求负责即可。这种做法还可以在更大范围内开展，效果也更好。

"易扬马丁"集团在运作一种他们称作"角色建议流程"（role advice process，RAP）的做法。从本质上看，RAP其实就是用"众包"[②]（crowdsourcing）概念来进行角色设计。"易扬马丁"是自主管理的组织，没有传统管理架构，也没有专人负责角色设计和绩效管理，大家需在

[①] "适应性绩效"是组织行为学术语，指广义上的组织中的适应性行为，即当工作要求和条件发生变化时，个体在某一任务上的学习有效迁移到另一任务上的行为。经典绩效研究理论明确地将工作绩效划分为任务绩效（Task Performance）与关系绩效（Contextual Performance）两个维度（Borman，1993）；针对进入21世纪后，变化和动态性成为现代组织的主要特征，Allworth等人（1997）提出有必要在任务及关系绩效的基础上增加关注员工应对变化的"适应性绩效"；Pulakos（2000）等提出个体水平的"适应性绩效"包括以下8个维度：①处理紧急和危急情境；②处理工作压力；③创造性地解决问题；④处理不确定性和不可预测的工作情境；⑤学习新工作任务、技术和流程；⑥表现出人际适应性；⑦表现出文化适应性；⑧表现出身体条件的适应性。——译者注

[②] 互联网术语，是指从一个广泛的群体，特别是在线社区，获取所需想法、服务或内容贡献的实践；也指一种新的商业模式，即企业利用互联网来将工作分包出去、发现创意或解决技术问题。众包与外包（outsourcing）的区别是，它将任务分解和分配于一个公众的、未加定义的群体而非某一特定群体；而外包则指向特定组织机构或群体。——译者注

自主管理的辅助架构下处理如何定义角色的问题。这时，在业务需要和个人强项之间进行梳理时更广泛地听取意见，成为他们公司运作的一个核心要素，对团队也产生了极大且积极的影响，例如：

● 有个人绩效不佳，于是自己开启了一个为期三月的尝试期，过程中进行绩效改进或为离开公司做准备。随着尝试期的展开，这个人忽然发现可以转换到另外一个完全不同的角色，后来他在这个角色上干得很好。

● 当有个部门需要帮手时，有个人决定将自己一部分工作时间分给那个部门，他的工资也由那个部门和现有部门两边分摊。

● 有些团队成员意识到自己理想的角色在公司里不可能出现，就选择了离开公司。

● 其他人在完成"角色建议流程"之后，感到自己承担的角色焕然一新、更有意义了，员工的影响力扩大了、工作投入度也提升了。

用埃德温·詹森的话说："角色建议流程被同事们评为我们组织的最有效实践，在我见到过的各种商业下的做法中，这几乎算得上是一剂万灵药。你们有出现人方面的问题吗？那请试试角色建议流程吧。"[3]

角色建议流程（RAP）示例

思考一下你自己所扮演的角色，如果自己可以设计，你觉得自己的影响力和工作投入度会提高吗？通过角色建议流程，人就可以依自己的特长和爱好来设计自己需要完成的一系列工作任务。这意味着不喜欢做的事你都可以甩手不干了吗？不可能，至少在有其他人愿意接手之前不可能。回到我们之前用的"拼图"的比喻，拼图时只有各处都严丝合缝，才会大功告成。如果还有空隙，有三种可能的处理方式：第一是调整手头这个积木块的形状，使之与空隙相契合；第二是从外界引进一个新的积木块；第三是重构整个想要拼的图形——有时有些事不做反而还能促进业务发展。

来具体看看"易扬马丁"的 RAP 是怎么做的，请一边看一边想一想自己的团队可以如何开展类似的做法。

第一步：触发 RAP

流程的触发点一般是某人的角色设计需要聊一聊了，有可能是本人提出，有时也可能是其他同事发现了问题或发现了契机之后提出的。

第二步：公告 RAP 启动

本人向团队通告 RAP 启动，可以是简单地发封邮件，也可以在内部信息平台上发帖。公告的信息包括：准备向哪些人征询建议；开放地邀请任意想提供建议的伙伴；本人将于何时宣布结果。

第三步：自我反思

本人思考一系列的问题：我为何启动这个建议流程？是什么情况引发的？我有哪些长处、才能、爱好？这些长处、才能与爱好如何最好地发挥出来？我目前对团队的贡献有哪些？哪些方面进展得还不错？哪些还可以改善？改动和变更我的角色是否更能发挥我的影响力？具体如何提升影响力？这里面有哪些得失？我交出去的工作职责谁来接手？对这个可能的变化我有什么感觉？有什么担忧？又有什么让我激动的东西？有哪些利弊？

第四步：征求他人建议

至少找三位团队成员，和他们分享你对上述话题的思考，征求他们的建议。给你提建议的人既可以是之前你在公告里提及的希望征求建议的伙伴，也可以是自发想给你提建议的伙伴，这样一来无论是你觉得能提供有价值建议的伙伴还是将受此举影响的伙伴都可以参与进来。所列的话题可作为大家一起讨论的起点。

第五步：做决定

此时要做决定了，通盘考虑所有的信息后，由本人决定接下来应该怎么办。可能会变更角色，也可能更改当前角色中的某些部分，甚至还可能决定离开公司。

第六步：宣布结果

本人用文档进行总结，向团队宣布结果。或者，上述整个角色建议流程也可通过一些决策软件予以全程记录，如"Loomio"[①] 软件（这是"易扬马丁"所用的决策软件），在这一步需要和大家宣布的信息包括：本人进行反思、推导、思考的过程，收到了哪些建议，做出了什么决定，过渡方案是什么。

第七步：采取行动

在完全自主管理的组织中，最后一步就是执行过渡方案。如果过渡方案无人反对、不需要调整，那就可以付诸行动。进行角色变化的人要负责安排好与其他同事的交接工作，任何涉及责任、薪酬、雇佣状态等的重大变更还需要记录在案，而且在变化实施前就要有所记载。与薪酬相关的变更还有一些额外的步骤要走，这个话题将在第18章深入探讨。

如果你觉得"易扬马丁"的这种做法对你们组织而言太过超前，也可以对它进行些改动，缓缓地起步，一点一点地尝试。这个流程的重点在于，

[①] "Loomio"是一款开源的应用程序App，由一家位于新西兰的关注群体协作的社会企业开发，软件能帮助用户"不必开会也能把决定做了"，方便参与者在任何时间任何地点参与决策过程（讨论、投票、记录等功能）。——译者注

将梳理角色的责任从以前以老板为中心的做法转变为交给了每位团队成员。还有一点很关键，就是要把 RAP 用在良性的意图上——假如有人是出于消极的出发点，那最好不要使用这个流程。

同步梳理多个角色

与"易扬马丁"类似，"彼尔共建"实验台也是一家自主管理组织，他们也有自己的角色管理做法。"彼尔共建"是一家 14 人的创新型咨询公司，专注于共建未来新型工作模式、参与式管理及协作等话题，他们家梳理角色做法的起点是，先思考组织为了实现宗旨应该包含哪些工作职责，然后再将这些工作职责归并成一个个角色。

与传统组织一个人一个角色有所不同的是，在"彼尔共建"每个人可能同时承担多重角色，也可能同时承担多项责任集。公司进行角色定义最开始时还是采用的比较传统的做法，后来才转型为新的做法，转型完成后，公司创始人萨曼莎·斯莱德分享了他们的做法。

在公司层面识别角色

每个组织本就是由一系列角色构成的，通过考量组织为实现宗旨需要做些什么事，角色也就显而易见了。萨曼莎花数月时间完成了这一识别角色的任务，她全神贯注地观察公司日常发生的种种事情，并不断地自我发问，"现在这个团队正在做的是什么？大家在谈什么？日常工作中还有哪些不清爽的，有哪些阻碍、哪些张力反反复复地出现？"

最后，她一共识别出 32 个角色的责任集（后来经过归并，数量有所减少），其中有些角色已经有团队成员在做了，但也发现了一些待分派的新角色，萨曼莎还为每个角色取了名："管钱人"（banker）、"护法人"（legal protector）、"视频制作人"（video producer）等，整个过程全都公开透明。这期间，萨曼莎忍住没找外面的咨询顾问协助，而是自己专心地思考基于"彼尔共建"自身的独特性需要有哪些角色。

角色撰写

32个角色文件需要逐一撰写，这由整个团队一起完成，充分发挥团队的"群体智能"（collective intelligence）。每个角色文件包括以下几部分：清晰的、应和公司文化的角色名称；简述角色存在的意义；有关任务和决策权方面的尽责内容；承担这个角色的人做得好时的表现。下面举例说明"管钱人"角色文件，他们是这么写的：

名称： 管钱人

角色宗旨： 帮助和我们在财务上打交道的集体、共建人以及其他组织减轻处理财务事务的压力。

尽责事项：

依法依规，预判财务方面的需要，完成向政府的支付，做好支付记录。

作为"彼尔共建"与政府打交道的接口，记录好关键信息、交易往来、背景情况。

兑付信息齐全的支票，必要时经相关人员批准后再行支付。

若出现财务上的紧急情况，知会组织成员，公开透明，大家一同处理。

角色操持得不错时：

组织成员在财务事宜方面的压力减小——以10分打分，每个月大家打的分平均不超过2分。

支付均在30日内完成。

没有需向政府支付的罚款和罚息。

每位团队成员负责撰写四到五个角色文件,他们建了一个维基页面,各人把写的第一版草案放上去,每份草案又由另外两名成员根据自己的智慧和经验加以迭代。到这一步时,每位团队成员都要阅览所有的角色文件。

使角色归人

团队召开工作坊,用两半小时的时间将这些角色归属于具体个人。开始时先简要回顾确立这些角色的用意何在,然后安排"签入"环节,看看大家在开始前每个人的感受如何,让大家都有机会表达可能会有的内心不安。接着分小组讨论和审阅与他们有关的角色文件草案,每个小组要提出三条改进意见,大家用"生发式决策流程"(下一章详述)来评估各条改进意见,然后一起决定这些角色的生效日期。接下来,通过以下数轮步骤将所有角色划归具体个人:

- 把各个角色名称写到索引卡片上,将所有的索引卡片列在团队面前。
- 让每个人调动感知,认为谁承担某个角色最为合适,就把他的名字写到索引卡片上,但不可以写自己的名字。
- 一起来看看集体的意见如何,由每个人自己提两个本人最想承担的角色,然后看团队当中有没有反对意见,如果没有,相应角色就归属于他。
- 在下一轮中处理还没归属的角色,任何人都可以提出由除自己之外的某个人来承担某个角色,同样在提议之后再看有无反对意见,重复这一步骤直至所有的角色都安排出去。
- 在结束工作坊之前安排最后签出环节,各自分别分享一下自己的想法和感受。

我们看到,无论是"易扬马丁"还是"彼尔共建"的做法,都没有再让领导者在"人"和"岗"之间做媒人了,两种做法都在让成员发挥大家的智慧、让每个人都能选择自己觉得有意义的工作,这种做法也让团队从中受益。这种由大家共同参与的做法能帮你解决你们现在面临的组织中角色分配的问题吗？

用人所长

期望每个人样样都精通是不现实的，可很多公司对领导者就有这样的要求。不过，只需对"领导力"这个词的定义稍加调整，[①]就能让团队里每个人各显神通。

"美奥市景"公司让人各展所长的做法就很聪明。公司保留了管理者和领导者角色，但不是传统意义上的老板。柯蒂斯·麦克布赖德[②] 在打样试验的过程中发现，领导者角色中有三部分内容最为突显：战略、执行、同理（这里"同理"指的是如何与人相处，以让人可以做到最好）。要获得成功，这三方面所要求的技能、态度、经验都各不相同，"美奥市景"并不指望有人能三者兼备，但公司在挑选领导者时会需要候选人至少在其中某一方面见长，然后再通过培训、辅导、教练等方式来支持他们在三方面都有成长和进步。

"美奥市景"相信对每位团队成员而言，最理想的角色是"热情""技能""需求"三者的交集。人在什么事情上有"热情"，因人而异；"技能"的匹配由领导者和团队成员相互切磋而定；"需求"则是由既定业务目标决定的。公司会不遗余力地找到办法，让每位团队成员将"技能"与"需求"挂钩，又同时在做自己有"热情"的事。

"美奥市景"的文化是"一直在路上"，位于他们文化核心的是两个理念：领导者起步前就需要在某一方面见长；团队成员要将热情、技能与需求三者相融——这两个理念被柯蒂斯称为他们公司的"第一要旨"。

---

① 关于这一点可参见第 1 章 "领导与架构" 小节，其中提到 "重新定义领导力" 的理念。——译者注
② 柯蒂斯·麦克布赖德是 "美奥市景" 创始人及 CEO。——译者注

区分"角色"与"人"

我们都见过人与所做的事相互混淆、人岗不分的情况：埃文"是"销售副总、阿比"是"图形界面设计师。[①] 可在自主管理的组织里，更合理的做法是把"角色"（角色是一系列工作职责的集合）与"人"（有着自己灵魂的人）区分开来看。在工作中进行"人"与"角色"的区分可能会让人觉得有点奇怪，但在生活中大家会这样区分：生活中的你可能为人妻、为人夫、为人父母、是他人的兄弟姐妹、是团体一员、是社群志愿者，其中有些角色终身不变，有些角色则来来去去，但不管怎样，你终归是你这个"人"，一个有着自己追求、梦想、恐惧、需要与诉求的人。"彼尔共建"识别出开展业务所需的角色共有32个，然而公司只有14个"灵魂"——他们的14名团队成员，是这些人在同时承担着多个角色。

这种分辨区分并不是分化割裂，在真实的世界中角色与人形影不离，所以两者很容易混为一谈。需要明白的是，不同角色各不相同，但又在一起勠力同心。明白了这一点，有些事如果你纠结自己要不要挑头、某些顾虑你要不要说出来时，你的思路就会比较清楚了——可以从"角色"和"人"两个方面思考："这件事是我的角色内的要求吗？""这件事中对方当事人与我在人与人的关系上是怎样的？"

不用说，本章所述的各种做法也都不够尽善尽美，也不一定适用于你，但我们这里所做的邀请是，想让大家超越那种制订复杂且静态的岗位说明书的做法，继而分清角色与人是两码事，自己不要再做那种人岗匹配的积木拼图人，邀请团队一起来试用上述的某些做法。

---

① 作者意为，埃文他"不是"销售副总，他只是他自己，他只是承担了销售副总的工作而已，不管他承担什么角色，他永远都"是"他自己；这里的"是"（英文"is"）字，是"我是谁"的命题中"是"字的含义。——译者注

第12章

决策
展开大家一起做决定的新范式

> 如果组织真心想要"成人对成人"的伙伴文化……
> 那么让人参与决策就是在落实这种文化。
> ——萨曼莎·斯莱德[1]

达米安·杜特[①]（Damien Douté）讲了一个极其有意思的故事，大意如下[2]：亚历克斯、比利、卡米尔三个好朋友想吃冰淇淋，于是一起凑钱，却发现只够买一份冰淇淋。他们走到街角小店，就剩下香草和草莓两种口味了，亚历克斯和比利想要香草味的、卡米尔想要草莓味的，他们该如何决定买什么口味呢？

他们有六种决策模式可选："**维持现状法**"（status quo），决定不了那就什么口味的都不买；"**随机听命法**"（random），抛硬币决定；"**独裁专断法**"（autocratic），钱拿在亚历克斯手里，他不考虑比利和卡米尔的意见自己做决定；"**多数意见法**"（majority），投票结果肯定是卡米尔的方案落选；"**全体一致法**"（consensus），买大家都一致同意的口味，由于卡米尔的意见和其他两人不同，他们会绵绵不绝地讨论各种可能性，等不知多久过后，要不就是卡米尔放弃自己的意见，要不就是亚历克斯和比利放弃他们的坚持；还有"**知情同意法**"（consent），做法是：先各自交换意见，然后亚历克斯提议香草味，问大家有没有不要香草味的理由，这时卡米尔可能会说自己受不了香草的味道，她吃不下，亚历克斯听了后，可能会更改提议转而买草莓味的，虽不是他和比利的首选，但他们好像并没有不要这个口味的理由。

---

① 达米安·杜特是加拿大的一位"Holochain"软件工程师、自由职业者、OrgBook 联合创始人。——译者注

"知情同意"：自主管理的基石

团队成员都有明确的角色之后，接下来就会涉及决策流程了，有很多人都认为决策是自主管理组织中最为重要的流程。

传统组织中的决策多由管理者做出，越是重大的决策，就需要越高层级的人来做；可自主管理组织没有等级分明的架构，也没有集权式决策，那就需要有科学、合理的决策流程。

传统组织大致有三种决策方式：独裁专断、授权他人（仍是一种独裁专断，只是决策人由甲变成了乙）、全体一致。独裁专断是其中的一个极端，指由一人做决定，然后告知其他人即可，这种决策是典型的 HiPPO 式的决策（highest-paid person's opinion，意为"由工资最高的人做决定"），独裁专断决策法在需要特别快速行动时是有益的。

另一极端是全体一致的决策方式，当没有任何人有压人一头的权力时就会采取这种决策方式，如同级别的跨职能小组可能会用这种方法做决策。这种决策方式的特点是长篇累牍地讨论：如果用得好，能做出公平公正的决定，大家也因此乐于效力，只是花的时间较多；如果用得不好，则人人叫苦不迭，最终只会走向"最小公约数"[①] 的结局，使大家寸步难行。

第三种做法是授权他人，虽说不绝对，但基本上也就是一种独裁专断的决策方式，做法是让在某个位置上的人来做决策，或是让更能从该决策中学到东西的人来做决策。这种授权做得好，事情的进展会很顺利；但如果被授权的人不具备决策能力又不征求他人意见，麻烦就来了。

[①] 指这种决策过程让参与其中的人倍受消耗之后，大家退而只求在每个人最底线附近求得共同的交集，由于各人都只能在"底线"附近"低空飞行"，决策的结果"拖累"了所有的人。——译者注

大多自主管理团体采用的决策工具有以下两种，均属"知情同意"决策法：一个是建议流程（advise process），另一个是生发式决策（generative decision-making），这两种决策模式都兼具独裁专断和全体一致的好处，又消除了各自的缺陷。不过要用好这两个工具，要求领导者必先抱持以下这两条信念：

决策分而能做——传统组织的决策权系于金字塔顶端的人之手，倘若上面的人在知识经验各方面都最为见长，那么这种做法合情合理；可在当今瞬息万变的世界中，这一前提假设已经站不住脚，因此我们的确需要好好想想该如何合理地来做决策。

横加干涉导致习得性无助——如果有人做的决策总被他人驳回，习得性无助就会出现。因为总被他人视若无物，人也慢慢开始不再承担责任，对做出的选择也不再真正负责。很多高管抱怨没人愿意承担更多责任，殊不知是他自己促成了这种习得性无助。对于他人的决策，高管常常要强加一些自己的看法，他们的本意是想锦上添花，却未能留意到他们此举造成的影响。关于这条理念，美国西雅图的"TGB建构家"（TGB Architects）设计公司是这么做的："合伙人只保留影响业务存亡方面的决策的插手权"，除此之外的决策权均归团队。

将决策权充分下放给大众、没必要不驳回，在这两个前提下团队就可以开始尝试建议流程和生发式决策了。这两种决策方式实施之后，任何团队成员都可以对没有人管或是不属于他人角色范围内的事进行决策。接下来我们来详细探究一下这两种方式。

建议流程

建议流程需要先确定某个具体决策的决策者是谁——通常可以是发

现该问题的人或是需对此尽责的人，也可能是最贴近该问题的人。接着由决策者向两类人征询建议：一类是受此决策影响的人，另一类是在决策内容上有专家经验的人。

建议流程的前提假设是相信人会做出符合集体利益的决策，相信人在做决策前会征询适当的建议。征询建议之后，决策者将按自己认为对组织最好的做法走下去，而无须采纳所有收到的建议，决策者在行动前无须批准也无须公告自己的决策。不过我们还是建议最好要向大家宣布一下做出了什么决策，对那些重要决策，最好也公布一下过程中收到了哪些建议，提高透明度。

"亦可专家"（Equal Expert）是一家大约1000人规模的、在多国开展业务的软件与敏捷开发方面的咨询公司，他们最主要的决策方式就是建议流程。两年半前，当公司规模还只有现在一半大小时，他们就已经开始用建议流程进行决策了，其目的是想以此来改变公司的文化，让每位同事彼此以"成人对成人"的模式相处。刚开始，他们只选取一个团队作为试点，时至今日，建议流程已成为全公司最主要的决策方式。他们甚至还用出了自己的特色，并把这种特色写进了"员工攻略"里。

"亦可专家"开发出了一些做法，让建议流程决策可以大规模地在公司数十个不同办公地点同时进行；他们针对一些常见问题，如参与业界交流会时多少额度的报销比较合理，整理了一些标准建议供大家参考，这样一来员工只需对那些没有标准建议的问题走建议流程即可。

建议流程带来的是个人责任感，进而提高人的投入度。戴夫·休伊特（Dave Hewett）是"亦可专家"的一位合伙人，他发现通过建议流程做出来的决策总能带出更多的点子，大大激发了大家的创意；现在公司里负责制订解决方案的人，不再是位于中心的领导团队了，而是每个人都参与其中，团队里的管理者只施加最低限度的约束条件，以便让个体那些好的方面都得以展现。

建议流程的开展需要"成人对成人"的对话,要决定的事越关系重大,越需要更广泛地听取意见;影响微小的决策,很可能只需听取来自另外一个人视角的意见即可;而有些决策可能要听取外部顾问、行业专家、董事成员的意见。"亦可专家"在建议流程上另一个值得注意的做法是,他们对谁是决策者有明晰的定义:6000英镑以内的开销,个人即可决策;6 000～20 000英镑的开销,需要得到业务领导的确认;如果决策的影响范围涉及多个业务单元或花销超过20 000英镑,则需要高管团队来确认。

在决定做出之前,或在决定做出之后,"亦可专家"会在"Slack"[①]协作平台的相应频道里公布每一次建议流程的结论。用戴夫的话说:"在我们这里,现在大家都敢提意见,没有谁会不好意思。因此,采纳建议流程时你是想多搜集些意见还是不需要太多,你倒要先说清楚。"[3]

丹尼斯·巴基[②](Dennis Bakke)写的《谁与决策》一书详细说明了建议流程是怎么一回事[4],还提到惯于自己做决定的传统领导者应当如何转变,把焦点转去看组织里其他人谁是某特定情境下最合适做决策的人。通过一些在线工具,如"Loomio""Cloverpop"[③]都有助于加快建议流程的速度,让信息更透明,很合适分散各地办公的团队使用,

---

① "Slack"是一个整合了聊天群、大规模应用工具集成、文件文档共享协作等多功能的软件和协作平台,既有社交媒体的功能,又有让群体进行工作协作的功能。该软件暂无官方中译名。——译者注

② 丹尼斯·巴基是《重塑组织》一书的调研对象之一的 AES 公司的创始人,在任期间发展了很多自主管理的做法,尤其在"建议流程"方面有很多经典的案例;根据其在 AES 公司运作自主管理模式的经历,著有《工作中的乐趣》(*Joy at Work*)和《谁与决策》(*The Decision Maker*),两本书均无中译本,此为暂译名。——译者注

③ "Cloverpop"是一个帮助个人或群组进行高效决策的应用软件,可以让决策待选方案通过群组思考的方式更多更好地呈现出来,让团队各成员发表的意见畅达透明,该应用程序还可以整合到类似于 Slack 的团队协作工具中去使用。——译者注

对于这些工具稍后我们将进行更详细的介绍。[1]

建议流程适用于大部分团队，具体做法是：

● 挑选想要试水建议流程的团队。

● 向团队成员说明建议流程的做法，大家一起营造一种"试试无妨"的氛围，例如，大家可以先试用四周，然后进行回顾总结。（关于"回顾总结"，请参考第 13 章）

● 依需要对具体做法进行迭代，直到大家用得比较得心应手。

● 把学习到的经验分享给其他团队，如果试验团队用得不错，其他团队会感兴趣的，慢慢地建议流程就会扩散到整个组织。

使用建议流程的过程中，人保持"正直"（integrity）的品质极为重要。例如，如果你是决策者，为了让大家坦诚交流，一开始就要透明地告诉大家你自己在决策上有哪些偏向。如果决策者耍小手段，在建议流程中有意绕开可能会与他们意见相左的人，那么建议流程也就起不到应有的效用了。如果只是走一下过场，并没有真正收集各方面的视角和观点，或者直接无视一些重要的建议，马上就会让信任尽失。有一个组织，由于市场变化不得不面临产品的调整，因此新增加了一些与客户支持相关的技能，原来做客户支持的那位同事就显得很落伍了。产品经理开启与之相关的建议流程时为了避免冲突，在向团队成员征询意见时有意没让这位最受此变化影响的同事参与。建议流程结束后，这位做客户支持的同事被告知，说他的技能和需求已经不匹配了，因此要他从公司离职，这样的结果让整个组织的信任度都大打折扣。更妥当的做法是，应该让这位同事全程参与建议流程，并把所有的信息都提供给他，也让他自己去想解决之策或是其他的出路。

---

[1] 参见第 17 章"有助信息透明的工具"小节。——译者注

生发式决策

相比建议流程，生发式决策的流程更结构化一些，这是由"彼尔共建"团队在改进"整合式决策流程"的基础上发展出来的一种做法。当与决策相关的人员全都在场时（可以面对面，也可以线上），最适合用这个流程来做决策。它有两个好处：第一，流程中不存在单一决策者，某项提议的首倡者只是该提议的持有人，持有人的职责是让其他与会者都参与到讨论中来，整合他们的反馈，直到有决定最终浮出水面，而且最终落成的决定与起初的提议相比很可能已大相径庭；第二，只有觉得某项提议会"招致危害，引发倒退"时才可以提反对意见。

"有更好的"，这不能成为反对的理由——这恰恰是"全体一致法"传统决策流程失效的地方。在讨论中，总有人会提出他有更好的方案，搞得大家又去听他的观点，以致弄得整个讨论延绵不尽。要知道，追求"最佳"是可以永无止境的。生发式决策流程秉持"当下可行，试试无妨"的原则，根植于这样的信念：迅速展开试验和马上"移动"到下一步，要比翻来覆去的决策拉锯战强得多。在生发式决策流程中，一旦有了决定就可以试验，从中再获取更多的信息，用于复核和改进接下来的决策。

生发式决策包含以下几步：

找准时机

现在是做这个决策的时机吗？大家是否具备了相应的背景信息？如果没有，是不是需要通过一些对话来让大家往前再走一步？

生成提议

任何人都可以启动生发式决策流程，告诉大家他看到了什么问题，提出什么解决方案，这个人便成为提议持有人。有时会另有人自告奋勇地来做整个决策流程的引导者（facilitator），理想情况下，引导者是不参与内容层面的贡献的，他们的主要职责是确保流程顺利进行，并帮大家做"反对测试"（下面会谈到）。

澄清式提问

任何人都可以向提议持有人提澄清式问题，持有人或者一一回答，或者说明某问题现在还没有答案。这一步还不允许表达观点，也不展开讨论，这时引导者的角色就是确保所提问题都是在澄清，而没有跑偏进入到表达观点意见的环节。

表达观点

每个人（提议持有人除外）一一表达各自观点，这时也不允许讨论，这一步持有人可以将听到的观点记录下来。

修订、澄清

表达观点全部轮过后，持有人可以根据前面两步得到的信息，或是澄清一些观点，或是对之前的提议做修订，这一步不允许相互讨论。

听取反对意见

现在引导者邀请大家一个一个提反对意见，"如果采纳这个提议，你有没有理由认为会招致危害或是引发倒退？"满足下列条件之一才是有效的反对意见：（1）如果采纳这个提议，会引起我们团队在实现宗旨上的倒退；（2）这个提议的实施，将直接导致一个当前不存在的问题出现；（3）这个提议会导致在可以预见的未来出现某个重大问题，且我们没有足够的应对时间。

除此之外，有"更好的做法"、觉得"这个提议没用"、觉得"这个提议不是当前重点"……这些都不是有效反对意见。因此，很多"反对"在这一环节会消散。如果没有有效反对意见，提议即获通过。在这一步，引导者最为挑战也最为重要的角色，就是评估每条反对意见是不是有效，驳回那些无效的反对。

整合反对意见

如果出现了有效反对意见，则由持有人负责修订提议，解决反对意见中涉及的问题，同时确保最初的原问题依然能得到解决。针对每个有效反对意见，持有人一个一个地解决，基于反对意见修订提议，直到所有的反对意见都整合到提议中，这一步就完成了。有了可被采用的解决方案，整合步骤即结束。

显性确认

整个流程最后一步，需要每个人以显性的方式表达自己准备好了采用最后得到的方案走下去。比如，只有每个参与流程的人都竖起大拇指表示确认，这个提议才算是被正式采纳了。有时就算所有反对意见都得到了整合，可能还是会有人抗拒最终的方案，这时需要把其中的阻抗拿到桌面上来谈，然后再继续执行方案。

团队的生发式决策流程用得很顺手了之后，大家可能会觉得有时都不必展开讨论就可以直接进入竖大拇指确认通过的环节，这时从"提议"到"采纳"的整个流程在几秒内便可以完成。"彼尔共建"团队对这个流程的使用轻车熟路之后，很多重大决策都能够快速达成，他们目前保持的记录是60分钟内做了19个高质量的决策。

运用生发式决策机制时，要想在过程中获得大量备选方案，那么全体成员积极参与讨论是必不可少的。我们建议你们团队在初次学习使用这一流程时，最好让外部引导者或让在这方面受过专门训练的内部引导者来支持这个过程，流程本身不复杂，但需要有很好的引导才能发挥出这个流程的有效作用。另外，这种做法需要全体与会者熟悉其做法，才能发挥出效用。必要时，也可以在开会前带大家一起熟悉整个流程。和学习其他新东西一样，你可能需要缓缓起步、慢慢地学，到后面才能收获果实。

关于有效决策的其他建议

除了上述的建议流程和生发式决策，接下来再提供一些其他的建议和决策工具，以期帮助大家加强和提高决策质量。

明确决策谁来做、采用什么决策流程

明确谁是决策者、用什么流程来做决定，这一点看似简单，但人们常常忽视。

"一再来"[1] 果仁酱公司（Once Again Nut Butter）100% 为员工所有，大约有80名员工所有者，他们都希望在公司决策中表达自己的心声。然而如何让大家参与决策，并没有明确的架构来支撑。有一次关于开新厂的决策做出后招来很多非议，于是公司成立了治理委员会，准备将公司的整个决策机制梳理清楚。这个委员会在"全员共治咨询团"[2]（Sociocracy Consulting Group）的协助下，梳理出公司的四大决策类型：账务类、人事类、

---

[1] "一再来"是一家位于美国纽约州的食品公司，主要生产果仁酱，公司100%由员工所有，致力于为对健康饮食有需求的消费者提供优质且坚持原则的产品，倡导农业生产体系的绿色有机和可持续发展。——译者注

[2] "全员共治咨询团"是设立在美国的一家咨询公司，提供组织设计、组织治理方面的国际业务服务，主要基于"全员共治"模式帮助组织将自身看作一个有机体来管理，在管理中让各方面声音都得以呈现，通过对优质的业务流程与控制论（cybernetics）和系统思考（systems thinking）相关原则相结合，帮助客户创造高效、人性、敏捷、充满意趣的现代新型组织。——译者注

运营类、公司组织与治理类，为每类决策都明确定义了谁是决策者，以及决策者决策前必须听取哪些人的意见，在需要时经由谁来批准生效。[5]

即便不是决策者，在这一点上也可以提出需求，以明确决策是如何做的，使人们注意到透明度的必要性。

记录已做决策

当时的决定做出了什么规定？如果不将决定记录成文并给到需要知晓的人，就可能会产生误解，书面记录能方便大家在决策做出之后一直都可供查阅。大家可能也有过这样的经历吧，某项决定做了好几个月之后，想要看看当时大家是怎么想的，结果没人记得了，这让人很是头疼。

在线工具"Loomio"既可以便利大家的决策讨论过程，又能支持本章讨论到的多种决策模式，更重要的是这个工具可以记录决策全程、决策的结论以及过程中有哪些人参与，很方便事后查看。

"Cloverpop"既有独立运行的决策平台版本，也有可以整合到"Slack"软件中的小程序，它可以简化和支持决策过程，让决策流程得以在公司大范围广泛运用，这个工具有助于与决策相关的沟通在所有利益相关者之间快速完成，当有人有相左意见时，也能很快知道。

决策宜快

有的决定不必等信息齐全就已经可以做了，这样会更快。掌握了2/3左右的信息，就已经差不多了；倘若想等到掌握90%以上的信息再做决策，大多数情况下，就已经等过了头。果子熟得恰到好处时最可口，不要等不及果子成熟，也不要让果子熟得太透；做决策也一样，时机刚刚好就可以做。

回顾重大决策

信息不全时做了重要决策，在执行后还会有相关的反馈信息，因此决策并不需要一步到位，随着新情况出现还可以再做新决定。可以给自己设定一些时间节点上的提醒，有意去回顾一下做过的决策，或者在一些例会中专门留出时间来快速回顾曾经做过的决策。

延迟履行做决策的承诺

玛丽·帕彭迪克（Mary Poppendieck）和汤姆·帕彭迪克（Tom Poppendieck）夫妇[①] 在所著《敏捷软件开发工具：精益开发方法》（*Lean Software Development: An Agile Toolkit*）一书中提出了一种有违人的直觉常识的决策做法，能使决策质量更佳："答应做某个决策的承诺可以等到'最后责任时刻'[②]（the last responsible moment）再履行，过了'最后责任时刻'这个时间点仍不做决策的话，某个重要的可选方案将不复存在。假若过了这个点仍不做决策，就会走向'不做决策也是一种决策'，但这种任其'不做而做'的做法不值得提倡[③]。"[6]

[①] 玛丽·帕彭迪克是 Poppendieck 咨询公司的总裁，该公司擅长将精益技术应用于软件开发，她以此领导多个团队实现了不同的解决方案，涉及领域从企业供应链管理到数字媒体各个行业。汤姆·帕彭迪克是一名企业分析师、架构师和敏捷过程培训师，目前帮助一些组织机构在软件开发过程中应用精益原则和工具。帕彭迪克夫妇著有《精益念力：成就卓越的心态与关键问题》（*The Lean Mindset*）、《敏捷软件开发工具：精益开发方法》（*Lean Software Development*），另著有"Implementing Lean Software Development: From Concept to Cash" "Leading Lean Software Development: Results Are not the Point"（此两本暂无中译本）。——译者注

[②] 这是敏捷开发中常见的术语。在"*The Principles of Product Development Flow*"一书中，Donald Reinertsen 说："产品开发成功的关键是：总是能依据最新的信息做出经济上正确的决策，当信息变化时，决策也要相应变化。"这就是延迟决策的意义所在。至于延迟到什么时间，玛丽·帕彭迪克的建议是"最后责任时刻"（The Last Responsible Moment）；而 Donald Reinertsen 的建议更加实际："进一步的等待不能提高预期的经济结果时，就是应该做出决策的时刻了。"——译者注

[③] 意即，这里提倡在"最后责任时刻"、在某个重要的决策选项即将消失之前"主动地"做出决定；而整体的决策时刻则可以延迟这个最后的"责任时刻"到来再做，这可以提高做出决策的质量。——译者注

这不是所谓的拖延症，"Stack Overflow"[①] IT问答网站以及"Discourse"[②] 论坛工具公司的联合创始人杰夫·阿特伍德[③]（Jeff Atwood）称之为"聪明的小偷懒"（inspired laziness）："在项目中过早地做决策会有很大风险。"[7] 在组织里，留有开放的选择的可能性和把事情往前推进，这两者间有着一种天然的张力，两者间求取恰当的平衡，一则需要知道自己的倾向性，二则也要考虑满足他人的需要。

贴点投票

"Cloverpop"公司的一项调查发现："如果团队在决策前让备选方案在数量上增加一倍的话，那么决策的质量将提高六倍、失败率降低一半。"当然，选择多了，也可能会给浓缩选项带来些麻烦。此时，便可以采用贴点投票的办法：发给参与者每人几个贴点，一般三到五个，贴到自己觉得最有感觉的方案旁边；另一种方式则是允许一个人在某个方案上投多个点。大家把点贴好后，就可以看出大家在整体上是对某个方案更有感觉，还是意见都很分散。

"从零到五"法

这个简单的工具可以快速查看一组人员对某个提议的赞同程度如何，通常会这么做："我们来用'从零到五'（fist to five）表个态吧"，做法有点像石头剪刀布，有人一二三报数之后，大家同时用从零到五的手势对

[①] "Stack Overflow"是一个与编程相关的IT技术问答网站，面向程序员群体，用户可以在网站免费提交与编程相关的问题、浏览问题、搜索相关内容。——译者注
[②] "Discourse"全名为Civilized Discourse Construction Kit（文明用语创建者工具包），是一个新的开源论坛工具。——译者注
[③] 杰夫·阿特伍德是国际知名的技术博客作家、知名程序员，有30多年的职业编程经验。2004年，他创办了CodingHorror博客。2008年，他和Joel Spolsky联合创办了StackOverflow（stackoverflow.com）网站，现在已经成为全球IT界最受欢迎的技术问答网站。著有《高效能程序员的修炼》（*Effective Programming*）。——译者注

某个提议表态。

- 紧握拳手不伸手指表示"不支持,我反对"。
- 一个指头表示"有较大的问题需解决,处理掉我才赞同"。
- 两个指头表示"有些小问题,需处理掉我才赞同"。
- 三个指头表示"有些小问题,可以稍后处理,我们就这么办吧"。
- 四个指头表示"我觉得这提议不错,我们可以这么办"。
- 五个指头表示"很喜欢这提议,全力支持"。

如果大家的表示都在"三"以上,并且还有人表示"四"或"五",说明整体接受这个方案,可以这么办。如果有表示"二"及以下的人,提议持有人会先停下来听听他们的顾虑,处理之后再重新表态。这个方法和贴点投票差不多,也是一种快速查看意见统一与否的方法,还可以避免一些没有必要的讨论。

虽不赞同,仍一起做

这个提法最初源于安迪·格鲁夫[①](Andy Grove),是上述的"从零到五"、建议流程、生发式决策的延展。有时团队要走下去,即使有些决定不是一部分人所喜欢的,大家仍需一同前进。在这种"虽不赞同,但一起做"的哲学下,决策一旦做出,就需要所有人都积极地为促成其实现而努力;如果没有这样的思想,就会造成虽然做出了决策,却只有赞同的人行动、不赞同的人置之不理甚至还暗中使坏的情况。如今大家的工作你中有我、我中有你,可以想象这种情况肯定会导致

---

① 安迪·格鲁夫(1936—2016),英特尔公司创始人之一、前董事长、首席执行官。1968年,格鲁夫同集成电路的联合发明者鲍勃·诺伊斯以及人们常常引用的"摩尔法则"的发明者戈登·摩尔一起,联合创立了英特尔公司。他领导英特尔进军微处理器市场,成为互联网时代的领军人,正是他一手将英特尔打造成世界最大的科技企业之一。2004年,他被沃顿商学院提名为25年来最具影响力的商业人物。著有《格鲁夫给经理人的第一课》(High Output Management)、《只有偏执狂才能生存》(Only the Paranoid Survive)、《游向彼岸:安迪·格鲁夫自传》(Swimming Across)等书。——译者注

决定了的事无果而终。

"从零到五"法和"虽不赞同，但一起做"的思想背后，是这样的考虑：人"可以接受的东西"要比人"喜欢的东西"范围更广。以"从零到五"来打分，五分代表我们喜好的东西，而三分到四分的范围代表我们尚可接受的东西。通常，人们对自己喜欢的东西会不遗余力地主张，这在某些方面是有积极作用的；然而，当整个团队需要聚力一处、只能走在一条路上时，这种不遗余力就不太有好处了。这时，比较妥当的做法是，问一问不喜欢某个决定的人在这条路上走下去能否接受。无论是生发式决策流程还是建议流程，都需要这种"信任"和"接受"，才能成为好的决策流程。

觉得"试试无妨"，就可以开干

决策可归为两类：第一类（单向门）决策，第二类（双向门）决策。第一类决策按时间序列进行，不可逆转或者说几乎不可逆转，过了这道"决策门"，就不能再返回决策点。但大多数的决策属于第二类，而且有很多第一类决策是可以分解为一系列第二类决策的。"试试无妨"就是针对第二类决策的一种理念，提倡往前快速推进，如果有什么事是"试试无妨"的，那就先做下去好了。

有一家二百多人的咨询公司里有位成员提出想变更他们绩效考评的做法，可绩效考评的改变是个涉及全体组织的变化。他们是这么着手的：由这位成员及其他所在团队采取新考评方式在一个考评周期里先行试验，这样一来波及的范围就有限了。这时，一个原本的"第一类"决策就分解成了"试试无妨"的"第二类"决策。

提倡"我想做……事"的说法

当人们从资历更深、背景更丰富的人那里寻求答案和参考意见时，即便对方好意相告，还是会有习得性无助。大家常听到这样的问话："你觉得我们可以做某某事吗？""我们是不是可以做某某事？""你觉得某某事怎么样？"听到这样的话后，很多领导者竟就自然而然地也上了这条道儿，开始回答起问题来了。

大卫·马凯特[①]（David Marquet）在他写的书《你就是艇长》（*Turn the Ship Around*）里讲了他身为美国海军"圣塔菲"号核潜艇艇长时亲历的故事。在任期间，他将"圣塔菲"号从一艘排名最差的潜艇变成最优，他认为这主要归功于一个看似不起眼的小变化：他让大家养成一种文化，要求艇员用"我想做……事"（I intend to）这样的语句来提解决方案。就是这几个字，改观了艇员的个体责任感和主人翁意识，将决策的责任交给个体。马凯特艇长的回复有两种：要么是"开干！"；要么是追问一些问题。对你来说也一样，下次如果有人来找你征询建议，可以问对方："你想做什么事？"

广开沟通渠道，扩展沟通带宽

做关键决策需要征求意见时，应广开渠道——以在线或面对面的方式、征求本地团队以及散落在世界各地的团队意见等，决策过程中运用合理的引导技术，改观大家提建议时的体验，尤其要注意那些不太响亮、不太明显的声音。每当有不同意见出现时，要注意扩展大家

[①] 大卫·马凯特是美国第七舰队最优秀的潜艇指挥官、美国外交关系委员会终身理事、哥伦比亚大学资深领导力导师，1999—2001年间指挥美国海军"圣塔菲"号攻击型核潜艇。在他上任之初就推翻了美国海军传统的自上而下的领导模式，给艇员更大的决策权，充分开发他们的潜能。不到一年，他就将原本管理混乱、士气低落、倒数第一的"圣塔菲"号打造成太平洋舰队中最具凝聚力、战斗力最强的舰艇，赢得无数奖项。著有《领导力就是语言：说什么与不说什么隐藏的力量》（*Leadership Is Language*）、《授权：如何激发全员领导力》（*Turn The Ship Around! Workbook*）、《你就是艇长》（*Turn The Ship Around!*）。——译者注

讨论时的"沟通带宽"[1],"沟通带宽"指的是大家在交流时包括非语言信息在内有多少信息得到了领会。当需要扩展"带宽"时,"旋之炫"社群的做法是：互动形式可以从 Loomio 升级到 Slack,再从 Slack 升级到视频会议,从视频会议升级到一对一对谈——通常通过 Zoom 进行,还可以从一对一对谈升级到有人引导的讨论形式。[2] 在分歧解决之后,再向群组汇报最后的结论。

当你们团队走上自主管理的变革之路时,毫无疑问,决策技能与决策流程都需要不断加强,试着用上述"知情同意"类的决策流程,从中选择最符合你们情况的做法进行尝试。当你们的业务拔节生长时,有效的决策流程能带来战略上的优势,在这方面进行尝试与学习,能带来进步,现在的这些投入,能让将来大有收获。

---

[1] "沟通带宽"的说法源于敏捷术语中的"高带宽沟通"（High-Bandwidth Communication），称之为高带宽是因为人与人沟通时有很多语言之外的额外信息可以通过肢体语言、身体语言、面部表情和语音语调来传递,这些语言之外的信息扩展了信息沟通时的"带宽"。——译者注

[2] 从"Loomio"一直到"有他人引导的讨论"——随着换用不同的沟通方式,人与人之间交流的语言信息与非语言信息依次越来越丰富,交流时人越来越敢于表达自己内心的声音,因此信息的完整性与真实度也越来越高,这使得交流信息时被别人理解的程度就越来越高,所以说交流的"带宽"在随之不断增加。——译者注

第 13 章

反馈
建立流经系统的信息回路

反馈是包括组织在内的有机系统的一种信号机制。有机系统各部分占有的具体知识之间会涌现出一种群体智能,而系统正是借由反馈的信号机制获取了这种群体智能。

——**乔治·波尔**[①]（George Pór）[1]

[①] 乔治·波尔是研究"**群体智能**"的先驱人物之一。

自主管理组织是从自然生态系统给我们的启发中获得灵感的。自然生态系统为了生存，必须要有反馈机制——有信息流经系统，系统才可能调整适应；在工作场合，某种行为对系统造成了怎样的影响，如果这个信息能被个体获悉，我们则称之为有很好的反馈闭环。如果说决策是自主管理操作流程中第一重要的，那么决策对系统造成了怎样的影响，了解这种影响也便成为仅次于决策的最重要流程。任何做得很优秀的组织，都会把反馈作为成功的一个重要基石。

　　这里我们先来说明一下自然界的反馈回路与工作背景下的结构化反馈两者有什么差别。自然界的反馈回路是一种业已存在的回路，经由漫长的时间进化而来，通过反馈来启动某些系统起停消长的状态。那么工作背景下的反馈呢？在传统管理体制下，是由一小部分人来代表系统中的所有人来定义所谓"好"的标准的——这就是被称作"精英制"（meritocracy）的理念，它影响了组织从招聘到绩效管理，再到战略制定等各方面的操作。由一小部分人代表全体人员来定义大家如何沟通、如何写报告、如何进行工作反馈……背后的逻辑是，所有人都该按某种"最佳"做法行事。

　　在可预测系统中，通过"试对法"的确可以编出一套最佳实践。看一下你组织中的一些做法，有很多就是建立在这种"试对法"之上的。如果对自己要做的东西确实很清楚，那么这种照章办事的做法的确可以提高成功率；可是，由人组成的组织并不是可预测系统，硬把人的组织视为可预测系统极有可能会制约这个系统的潜力。团队里的每个人都是独一无二的，每个人都有不一样的意愿、经历、个性、自我，这正是人文系统的美妙之处，它的复杂度不容无视。

对没有明确操作步骤的行为所做的反馈不可能"客观"。流水线上工人的工作只有一种正确的打开方式，要的是一个绝对的、不偏不倚的工作结果；但是有些公司所做的事并不是想要反复求取同一个解，本身具有创新和发展的内在要求，这时由上而下去贯彻所谓"好"的标准就只会捆住组织的手脚。那么如何避免呢？答案是，让团队中的每个人在有关如何接受、如何给予反馈上，都能表达自己的心声。

我们都有过这样的经历：团队里有位同事的绩效让人大失所望，其衡量依据可能是我们自己的或是团队里大家共用的标准，让人失望的原因可能是与别人沟通不好，做出东西的质量时好时坏，或是到了截止时间事情完不成……他这些绩效问题如果还影响到了别人的工作，会显得尤为扎眼。我们对此产生的应激式想法是，"他知不知自己在干嘛！""难以想象这种人居然比我工资还高！""呃，他又故伎重施了？""就是他拖了我们后腿"……那么你的这些想法难道就是对的吗？或者说，这里面有所谓对的想法吗？人一旦基于这些应激式想法采取行动，就会不自觉地逃避、敌对、"被动攻击"，甚至凌辱他人，这时我们这种以偏概全对人下定论的本事还真是让人发指。在这一点上，是有其他做法的：那就是，不给别人扣帽子、下判决，而只调动自己的好奇心。

超越反馈，相互好奇

关于"反馈"的方法和实践在过去几十年间发生了很大变化，老板们做出的反馈也越来越富有人文关怀精神，这是极大的进步。1982

年出版的《一分钟经理人》[1]（*The One Minute Manager*），刊印达1300万册，是这本书让大家口口相传的"三明治批评法"（the shit sandwich）流传开来。具体做法是：先说点好听的（赞美），然后提出批评，最后再说点好听的（感谢）。无论我们今天如何看待这种反馈方式，这种做法在当时确实让人眼前一亮。

后来又开始流行"影响反馈法"（impact feedback），允许人在反馈中表达自身情感上受到的伤害以及他人行为对自己造成的影响，比如"SBI模型"[2]（情景Situation—行为Behavior—影响Impact）就是让大家不带情绪地先讲清楚情景，再从受影响者的角度实事求是地说明因此受到的影响。这个模型有问题的地方在于，如果有人觉得情感上受到了伤害，其实往往并不是因为其他人某个具体行为所致，而很可能是因为他自己的人生经历造成的——所谓"受到伤害"不过是人"确认偏误"[3]（confirmation bias）的一种折射，是人旧有伤疤的折射。因此，即便是在一个彼此都没有恶意的团队中，用这种"影响反馈法"来彼此反馈，还是会有意无意地在反馈中加入大量主观性材料。

假如你要的某样东西同事没做好，你可能会这么反馈你因此受到的影响——"我有种不被尊重的感觉""我因此连女儿的比赛都去不了了"……

---

[1] 《一分钟经理人》是肯·布兰佳与斯宾塞·约翰逊合著的一部管理学著作，英文首版时间是1982年。该书通过讲述一个年轻人寻找完美的管理和领导技能，揭示了三种高效多产的管理秘诀，并形象生动地指导管理者如何在现实环境中行之有效地应用这三个管理秘诀。——译者注

[2] "SBI模型"又叫"SBI反馈法"，它认为有效的反馈需包含Situation（情景界定）、Behavior（行为描述）、Impact（行为影响）三个方面：先说明所反馈事情的"情景"，包括时间、地点、情况等；再说明对方的行为，对方说了什么、做了什么；然后说明其影响，如对工作的影响、对用户的影响、对周围同事的影响、对自己造成的影响等。——译者注

[3] 心理学术语，又称"肯证偏误""验证性偏见"，是指个人罔顾事实而偏好地支持自己已有成见、已有猜想的倾向。当人已经开始先入为主地认定了某样东西，如对人对事对感情的一些看法，就会在大脑中选择性地回忆、搜集有利于支持自己观点的细节，主动寻找增强这种信息的证据，以致不顾事实、忽略了存在矛盾的信息并加以片面诠释。当人开始产生"确认偏误"后，大脑中负责逻辑推理的区域就关闭了，负责感情的区域却被激活，会显得"不讲道理、只讲情绪"，此时任何新证据都有可能被忽略。——译者注

言下之意是这些影响显而易见，对方早该知道会给你造成这些伤害。如果你陷在这种"受害者"情绪中，就会对其他可能存在的情况视而不见——也许你同事整夜都在照顾他生病的孩子呢？也许是因为他家里最近出现了烦难事、因经济问题分了心呢？我们一不小心就把自己立在宇宙的中心，忍不住马上就要把责备抛向他人；我们自困在一团烦恼中，觉得都是外部的原因让我们难堪不爽，这时我们自己可以拥有的自由、自主、选择权也都不见了。你话里的意思是，"我要告诉你，你的行为给我带来了这些这些情绪，你要为此负责，我不想这样的情况再次发生。"——这种反馈模式真的比"三明治批评法"好吗？

我们还可以有另外的做法——那就是，以好奇之心来看待这一切。把原来的"你的那个会没邀请我参加，让我觉得仿佛被人视若无物、无足轻重"这种话转变成另外的说法："我很好奇最近那个会为什么不邀请我参加，我自己内心有很多解读，我们可以一起聊聊吗？"再看一例："之前你答应的事情没做到，我有些沮丧。团队站会上你说过会处理这件事的，而且说没什么困难，我当时的预期是你肯定会做好。现在我想了解一下你没做到的原因，或者是不是有什么我不知道的情况，我们聊聊好吗？"

知情同意很重要

除了上述情绪较强烈的反馈方式外，正如本书一直在强调的，大家还可以有多种不同的做法。关于反馈如何给、如何听，现有的很多书籍、模型都可以帮到大家，大家可以找到最适合自己团队的方式。在这个话题上只有一点是我们一直想要坚持强调的，那就是反馈双方彼此需先有知情同意。

终极责任[①] 要求我们自己对自己需要的东西负责，自己要主动开

---

① 关于"终极责任"的理念，参见本书第9章。——译者注

口,"反馈"恰好是我们践行终极责任一个很好的渠道。苏珊在陪伴一家区块链软件公司"康森系统"(ConsenSys)时帮他们做过一个尝试,其背后的逻辑是,认为每个团队成员都有自己独特的反馈方式,正确的方式不一而足,反馈和绩效不能混为一谈。"康森系统"公司负责企业文化的团队做了一个"自助式反馈模型",他们通过调查研究和设计,识别出很多不同的"反馈人物画像",进一步归纳为三类,同事们可以自助式地对应自己的类型来选取运用。具体有:

极度舒适型: "我要反馈!给我!越多越好,而且尽量不要做任何粉饰。"

帮助不大型: "我对反馈持怀疑态度,大多情况下用处不大,给我反馈的人对我们做的项目、涉及的系统都不甚了解;别人给出的反馈我还需要进行再加工,才能变成有用的反馈。"

厌恶中伤型: "反馈就是一种来审判我、羞辱我、改变我的工具。"

此外反馈提供者还要考虑双方关系的远近:对方是天天照面的团队伙伴?还是才刚开始合作的伙伴?我要反馈的事情是不是从间接渠道获取的?

不同关系下有不同的做法,无论哪种做法,都需要反馈提供者、接收者彼此双方先达成一些共识:一开始就明确双方的画像类型,以及在什么样的既定边界内进行反馈。重点是,把给他人的反馈看成是一种邀请,勿在邀请中隐含弦外之音,也不要把邀请当作诱骗的手段,而是诚实、明确地保有你想要了解更多情况的好奇,然后再请对方进入与你的对话,以让你了解真正想理解的东西。

"极度舒适者"的做法

如果你是"极度舒适型"的,可以这么邀请别人进入反馈对话:

如果对方是日日照面的伙伴："我们来个'线上咖啡'吧，然后开谈（彼此给反馈）。约吗？"

如果对方是新项目中刚有合作的伙伴："我是个'无反馈不欢'的人，我们每结束一个工作周期都进行一次开放的反馈，你觉得怎么样？"

随后的反馈环节就像是伙伴之间的回顾会议一样，双方可以一起看看有哪些做得不错的地方、哪里还有问题、需要进行哪些改变。步骤明确，共同探讨，这是一个共同学习的过程，这种情况下的双方对共同反思及后续共识都将有相应的投入。

"反馈怀疑派"的做法

如果你觉得一般的反馈没太大用的话，可以这样邀请对方进入反馈谈话：

如果是日日照面的伙伴： "我注意到有种模式形成了，想听听你的洞见，我们一起喝个咖啡聊聊怎么样？"

如果是新项目中才刚开始合作的伙伴： "我发现好像有某种反复出现的互动模式，我在其他项目中也发现过类似的情况，我们一起来看看我的这个想法并相互从中学习怎么样？"

"反馈厌恶者"的做法

如果你是"反馈厌恶者"，那么可以邀请你信任的人来练习反馈。其实无非是当觉得情感上受伤或是觉得被人评判时，学着重构一下自己的思路，这时运用 SBI 模型可帮助理解：留意一下自己身上发生了什么无意识的反应，要明白是自己选择了这样的反应，并将其说出来，这样就行了。比如，如果你以前的思路是："你看，你又是那么情绪化地大吵，你知道这对我有什么影响吗？你显然一无所知，那我就来好好告诉你……"把这种思路重构成另外的思路:"我发现我自己在我们那次谈话中产生了强烈的情绪,我们来谈谈好吗?"

照亮盲点

别人可以看到一些我们自己看不到的东西,但既然"看法"都是主观的,那么关于我们自身的盲点,怎么才可以在有所照亮的同时,又不至于落入他人"投射"的陷阱呢?

这里有一种做法,无论哪种反馈人物画像、无论哪种情景都能采用,叫作"同侪发展三人法"(peer development triad)。做法很简单:第一轮先让每个人说一说"你在这个系统中注意到了什么?",这是为了先不把反馈指向具体个体,而让大家学会一起去看更大的系统;第二轮时再由每个人分享自己正在努力提高改善的某个点——玛丽可能想要提高自己的引导技能,她就可以先讲讲自己做了哪些尝试;第三轮,再由这个人向你以及另一个人询问还有哪些没看到的需要发展的点。比如玛丽自己都已经知道在引导技巧上还需要提高,关于这一点就无须别人再来耳提面命了——通过这样的方式,能让玛丽在很大的空间里对自己的发展做主,培养自己认为重要的相关技能,而不是把别人的所谓"最佳做法"强加给她。

团队学习

"回顾会议"[1](retrospective)通常是在项目结束后,通过回

---

[1] 英文又简称 retro,最早见于"敏捷开发"做法中,每当一个迭代小周期 sprint 完成后,由敏捷专家(scrum master)带领敏捷小组进行的反思与回顾会议。在自主管理领域中,这种会议常常是在某个项目或事情完成后,大家对彼此合作、相互关系、经验学习等方面进行的反思,有时亦被称作"复盘"。——译者注

顾来让大家有所学习的一种做法。回顾会议作为团队会议的一种形式，有既定的时长，通常在半小时到两小时之间，重点在于通过回顾来改善团队的流程，帮助个人提高、进步，让下一次合作更愉快、高效。

回顾会议在范围和做法上有很不同的方式。团队人数越多，越是分散在各地，那么回顾会议就越需要安排得正式一些。"回顾之盟"①（Retrium）软件公司是一家专为用户提供"回顾会议"软件支持的公司，通过软件帮助用户精简回顾会议的流程与做法，公司CEO及创始人叫大卫·霍罗威茨（David Horowitz）。可以想象，大卫和他的团队自己肯定也是回顾会议这种做法的"虔诚信徒"，他们自己也不断反复地加以运用，他们还因此发现了回顾会议的一系列额外好处：经过反反复复的练习，团队发展了在流程改善和相互反馈方面的一系列不可或缺的技能。公司开发的"Retrium"回顾会议软件也包含很多实用工具，如"4L"模型，只需适当调整，任何规模的团队都能适用。

做法是，先让每个参与者针对以下四个方面写出自己的感受（下面的"X"表示要进行反馈的某一段时期或表示大家所要回顾反思的某个项目）：

- 我在"X"当中，喜欢（liked）的是……
- 我在"X"当中，学到（learned）的是……
- 我在"X"当中，自己在绩效上还有所欠缺（lacked）的是……
- 我在"X"当中，内心有所渴望（longed for）的是……

接着把大家的回应进行汇总，团队一起选出一到三个领域作为改善

---

① "回顾之盟"公司总部位于美国马里兰州蒙哥马利的银泉市（Sliver Spring），公司的宗旨是让分布式团队的敏捷回顾会议变得简单高效，公司提供的软件服务不仅利于分散各地的敏捷团队进行实时或非即时的反馈回顾会议，而且在软件服务中还提供了很多不同的反馈结构模板，如"4L"反馈模板、"悲喜怒"反馈模板（Mad, Sad, Glad）、"开启/停止/继续"反馈模板（Start, Stop, Continue）等，按公司产品介绍中的说法，"回顾之盟"提供的反馈模板琳琅满目，以至于大家所开的每一次"回顾会议"都不会重样。——译者注

点，在下一个时间周期或下个项目中争取改进。接着，团队一起制订改进计划以及衡量改进情况的指标，包括定量与定性指标；然后在下一次回顾会议上再来跟进进展情况；上一次回顾会议留下来的未尽事宜也一并考量，推动另一个改进循环发生。

另外，还有很多其他形式的回顾会议可供大家使用，各种形式都有一个核心要素，那就是需要团队达成共识：总结做得好的，持续发扬或加以推广；或是帮大家发现很多在系统层面的问题及原因。可能有人会担心这种集体反馈会不会让一些人丧失个体层面的尽责感？实际上恰恰相反，如果团队聚到一起对结果整体尽责，那么团队中的哪个或哪些成员没有履行共识、没有达成预期也都一目了然了。

"什么、怎么、要怎样"

另外一个可用来反馈、帮助系统了解接下来可以怎么办的工具叫"什么、怎么、要怎样"（What, So What, Now What?）工具，这是"释放性结构工具"[1]（Liberating Structure）中的一个工具，参与者需依次回答以下三个问题。

这几个问题像梯子上一级级的台阶一样，回答完前一个问题能帮人走到下一个问题。第一个问题是"有什么情况？"，这时团队一起不加个人观点、不加个人假设地调动人的感官，将所见、所闻的事实和数据呈现

---

[1] 在Henri Lipmanowicz和Keith McCandless两位作者所著的《释放性结构工具》中（The Surprising Power of Liberating Structures，暂无中译本，此为暂译名），总结了30多种团队成员之间如何互动、如何产出创意或如何解决问题的结构化的方法，这些方法是介于传统的可能会让人陷入死板的做法（如报告、PPT、严加把控下的讨论等）以及让人觉得有些散漫无序的方法（完全自由的头脑风暴、完全自由的讨论等）两者之间的团队互动模式，既有一定的结构，又不因结构锁死人的潜能，并且能让全体人员都参与其中的方法，因而称"释放性结构工具"。参考网站：https://www.liberatingstructures.com/（英文）。
——译者注

出来。具体说了哪些话？有什么样的数据？具体发生了什么行为？

下一个问题是"这些情况怎么了？"，由每个人各自或大家一起对事实数据加以理解，到这一步每个人才把自己的解读加进来："我认为那句话的意思是……""我对这些数据的解读是……""我认为你双手交叉抱起来的意思是……"

最后，大家一起回答"接下来要怎样？"，大家一起共创行动计划，对行动方案进行尝试；或是提出想要尝试哪些事和哪些新创意："基于我们了解的情况，我建议可以……""听了各位的洞见之后，我有这么一个想法……""也许接下来我们可以试着……"

这一流程和自由流淌的对话既能避免形成预置假设，又可以指引下一步的行动计划。这个流程也说明，即使有不可辩驳的数据，每个人还是会用自己的方式形成不同的解读。

大家可以尝试把这三个问题作为提供反馈的一种结构，每当你需要对别人的工作进行反馈时，先从下面的梯子开始表达，再一步一步往上走。这样的话，你个人的解读将是渐次打开的，也更容易开启和别人的反馈对话，让对话富有成效。

大家可以一起练习如何进行反馈，这还有助于发现各自在解读信息时的倾向和偏见。无论我们是在个人层面还是组织层面进行反馈，我们都要带着好奇之心去探索，避免带着应激的想法去行动。让我们一步步有意识、有觉知地与伙伴共享自己发现的东西，这种方式更能生发新的东西，也更能发掘人的潜力。

第14章

人际张力
从逃避冲突到化变冲突

冲突并不是通过妥协来化解的,冲突的化解需要创造。

——玛丽·帕克·福莱特[1]

丽贝卡加入新团队没多久，和同事菲尔之间的关系就燃起了硝烟。丽贝卡是亚裔美国人，35岁的她身材娇小；菲尔身材高大，风风火火，白种人，年纪比丽贝卡稍长。两人都是团队绩效的积极贡献者。菲尔那种不带拐弯的压人一头的做派，还有他那不合时宜的玩笑，让丽贝卡也开始用唐突冒犯来回怼他，两人恶言恶语的邮件你来我往，眼看冲突就要逐级攀升。在丽贝卡看来，她既没有得到尊重也没有安全感，菲尔则认为丽贝卡能力不济。

吉尔和施卢蒂供职于同一家咨询公司：吉尔是资深顾问，经验老到，奋发自强；施卢蒂刚大学毕业，是咨询界的新人。在一个重要客户的项目中，施卢蒂答应支持吉尔做一些东西，可在吉尔看来，她根本就没做出来，而施卢蒂却认为是沟通出了问题。结果吉尔不得不占用自己两天的休息时间来把事情做完，然后再不想和施卢蒂共事了。

以上的人物名字和一些细节有所改动，然而丽贝卡、菲尔、吉尔和施卢蒂这几个名字背后都真有其人，他们所在的公司也都在向自主管理转型。这种人际张力以及由此引发的情绪，不仅深刻也非常直指个人内心，丽贝卡和吉尔这两个人物在他们所对应的组织中，都在向领导者大吐苦水，希望组织能出面解决问题。

很多张力在刚出现时并不像上面两个例子那么剑拔弩张。克里斯·

阿什沃思（Chris Ashworth）是"五十三号像"[①]（Figure 53）软件公司创始人和CEO，他们公司为客户提供现场演出时所需媒体控制的软件服务，他团队中的张力通常都是日常彼此沟通的一些问题，他说："我们经常——每周是肯定的，有时甚至每天——让团队成员花时间和精力来看看人的行为如何造成了一些小状况。这些都不是什么大事，不过是些语气不当、过于负面等不起眼的问题给他人带来的感觉，让他人觉得不被聆听、生气恼火，让人觉得没被好好对待。"[2]

在解决这些看起来不起眼但重要性不容忽视的状况时，何时该暂停对话、何时该缓缓地说、何时又该明明白白地表达自己的意思等这些技能，就会派上用场了。在日常工作中，在比这些还小的一些日常事情上，让自己变得更有觉知也是非常重要的，这样才不致让小事变大。

自己的张力自己负责

张力好比一根橡皮筋，自然状态下它没有什么状况。一旦你开始往两边拉，张力就出现了。拉得越多，张力越大；在你放手的一瞬间，橡皮筋就会弹飞出去——能飞多远取决于集聚了多大的力道。

人体也与此类似。一切相安无事时，你身上感觉不到什么张力，日子过得相对恬淡轻盈一些；如果生活中有了一些烦难事，张力就开始加码。可以是很小的事情，像是发现厨房里的东西被人收起来了，让你一大早在厨房里找不着北；也可能是很严重的事，像是发现你们有客户被惹火了，因为有个同事答应了的事没做好。无论张力从何而来，人的感觉都真真切

[①] "五十三号像"公司位于美国马里兰州巴尔的摩市，2006年由克里斯·阿什沃思创办，目前员工人数16人（2021年数据），公司的使命是通过工具软件服务让人们可以用前所未有的方式开展演出活动，目标是让所做的软件有用好用、设计精良、界面友好、功能强大。员工一起将公司打造成一个让员工工作舒心的地方、让客户感到友好相近的地方、让社区感到与邻为善的地方。——译者注

切，张力越是久长，感受到的强度就会越大。所以，学会觉察自己的张力并把张力表达出来，成了营造高效健康的自主管理团队的核心技能。

走上自主管理之路后，团队领导者常被叫去解决团队成员之间的张力，有的领导者还觉得自己负有解决的责任。随着做自主管理时间的增长，"迪森"数字伙伴公司的西蒙·韦克曼才明白，原来张力这种东西是需要身处其中的人自己负责的："领导者会陷入这样的泥潭：只见他坐在会议室里——'好，好，弗雷德，你的意思是如此如此；然后，保罗，你的意思是这般这般'……后来我们迪森再不搞这种谈话了，身处张力中的人要自己解决他们之间的问题，我一旦介入，就把当事人的责任剥夺了，下次他们之间出了问题更是会直接找到我头上了。"[3]

西蒙他们取而代之的做法是，让双方当事人各自都与自己的教练来探讨张力问题，但无论西蒙本人还是教练都不会直接干预事情本身。西蒙本人坚持的原则是，责任要留给当事人自己。所有这些做法，都是为了把责任还给当事人，然后再通过教练的方式给予支持，帮助他们、武装他们，向着找到解决之路的方向前进。"旋之炫"社群在这方面也有相似的哲学，他们称为"操持者模型"（steward model）。冲突产生时，当事人都有自己的"操持伙伴"来关注他在整个冲突过程中的"健康状况"[①]。

很多张力通过立即对话是可以快速解决的，信任程度高的团队更是如此。当张力变得越来越大，身处其中的人的情绪也将越来越紧绷，这时人清晰冷静思考的能力会下降，哪怕是为了帮大家都往前走一步的最简单的对话也都变得很困难，有时甚至不可能做到。基于这样的考虑，最好在

---

① 这里的"健康状况"并非只限于"身体上的"健康，更重要的是在面对张力时个人呈现在心理方面、行为方面、组织文化方面、解决问题的思路方面的良好及合理的个体状态。——译者注

张力出现之前，大家就有一些如何处理张力与分歧的共识。

《发掘共识》一书的作者琳达·阿尔瓦雷斯[①]（Linda Alvarez）将这种事先先定好共识的做法称作"试金石"（touchstones），它给大家提供了共同往前迈一步的出发点。张力化解的"试金石"既可以是人与人之间达成的共识（参见第10章），也可以是一种法律合约（参见第26章）。本章将为大家提供一些关于在公司里如何形成大家对张力如何化解的共识的建议，并使之规范成文。

用词问题

在化解张力的过程中，语言表达习惯对张力是否能有效解决具有直接影响。如果使用"迫害者""受害者"等词汇，会形成有害的人际互动关系，将双方都锁死在防御状态中。"迫害者"总会要证明自己的出发点是好的、自己有正当性，"受害者"则总会要确保自己不受伤害——这类角色"扮演"我们看得太多了，这样的把戏我们自己也都玩过多次。

更妥帖的做法是将关注点放在某个行为或是某一些行为上，把其中的人叫作行为"发出人"（author）和"接收人"（receiver），这样一来就把问题的落脚点放在了行为上，而不是当事人上。在丽贝卡和菲尔的例子中，人们很容易把菲尔当"坏人"看待，因为他总压人一头，开的玩笑也不合时宜；把丽贝卡当作一个典型的"受害者"，得不到尊重、内心没有安全感。如果是带着这样的框架看问题，他们之间剑拔弩张又

[①] 琳达·阿尔瓦雷斯于2009年发起"发掘共识"(Discovering Agreement)咨询公司，她开发的"发掘共识"的法律合约框架提供了一种新的法律合同思路，为那些不愿意使用原来基于敌对、不信任、恐惧而产生法律合同关系的公司和领导者提供了另外的可能性。她著有《发掘共识》一书（*Discovering Agreement*，暂无中译本，此为暂译名）。
——译者注

情绪化地你言我语也就不足为怪了。如果只把菲尔看作是某个行为的"发出人",而丽贝卡只是该行为的"接收人",那么他们之间的对话可能会是怎样的呢?

痛楚安放处

很多传统雇佣合同中会用到"申诉"这个词来表示出现冲突可以采取的做法,这通常用于雇主和员工之间的冲突。"申诉"(grievance)这个词的核心含义中有一种"痛失"(grief)的意味,即一种失落感。当人体验到"张力"(tension)、"分歧"(disagreement),或是想要"申诉"(grievance)时,要先帮人们去看背后有什么未被满足的需求引发了这种失落感,然后才可能好好地化解这些感觉,接着再带着同理心和理解来处理这种失落感。

引发张力的行动"发出人"不是"坏人",他们的所作所为从他们角度来看也是有道理的,明白这一点有助于理解双方互动的处境,也才能明白为何要让每一位当事人都担起自己的责任来,而不是把罪责加给某个被指责的对象。责备只会带来报复和胁迫,也就不可能发生治愈性的对话。

在《关键对话》一书中,艾尔·史威茨勒(Al Switzler)、约瑟夫·格雷尼(Joseph Grenny)、科里·帕特森(Kerry Patterson)、罗恩·麦克米兰(Ron McMillan)[①] 几位作者告诉我们,对话要从"心"开始,

---

① 艾尔·史威茨勒是密歇根大学行政开发中心讲师,主要从事培训和管理指导工作;约瑟夫·格雷尼是企业变革研究领域的资深顾问,非营利组织 Unitus 的共同创始人,该组织致力于帮助世界贫困人口实现经济自立的目标;科里·帕特森在斯坦福大学从事组织行为方面的研究工作,曾负责过多个长期行为变化调查研究项目;罗恩·麦克米兰是广受好评的演讲师兼企业咨询顾问,柯维领导力研究中心的创立者之一。几位作者合著的几本佳作包括:《关键改变:如何实现自我蜕变》(Change Anything);《影响力大师:如何调动团队力量》(Influencer);《关键对话:如何高效能沟通》(Crucial Conversations Tools for Talking When Stakes Are High);《关键冲突:如何化人际关系危机为合作共赢》(Crucial Accountability)。——译者注

勿做"庸人之选"（sucker's choice）。人们之所以常常需要对自己的蠢行强词夺理，是因为人以为只有两条路可走：要么只能有一说一、不惜中伤对方，要么只能假面相迎、隐忍实情——只会这种二选一的行为就叫"庸人之选"。其实在这两条路之外是有其他办法的。我们可以从"心"开始，放下预设，确切了解彼此的情绪，包括其中的痛楚。施卢蒂答应吉尔完成一位重要客户要的东西而没能做出来时，当时吉尔就是觉得她只能做"庸人之选"：要么和施卢蒂撕破脸，把蓄积的怒气一股脑宣泄出来；要么只能维持大家表面上的和谐，隐忍不发。可还有第三条路：吉尔可以先承认她自己的怒火是源于心中的苦，自己因弥补工作而占用了与家人共处的时间；怒火还源于她心中的痛，觉得施卢蒂没把事放在心上。只有这样，把心中失落的感觉都说出来、承认了，吉尔才可能有心情转而寻找健康的解决之道。

人际张力化解流程

晨星公司使用的张力化解流程已成为很多自主管理团队的模板，其原则是直接沟通、求取共识，适用于各种类型的冲突。该流程如下：

1. 其中一人向另一人发出想要达成一致的需求。

2. 双方坐下来，试着自行解决彼此间的张力。这时，发起人要提出明确的需求（不是评判、也不是要求），另一方则要给予清晰的回应（同意，或不同意，或有另外的提议）。

3. 如果双方达不成一致，可以提出找一位双方都信任的伙伴作为调停人加入，这位伙伴的角色是帮助双方达成共识，而不是给他们解决方案。

4. 如果这位调停人加入讨论也没解决问题，可以再召集一组与所冲突话题有关的人进入讨论，这个小组的角色是听取双方的意见并帮双方达成共识。小组不可以强行做出决定，但通常他们的出现会增加双方达成共识的道德砝码。

5. 如果前四步都不奏效，会邀请公司创始人及总裁加入这个小组，进一步增加双方达成共识的道德砝码。[4]

双方的争议属于人的隐私，因此所有涉足其中的人员在整个过程中以及之后都要保密，双方的冲突和分歧需要在双方之间化解，不可以通过找支持者将冲突扩大化，搞派别对立。

其他一些组织则在上述流程的基础上，增加了自己的东西，形成自己的一套做法。

大部分情况下，如果双方有觉得不被听到、不被理解，张力就会恶化。一般找来一位团队伙伴以"三人小组"的方式进入解决流程就足以化解张力，这位伙伴的加入可以让双方都放松下来、不那么应激性地行事，让双方更好地去聆听并理解对方；另外，在这个三人小组中还可以安排"签入"（check-in）环节，做法简单易行，还有助于让一些因无心之过形成的前置预设和偏颇定论浮出水面。

思考与实践：运用非暴力沟通

非暴力沟通（Nonviolent Communication, NVC）是解决人际张力的一种有效工具，如要详细了解非暴力沟通，马歇尔·卢森堡（Marshall Rosenberg）所著《非暴力沟通》值得一读。[5]

第一步：回想事情发生的经过，将自己觉得不开心的地方写下来。

- 将对方让你不舒服的行为列出来。
- 看看自己形成了哪些判断或类似的想法，越坦诚越好。
- 将"行为"（照相机可以拍到的东西）和"判断"（对行为背后进行自我解读时产生的想法、形成的故事）相分离。

第二步：分析自己的情绪和需要。

● 根据上面写下来的信息，识别自己的感受（情绪），以及情绪背后的人的普遍需要。例如，如果有"失望"情绪，说明你想要让自己显得"有用"的需要未得到满足。要了解人有哪些情绪和需要，可以在自己常用的搜索引擎中用"非暴力沟通感受和需要词汇表"作为关键词来搜索帮助信息。

第三步：调整自己的参考系。

● 自问一下："是否准备好从对方的角度来考虑他看到的东西、他的感受、他的需求？"只有觉得自己真正准备好了再继续后面的步骤；如果没有，回到第一步，把下面这个新增问题"当要去同理对方时，我为何会有没有准备好的感受"用第一步的步骤来思考一下。

第四步：同理对方。

● 自问一下："对方看到的是什么？感受到了什么？他有什么需要？"想一想对方为何有理由觉得受伤、恐惧、焦躁？这些感受指向了哪些人的普遍需要？

第五步：反思自己的立场。

● 感知一下自己的视角有没有发生变化，如果有，说明你现在已经拥有较好的立足点来与对方对话了。

● 以这个新的认知为基础，你该如何与带着这样的感受和需要的人进行互动呢？

获取人际张力方面的教练支持

当人情绪中烧时，处理人际张力是很有挑战性的事，这时找一位中立的、训练有素的第三方来帮助你是很不错的选择。"ET集团"的做法是，在团队中选一些大家都信任的伙伴接受额外的冲突解决方面的培训，将其培养成"人际张力教练";他们还在此基础上再安排两位伙伴接受更为详尽的培训,将其培养成"资深人际张力教练",专门处理更加棘手的状况。

获取资深调解人支持

传统组织里最严重的分歧一般都交由团队中最资深的领导者来解决,比方说创始人或 CEO。在自主管理组织中,资深的调解人可由任何人来担任。例如"易扬马丁"集团就改造了上述晨星公司冲突流程中的第 5 步,改为让"资深调解人"加入小组对话,而不是由创始人或总裁加入对话。如果第 1 到第 4 步之后分歧依然得不到解决,资深调解人就来充当终决的操持者。当然,如果出现对方行为违法、违反公司操守准则,或是对方没有进入张力解决流程的真心,还继续其破坏性的行为,出现这类情况时可直接跳转到资深调解人这一步。这时,由资深调解人而非公司总裁来操持最终的决定。

召集评议委员会

另一种做法是召集评议委员会。在"五十三号像"公司,如果有人觉得自己无力只身处理冲突,可以选择用召集评议委员会的方式来处理,委员会在同时考虑公司利益又考虑相关方利益之后,得出如何应对事件的结论。评议委员会由三到四人组成:由创始人指认一位同事来参加,所评议事情中的行为人各指认一人参加,团队中其他成员再指认另一人参加。

如何成为真有帮助的教练

有朋友或同事向我们求助时,很多人往往会跳进问题解决模式,依自己的经验提出解决问题的思路。可如果真心想要帮助他人,就需要忍住这样的冲动。你一旦自己变成了解决问题的人，就攫走了当事人的权利，也抹去了他们的责任；更重要的是，你还失去一次聆听的良机。不要做问题解决者，而是以支持者的立场来支持这个解决过程，这才是最好的教练。

● 帮助这位同事把观察问题的角度指向他自己的内在，帮助他运用自我觉察、自我管理这些技能。

● 严格将对话放在行为与经过发生的层面（"行为发出人""行为接收人"语言），不要贴标签（"迫害者""受害者"语言）。

● 帮助这位同事打开并识别真正在起作用的核心情绪（例如，人"愤怒"的情绪有可能只是第二层的情绪，而"恐惧""悲戚""担忧""失落""失望""泄气"等才是核心情绪）。

● 帮这位同事打开经历事件到产生最初情绪之间的这段空间，帮助他反思，帮他去看在这段空间中他有哪些选择。

● 提供一些方法、教会一些技能，不开药方。

"引导者"（在晨星公司的流程中被称为"调停人"）的角色和教练的角色类似，但引导者不只支持单一个体，而是为所有参与到流程中的人创造安全空间，引导者同样不涉足问题的解决。

要在这方面成为优秀的教练和引导者需要假以时日，还需要培训和实践。对走上自主管理的组织来说，在团队中积累一些教练和引导技能是件值得投入的事，还不能自给自足之前，引入外部教练和引导者是不错的选择。

第15章

开会，要有意义
安排让人心有所向的会议

> 会议像盐——撒少许在菜里可以提味，但不要不分青红皂白地在每一口饭里都加一把盐。
>
> ——贾森·弗里德[①]（Jason Fried）[1]

[①] 贾森·弗里德是美国软件公司"37 signals"的联合创始人，他倡导软件极简主义，相信简约之美、尊重简单和坦诚做事，并把这些思想运用到创业过程和产品开发中。"37 signals"是一家因高效而闻名的位于美国芝加哥的网络应用公司，来自各个国家的不到40名员工服务了全球上百万用户。这些据说几乎从未谋面、位于几大洲各城市的伙伴，创造了Web 2.0时代的开源框架；从团队到产品公司保持着"小，美，酷"的特征。在"37signals"，非常警惕开会的频率，认为会议是当下占据员工工作时间的一大杀手。贾森·弗里德认为比起频繁的会议，让会议更加稀缺反而能让员工更加珍惜每次开会的机会，从而在一定程度上提高员工工作效率。"37signals"公司平时都是远程办公，一年中只有几次线下会议，大家非常珍惜难得的碰面机会，在会上的讨论、交流都高效有序。贾森把他们的创业实践和一系列做法写到了两本书中，其中宣扬的颠覆性创业理念和哲学得到全球大量读者及创业者认可：Getting Real（目前有网友翻译流传的中文版，是 Web 2.0 创业的经典读物）和 Rework（《重来：更为简单有效的商业思维 》，书中呈现了一种更好、更简单的经商成功之道）。他还另著有书籍：《重来2：更为简单高效的工作方式》（Remote）、《重来3：跳出疯狂的忙碌》（It Doesn't Have to Be Crazy at Work）。——译者注

随着大家越来越多地远程办公，异地协作时从分享信息到获悉背景情况，再到为后续工作而彼此协调等，都离不开"开会"，"如何才能开好会"这个议题在重要性上又上了一个台阶。

"开会"，不见得都是那种让人觉得消磨抽干、浪费生命的样子，会议的确能帮大家相互联结、建立默契，推动事情发展，关键在于会议要如何安排、如何引导。虽然还不至于严格到"事先没有议程就不准开会"的地步，但的确，如果大家都不知道为什么要开会，这样的会就不该开。可以考虑为会议引入"双脚法则"[①]（the law of two feet）："大家一起开会时，无论什么时候只要发现学不到什么东西或是贡献不了什么东西，或者也没有加强人际关系方面的意义时，就让自己的两只脚发挥作用，离开会议到其他地方去吧。"有了这条规则，你们的会议会发生什么改变呢？

会议这种形式的确能够满足我们和团队的很多需求，新冠肺炎疫情之下很多传统面对面的会议都搬到了线上，也再次引发了人们的思考：为什么开会？如何让会议更有用？

不同的会议有不同的目的，"彼尔共建"总结了开会的四个理由：

1. 信息发布，单方面传播信息。

---

① "双脚法则"，见于组织顾问哈里森·欧文在20世纪80年代中期开发的"开放空间"（Open Space）会议引导技术中所遵循的法则，开放式空间技术是一种创新的、自主管理的会议形式。——译者注

2. 反馈，信息分享之后分享者想要获取大家实时的反应。
3. 共创，大家在一个时间里共同做事，如一起拟定战略。
4. 产生提议或做决策，大家一起时效果更佳。

"彼尔共建"的每周管理例会采用"智能会议议程模板"，做法是把议程文件放在网络共享文档里，以便随时收集会议内容。大家只需写上自己的名字，在既定的四大话题模块中选择相应的模块写上想加入的议题，再写上需要多少时间即可。这么做有两个好处：一是让带入议题的人负起责任，按自己定的时间来安排内容，不要超时；二是如果大家各自写上去的时间总和超过了整体会议时长，可以让会议引导者预先做些安排，请大家排出优先顺序。

很多组织也用合弄制"战术会议"和"治理会议"的做法，[1] 有的严格按合弄制的做法来，有的则做了些调整。（可在网上找到如何开这两类会议的指引文档。）"旋之炫"社群董事会就有一个反复使用的"战术会议"模板，把会议纪要都记录在模板里。这个 Excel 模板很简单，只有五个工作表：清单、行动方案、衡量指标、议程、角色。

会议引导是门技艺

无论是面对面开会还是线上会议，引导者角色都至关重要。很多时候会议都是由资历最深的人来主持，或是由他安排的人来主持。苏珊原来在一家国际公司工作时，每两周开一次会，听取重大项目进展情况，时间长达数小时，而且是二十多人在一个国家的两个不同城市的会议室里一起

---

[1] 合弄制的"战术会议"（tactical meeting）只安排与完成日常业务和工作相关的议题，"治理会议"（governance meeting）只安排与角色、合作、决策方式等与管理、治理相关的议题，将两类不同性质的议题严格分开在两个会议场景中"分而治之"，以避免不同性质的议题在同一个会议中穿插搅扰导致会议低效。——译者注

开会。主持会议的项目经理一般都只挑问题最少的项目来做汇报，因为他知道一旦发现项目进展不顺，CEO就要大发雷霆。这种引导会议的技巧可不是我们这里要恭维的做法。

好的引导者会力保会议目标的实现，他们既有能力也有权利来把控现场（包括面对面或是在线的现场），并引导现场能量的流动。最好不要总是由最具权威的人来担任引导者，因为那样会把权力过于集中在一个人身上。"大加"咨询公司的凯特·比克罗夫特（Kate Beecroft）分享了自己关于引导的一些心得：

每次开会、每个干预手段都要有明确的目标，哪怕这个目标还有待大家现场来共创。当团队不知所终时，有指引作用的目标就是大家的归处。

进行会议准备时，事先安排好会议议程，但这并不等于要恪守计划。议程计划应做得松而不乱，允许有计划外的讨论发生。有时在某个话题上多花些时间是值得的，不必非按原定时间走。随着你经验的增加，在这个做法上会越来越有把握的。

出任引导者需要大家的许可。在大家并不赞同的情况下强加引导，最糟糕的行为就可能出现：强压胁迫（这是对被引导群体的不公）、身陷险境（这是对引导者的不公）。没有许可的引导，引导者可能要面临群体的阻抗，而群体（以及安排群体进行的讨论）则有种莫名其妙的感觉。

得到大家的许可后，引导者就要对群体负责。有时引导者需要说的话可能比参与者还多，以便管理群体的专注力，但出发点必须是为了整个群体。[2]

另外，还有一些辅助性角色对会议的良好运转有支持作用。例如，控制时间人（给议程表上有时间限制的部分计时、确保会议按时开始按时结束），会议记录人或是成果采收人（负责将全程要点和行动计划记录在案），后勤保障员（给大家发会议邀请、议程表、会前任务，安排茶歇、用餐等会议现场事宜）。除非另有安排，会议引导者需要确保这些角色都有落实。可以考虑让大家轮换这些角色，这样既可以让会上的权力结构保持平衡，又让每一个人都知道各个角色的工作都不轻松。

有关大型远程会议的建议

面对在线会议的一些特殊问题，可能很多人都不大有经验。就在不久前，开视频会议还要专门到配备了技术条件的会议室里才行；可现在，主持在线会议对很多人来说都已是家常便饭。以下是如何开好在线会议的一些思考和操作。

技术准备

选择合适的视频会议平台。从所在群体性质以及会议目标来看，哪个平台是最佳选择？与会人员需不需要创建账号或下载什么软件？你们公司的防火墙会不会拦截？如果到最后一刻所选择的平台用不了，有什么备选方案？

可能还需要为大家提供一些技术指导，或是帮大家解决一些技术问题。与会者能否事先测试看看视频音频有无问题？有没有给与会者的操作指南，或者为需要的人安排专门的技术讲解？大家可以用哪些方式接入，允许大家用手机接入吗？还是要求必须用电脑以确保一些视频及在线聊天的互动功能可以发挥最大效用？迟到的接入者怎么处理？

引导者的准备工作

事先确定议程是要提前准备好，还是连线时现场共创？无论哪种方式，都需要事先和大家共享有关议程、参考资料、支持文档、可视化文档的相关链接（注意文档的权限设置）。

为了方便引导，可以准备小抄、流程流水（包括议程、各环节目标、所需时间等信息）、为互动部分准备书面的操作指南（如提示性问题、签入时将用到的问题、互动所需的文稿等）、在线实时共享文档的链接（如"Google Docs"[①]、"Slides"[②]、"Mural"[③]，及其他相关的资源渠道等）。同样，要注意权限是否设置妥当，方便大家参与。

处理人员陆续接入时的小尴尬

前五分钟大家陆续加入在线会议平台时，可能有的人还在处理技术问题，有的人在等会议开始，为避免冷场不说话或避免有一些人在自己的小圈子交流，你可以帮大家建立联结，让大家觉得舒适自在。例如，可以在有人进来时向他打招呼，帮助测试一下对方的视频音频是否正常；提醒大家切换到多人视图而不是演讲者视图，以便能看到所有人；确保大家的显示名能正常显示。在人到齐之前，可以考虑安排一些引导性的活动，如要求大家更新自己的显示名，添加所在城市的信息（假如与会人员来自各个地区的话）；还有更有意思的做法，如把显示名改为某个超级英雄的名字等；还可以让大家使用在线聊天功能回答你提出的简单问题。

[①] Google Docs 是一套在线办公软件，包括在线文档、表格和演示文稿，可以实现在线共享和存储文档、多人在线协作等功能。——译者注

[②] "Slides"这里应为"Slide Share"，是世界上最大的幻灯片分享社区，用户可以存储、展示并分享 PPT。——译者注

[③] "Mural"是美国加利福尼亚州旧金山的数字工作空间供应商提供的一款视觉化数字协作应用平台，也称为远程电子白板，是一种远程可视化多人协作工具，可以更直观地帮助在线会议的用户整理思路、研讨内容并与多媒体组件搭配使用，大大改观了在线会议参与者互动的直观性与有效性。该平台提供大量的可视化工具及模板、流程引导工具（如 Facilitation Superpowers），来帮助需要开展较为复杂的在线团队互动过程的会议达成目标）。——译者注

会议签入（check-in）

如果会议规模小于12人，让大家做会议签入是一个强化彼此联系的好方法：设计一个问题或提供一个话题，让大家进入状态、保持临在感、彼此联结。用作"签入"的问题可以很简单，"你此刻的感受如何？"根据情况的不同，如果想让大家更深度地联结或是增加一些趣味、活力、幽默感，还可以尝试不同的问题。因为无法像面对面时安排大家轮一圈发言，引导者可以按屏幕上的顺序一个个点名或是让每个人分享完后邀请下一位伙伴。另外，也可以安排大家静默一分钟，或是安排大家一起做三个深呼吸。

如果会议人数规模大于12人，每人轮一遍的形式会占用太多时间（不过有时也确实值得花时间做）。如果与会人数规模较大，但仍想让群体一开始就有些互动，可以考虑使用"一人、两人、四人、全部人"[①]的互动工具，这是一种"释放性结构工具"（这套工具包括共计33种实用引导工具，可用于会议、做计划、做决策、人际互动等场景）；还可以安排两人一组、三人一组的分小组在线交流；或是让大家在聊天栏里输入自己对所提问题的思考。

分清角色与职责

既负责引导又要管技术问题可能会有些挑战，可以事先或是临时做些安排，看这两个角色有没有人愿意主动承担："技术引导者"，专门负责安排大家分组，解决技术问题；"现场博客主"，专门记录会上要点以及大家讨论中的亮点，也负责记录讨论提到的一些链接、术语、资源等。

[①] 具体做法是，抛出一个问题或议题让大家思考或交流，先安排一分钟让每个人自己思考写下要点，再安排两分钟时间让两两结对交流，再安排四分钟时间让四个人作为一个小组来交流，最后安排五分钟时间让各组分别向所有人汇报所讨论到的某一个点。——译者注

提高会议参与度

在线会议的方式，会让人很难捕捉到他人的微表情及其微妙意义，因此特别要提醒大家积极、全程参与。例如，可以试试用"roomio"功能来投票（这是 Loomio 软件在线投票平台中的一个功能），看大家对某个提议是怎么回应的（例如，"本次会议是否需要录像？"）：

- 向上竖起大拇指表示"同意"（按这个提议走下去）
- 向侧边横起大拇指表示"弃权"（其他人决定就好）
- 大拇指向下表示"不同意"（有更好的做法）
- 竖起手掌表示"拦截"（禁止、否决某个决策）

还可以用"从零到五"法（在第 12 章中有介绍）来表示大家对某个想法的赞同程度；还可用一些手势来显性地表达人的反应，而无须发言，例如，用"双掌来回翻转"表达别人发言时自己有同感或很赞同。

会议签出（check-out）

在线会议一开完就立马下线好像给人一种截断感，因此可以安排大家一起做个签出，提出一个问题或一个话题让每个人轮着说一遍（如果人数规模合适的话）；也可以安排大家一同做某件事、某个动作，作为结束时的签出，例如一起做某个手势或是一起在聊天栏里留言等。

花些时间好好考虑清楚自己开会的目标是什么，再辅之以上述有关会议的一些做法；可以在你们的"回顾会议"上不时总结会议的有效性以及会上大家的能量状态；为避免会议发起人自我感觉良好，可以考虑在每次会议结束时安排现场"把脉"环节或是用"从零到五"法来了解大家对会议的反馈情况。会议这种形式如果用得好，就可以为大家营造空间，大家也能在一次次的会议中彼此联结、加深关系、建立凝聚力。

第16章

个人成长
把自己及团队的成长放在心上

> 如果将人的发展脱离日常如何做业务单独来看,会出现问题——须知,文化就在日常运作中,日常运作就是一种文化。
>
> **——布赖恩·昂加德**[①](Bryan Ungard)[1]

---

① 布赖恩·昂加德是"什长"集团的首席宗旨官(Chief Purpose Officer),这一角色的职责是让"什长"集团在运营过程中既不妥协于公司业绩也不妥协于人的绽放,他和"什长"集团的 CEO 克里斯多弗·弗曼合著有《人的自我管理实践——从应激反应走向临在与联结》(*The Practice of Self-Management*),该书根据两位作者基于过去 15 年间在公司里讲授的个人内在发展课写就,内容是人如何通过一些练习从应激式的行为反应模式转变为更活在当下、更多与他人相联结的存在状态。——译者注

和本书提到的其他话题一样，我们先从"觉知"（awareness）入手来开启本章话题——大家往后站一步，留意一下公司里出现的一些现象。当人还在学校学习时，不仅要学习与生活相关的技能和知识，同时还要学会如何与人建立人际关系、发展友情、成为伙伴、进行团队协作等。人都需要去建立和维护人际关系，再让人际关系反过来助我们成长。我们需要处理学校生活中那些纷繁复杂的大事小情、起起落落的人际亲疏，在家庭生活中也一样，可到了工作场所中，我们为何要逃避那些虽不易应付但可以提高我们"做人"技能的事呢？人齐聚共事就会结成纷繁复杂的关系，假若我们选择去面对、去把自己交给这种纷繁复杂，并从中学习成长，那会有怎样的成长呢？

很多人都把工作中"机械"的部分看得很重，而把"关系"的部分搁置一旁，以至到了大家已不知道该如何把关系融入工作的地步。这种"人与人关系"里的东西，无论是一个五分钟的环节还是个五小时的环节，都只被当作工作之外的一种东西，一种附带的、不对工作产生直接价值的东西，被视为与工作无关、浪费时间、没什么用、软性无实的东西。

可是训练"关系技能"并不见得有多复杂，也不见得要占用多少时间。例如，很多团队就利用每次会议之前的时间进行"签入"来开启会议，这种听听大家都有些什么状况的做法就能够营建联结感——"我今天有点累，感冒还没好""我今天很难专注，因为在赶的一个报告快要到期了""我现在很燃！前几天我刚取得了一个重大突破，现在的我元气满满"。

这些信息都相当有用，能帮助我们把握团队的状态：整个团队是可以快速前行，还是要步步留心；是可以火力全开，还是需要重新整理一些轻重缓急……这些都是人际层的信息。如果假装人人的状态都可以时时"在线"，那么只是在逢场作戏罢了。每个人都有身体、精神、情绪上的起起落落，我们只有去接收自己的感受并告诉他人，人和人之间的相互联结才会出现。

这当然不是说搞一个"签入"流程就是万能的，这不过是一种方式而已。不同的运用方式、安排不同的签入问题，都可以带来很不一样的体验；好在每个团队也都是独一无二的，所以体验当然会不一样。类似"签入"这样的做法从流程上看很容易操作，可是，只有等某位强韧的领导者出现——比方说你——勇敢地去破除一些组织惯性，否则仅凭这一个流程的改变也掀不起什么新的浪花。

锐意发展型组织

一直以来，领导者花大量时间、精力去吸引、招募、保留"最佳"人才——那些所谓知识经验最丰富的人——领导者对能给自己组织带来成功的人才孜孜以求。这种做法背后的理念是：员工中只有一小部分人，主要是有领导潜力的人，值得他们那么大费周章。

但现在有越来越多的组织有意地将"全体成员"的不断发展作为组织的关注点和投入点，这种组织背后的文化则是：通过每天的日常去支持并促进人的持续发展。

"锐意发展型组织"[①]（DDO）支持所有团队成员去探索自身的

---

① "DDO"英文全称"Deliberately Developmental Organizations"，该提法出自《人人文化：锐意发展型组织DDO》一书（*An Everyone Culture*）。书中提出锐意发展型组织所要遵循的核心原则是：因为人最强有力的内部动能源于"成长"，而一个组织只有趋同于这个"人可以成长"的方向，才能最终繁荣强大。这里提到的趋同于个人成长方向的做法，远超出传统的诸如"给潜力员工提供职业发展项目""给高管提供教练""给员工每年一次外部培训"等做法，更意味着组织层面的文化下的每一个日常细节都应该用来支持个体的成长，包括所有的业务运营、日常管理、内部沟通各方面。该书所揭示的是人工作状态的一种全新的存在方式，书中的道理说明组织取得成功的关键在于让每个人都得到成长。——译者注

成长,让他们自己树立个人发展目标、在组织业务中找到自己发展的机遇。这不同于年度绩效考评那套逻辑,传统绩效考评中员工也会收到自己需要发展某些技能的反馈;锐意发展型组织的做法是让成员主导自己的成长和对自己的探索,而组织则为成员提供发展的可能性。这一理念简单却很深刻,在全球都造成了非同凡响的影响。

锐意发展型组织深深扎根于"发展所有员工的能力"这一点,组织文化和业务日常就是员工的培训教室。锐意发展型组织的奠基性假设认为,把人成长中的"挑战"和对人成长的"支持"两者合一,这时成人的学习和成长就能得以发生,而工作场景正是这种发生的绝佳场所。举个简单的例子,如果你告诉大家自己梦想成为一个出色的演说家,同时你也告诉大家现在的你一想到在公众面前讲话就会害怕;于是,在同事们的协助下,你可以在日常工作中找到各种各样的练习机会,比如在团队会议上演讲或是找一些风险不大的讲话场合来练习。再举一例,你可以告诉大家你和团队都不懂该如何进行战略厘清,先直言不讳地表达你们"不懂"这一事实,之后再和大家一起来看看可以如何发展这项能力。

锐意发展型的组织除了有组织的使命陈述和宗旨陈述,还另有关于人发展的一些原则,可通过员工的行动、行为将这些原则活出来。在强调发展的文化中,这样的原则常常需要反复商讨、来回辩论,加以运用;然后又被更新修订,接着再次发布……总之,这样的原则被运用在每一刻、每一天的日常中。例如,某家锐意发展型组织有条原则是:允许大家犯错,但不允许拒绝认错、拒绝从中加以分析学习的行为。

与所有商业组织一样,锐意发展型组织也需要跟进自身的盈利状况和业绩状况,但这样的组织认为业绩和人的发展是互有联系的东西,不是非此即彼的东西。业务上赚钱的雄心壮志与人员的发展,在他们看来就是一个整体的两面。

一家锐意发展型组织实例

位于美国加利福尼亚州的"什长"集团,有员工近1100人,公司着力为业务及人员的两相绽放创造条件,他们允许员工在"什长"这个社群里主导自己的生活及工作贡献。他们的"锐意发展"体现在时不时地鼓励员工及其所在团队思考自己还有什么不懂的地方,想要发展的话还需要做些什么。

"什长"旗下有家"弧光影城"(ArcLight Cinema)公司,在每家影城都有一位负责运营及文化的资深人员,当这个人在任上做得如鱼得水后,会支持他往下一步发展。可能会要求这个人转去另一家影城,或是转到公司其他业务领域,这样一来就可以得到新的发展挑战。公司认为只停留在一个角色的出色,并不能带给员工成长和发展的机遇。

在"什长"旗下的"霍利布鲁克长者生活中心"(Hollybrook Senior Living),有关员工个人发展的话题也很实在。某次员工问卷调查之后,大家总结了一下担任"长者关怀"角色的员工需要具备哪些技能,其中有包括果敢、做预算、自我调控等在内的一些技能;针对员工识别出来的个人成长与发展领域,他们开放了工作坊来提供相应培训,并由其他同事为员工在这些领域的发展一路提供支持。

"什长"集团的首席宗旨官布赖恩·昂加德说:"人的发展有时是个复杂的过程,充满了含混不清,也充满了焦虑和迷茫;而'什长'所做的,就是积极地与员工并肩一道,以他们觉得合理的方式来支持员工的成长和发展。"[2]

小处着手

成人依然需要成长,工作环境就是绝佳的成长场所——我们不妨把这样的理念带到自己的组织中；把自己的组织看作一个社群，里面与业务相关的所有元素构成了个人不断发展的契机。从你自身做起，再扩展到所在团队，随着时间的推移，这种理念就会慢慢发生效验。在你们的对话中讨论下列问题，邀请伙伴们敢于呈现脆弱、勇于开启探索：

- 我、你、我们团队还有什么想要却还没有达成的东西？
- 为了达成这个东西，我、你、我们团队还需要哪些发展？
- 我、你、我们团队有什么想要一起提高，一起学习的？
- 有关这方面的发展如何与业务产生关联？如何以此促进业务上的成功？
- 同事们如何可以帮我、你、我们团队找到这方面练习的途径？
- 我、你、我们团队还需要怎样的支持？

以"同侪发展三人法"（在第13章有介绍）的三人小组或是"大声工作法"[①]（Working Out Loud）学习圈的方式，让同事们聚在一处，每周拿出30分钟到60分钟时间专门用于个人发展与职业发展话题。约翰·斯特普（John Stepper）发明的"大声工作法"，学习圈的伙伴都要承诺每周花一小时、一共连续12周的时间来进行个人学习和发展，关于这种方式他是这么解释的："大声工作法学习圈是一个由同侪组成的小组，每人选取自己的目标，建立相互关系网络作为自己实现目标的支撑……而在学习圈中完成12周的学习后，你将发展出一个更大、更为多样的关系网络，将收获可用于任何发展目标的一整套习惯。"[3]

[①] 大声工作法由约翰·斯特普发明，其做法是通过主动公开自己的工作内容、正在做的事和正在学习的东西，在建立相关主题人脉圈的过程中和身边的人互相分享和回馈，形成正向循环，通过建立与他人的联结、累积信任的方式帮助人实现个人的目标、发展技能、探索出工作发展的下一步。参考书籍：*Working Out Loud* 或网站：https://workingoutloud.com（英文）。——译者注

思考与实践：关于你的个人发展

你为自己的个人发展投入了多少时间？又为他人的个人发展投入了多少时间？建议规律性地碰面，有意地让自己及自己的伙伴来为个人发展的话题尽责。越是能和同伴们一起发现发展的需要和渴望，就越能以同侪的身份来支持鼓励彼此，这种形式下的个人发展才不会受限于他人的投射或是胁迫。我们所肩负的终极责任会激励着我们克服阻抗，让我们相信在这一过程中彼此之间是相互信任的同伴关系。以下是帮你在自身个人发展上进行反思的四个问题：

- 我为自己的下一个发展选定了什么领域、设置了怎样的学习目标？
- 我需要克服哪些阻抗？
- 谁将成为我的尽责伙伴？
- 我是否允许我的尽责伙伴监督我，并让他们知道如何监督我才最有效？

第17章

透明化
明确共享信息的时机、方式、缘由

如果想让别人也可以做你才能做的决策,并且是让很多人都可以这样的话,那你就只好把自己的信息毫无保留地给到他们了。

——基思·拉波斯[①](Keith Rabois)[1]

---

① 基思·拉波斯是美国的一位资深投资人,美国"创始人基金"(Founders Fund)合伙人,位列"2021福布斯全球最佳创投人榜"第37位(2021年4月)。——译者注

在这个脚步匆匆的世界，团队里的成员比以往任何时候所做的决策都更日趋复杂，"透明化"能让每个人获取决策时所需的信息。"透明化"要我们做的远远不只让信息自由流动那么简单，还需要我们掌握决策时把"信息"（information）转化为"洞察"（insight）的能力——化信息为洞察，帮人看到信息所赋的意义、让人知道该如何行动。"透明化"如果做得好，就能提升业绩、滋养信任、利于创新、促进学习。

要做到透明化，需要让大家清楚权力是如何分配的，行动该如何做出。提高透明度的最佳做法之一就是让每位团队成员都清晰地了解不同决策该怎样做，是由个人决策、群体决策还是交由流程来决策。

"一再来"果仁酱公司是一家员工所有的公司，当公司遇到决策透明度的问题后，就梳理了决策流程，使之变得公开、清晰、透明，公司因此在各个层面上的沟通和协作也都得到了改善[2]。

敏捷制中早有很多支持团队透明化的工具，"看板"[①]（Kanban）、"冲刺周期"[②] 信息板（sprint boards）、"燃尽图"[③]（burndown chart）等就

---

① "看板"是一种日式管理哲学，字面意思是"信号"。在一个典型的看板环境中，团队每位成员正在进行的工作都会显示在看板面板上，看板展示了工作信息及其完整的各流程阶段。——译者注
② "冲刺周期"（sprint），通俗地讲就是实现项目中一个"小目标"的周期，有的又称之为一个小的迭代周期。——译者注
③ "燃尽图"是迭代过程中及迭代结束时用于沟通开发进展的一种图表，图中显示已完成和剩余的需求数。燃尽图的设计理念是工作未完成项会随着项目的推进而不断减少或"燃烧殆尽"。——译者注

是这样一些以实体或电子形式存在的让信息公开透明、避免人猜测遐想的工具。通过这些工具，团队成员对工作情形的好坏优劣都能一目了然。

人想不想要更多的信息透明？答案取决于每个人不同的信念。其他人也能像你一样能处理随着透明化而来的"信息过载"吗？能处理好随之而来的不确定性及焦虑心态吗？在一些不能直接使用的信息充斥于团队、让他们难以聚焦的情况下，彼此还能进行激发思维的对话吗？同事们能否妥善处理那些刺激性的信息？能达到对信息的保密要求吗？

走在通往更高透明度的路上，也是一个让团队能力成长的过程。如果团队选择要更高的透明度，那就必须学会如何处理更高维的模糊性、学会进行激发思维的对话，并锻炼自己在相关信息上聚焦的能力。这些本事在很多团队中都很重要，也是自主管理团队不可或缺的技能。

透明化从何做起

组织中有关"透明化"的问题不是个二元问题——关于信息，从来都不可能完全做到密不透风，也不可能完全做到人尽皆知，即使有的组织努力做到更加透明，也总还有可以改善的地方。至于什么信息要透明、在多大范围内透明，标准因各个团队而异。透明化在刚开始起步时，可以考虑先将之前保密的一些团队内部信息向更大范围的成员开放，有些用于内部信息沟通的 App 就能起到这个作用，如 Slack。做到极致的程度，甚至可以将自己组织的薪资、财务信息全部公之于世，有的公司就从这种极致透明中收获了很多业绩上的好处。

社交媒体平台"缓适"公司在透明度的做法上达到了他人难以企及的高度。"缓适"公司的对外网站上公布有公司所有成员的薪资、持有的股票期权、福利状况，还有公司的定价策略、收入、利润、支出、员工多样性方面的数据，甚至公司内部沟通的历史档案乃至公司大部分产品的开源代码……全世界任何人都可以一览无余。[3] 瑞安·比尔[①]（Ryan Buell）在《哈佛商业评论》上发表的一篇文章中提出，运营上的透明化、向客户坦白企业的钱是如何花出去的，这种透明能给企业带来价值。"缓适"公司就将公司在产品开发上的支出明细全都公之于众。如果客户知道他们付给"缓适"的每1元钱中有65%是用来发员工工资、而95%的员工工资的去向都是为了提供产品和技术支持，那么客户会有什么感觉呢？当客户知道这家公司的利润率只有4%，而这部分还是为了让他们的业务能够可持续地发展并确保他们作为客户的一家供应商长期存在，你会不会停下来略有所思呢？瑞安的研究发现诸如此类运营上的透明度不仅能帮助提高企业的收入，还增加了人与人之间的信任感和满意度。

你可以考虑在更大的范围共享组织下面这些信息：

● 公开文化相关信息，如愿景、使命、价值观，以及这类信息的组合（参考示例：nearsoft.com/blog）。

● 开放内部信息沟通的"频道"[②] 权限（参考下文提到的"边效"公司案例）。

● 公开内部员工手册（handbook）或员工攻略手册[③]（playbook）（参考示例：handbook.etgroup.ca）。

---

① 瑞安·比尔是哈佛商学院工商管理学的一名副教授，其研究领域是探讨服务行业在运营上所做的不同选择是如何影响客户行为及组织绩效的，他也关注技术在服务交付中所发挥的作用。——译者注

② 所谓"频道"（channel），这里指用"Slack"软件进行信息交流时，可以依信息内容及想要涉及的不同人群设置不同的"频道"，只有订阅了相应频道的用户，才会收到相关的信息。——译者注

③ "员工攻略手册"（playbook）是很多自主管理组织更乐于采取的一种员工手册形式，传统"员工手册"一般都是从组织角度单向输出公司的要求和规定，而"员工攻略"则更多地从员工视角来帮助员工理解公司的文化和做事方式，并给予很多可操作的示例来帮助员工理解并融入组织文化，在这方面被认为具有典型示范意义的是 Valve 公司的"攻略手册"。——译者注

● 公开公司的定价模式（参考示例：open.buffer.com/transparent-pricing-buffer）。

● 公开一部分源代码（参考示例：sylius.com）。

● 公开产品路线图（参考示例：api.slack.com/roadmap）。

● 公开整个用户群（参考示例：bullfrogpower.com/bullfrog-community）。

● 公开公司招聘全流程（参考示例：deeson.co.uk/careers）。

● 公开财务信息，包括收入、成本、薪资、股权等，通过诸如"Baremetrics"[①] 这样的平台软件可以方便地分享此类信息。

"边效"公司刚开始用 Slack 作为内部沟通工具、借此提高沟通效率和有效性时，他们给很多沟通"频道"设置了权限，即某个"频道"里沟通的信息，只有有权限的伙伴才可以看到。几番尝试后，公司决定放开绝大多数的"频道"权限，让信息在全公司可见。后来怎样了？每个频道中参与沟通的情况基本没什么大影响，而每个人都可以自由地旁观各种沟通对话了。把这一层没必要藏着掖着的感觉去掉后，再没人暗中思忖其他人是不是在密谋什么了。

为了帮大家决定是否适合提高自己团队的透明化程度，以下问题供大家思考：

● 你们决策缓慢、决策跑偏的原因中，有多少应归咎于信息的不够公开透明？

● 你们同事中有多少人受过相关的培训，具备将信息数据转化为下一步行动的能力？例如，他们是否能够从财务数据中解读出可以辅助自己决策的东西？

● 你和你们团队是否经常、充分且及时地分享信息？要知道，数据

---

① "Baremetrics"是一个可以帮助用户直观了解财务及运营等多方面数据的软件平台。——译者注

信息的"保鲜期"极短,而那些有一句没一句的零散数据只会让同事们遐想联翩。

● 随着信息透明化的提高,团队成员是否有足够的经验来应对由此带来的高难度对话?

● 你自己是否渴望透明化的积极作用?又是否愿意等待,让这种积极作用慢慢地呈现?任何对系统做出的调整都将带出新的问题,团队获得更多信息之后,积极作用的呈现是需要时间的,慢慢地才能看到效果。

潜在挑战

从硬币的另一面看,有些信息确实不能透明公开,而且有不能公开的正当理由。但要区分清楚:有的理由确实正当,但有些理由的背后其实是恐惧。确有一些数据需要保密,像是顾客给到你的秘密信息,还有一些个人敏感数据,比方说社保账号、健康档案等;另外,还有一些信息是你不可与他人共享的,如"保密协议"中规定的信息;此外,可能还有一些你自己认为需要保密的信息。不过,有时当我们自认为不是所有信息都可以透明化时,常常会给自己编一些说辞,常见的四种说法:某些特别信息公布后我们可能会被反咬一口;共享太多信息会导致团队左顾右盼、模棱两可,不能聚焦;囤积信息不予透露能让人获得权力感,而这种感觉很好;信息透明可能引发让人为难且极度不适的对话,我们最好不要招惹这样的对话。

下面我们把这些说法一一剖析。

特别信息的说法

"缓适"软件公司的乔尔·加斯科因[①](Joel Gascoigne)认为透明

---

① 乔尔·加斯科因是"缓适"软件公司的联合创始人之一。——译者注

度可以滋养信任；"大开天窗"工作室①（OpenBook.Works）的创始合伙人邓肯·欧亚瓦尔（Duncan Oyevaar）亦有同感："一说到透明度，大部分人的主要顾虑都是信息会不会为竞争对手所用。经验告诉我们，你给他人以信任，也将被回报以信任。"[4] 有些信息的确需要保密，但在这个前提下，"缓适"在透明度上的大量尝试已经很好地说明了问题，分享信息的确增强了与顾客之间的信任度，也没有给他们公司造成什么不当的风险。如果你也想尝试更广泛地分享组织信息，可以一步一步慢慢地来，等先建立了信心，再大范围地铺开。假如出现了员工在分享信息方面有所逾越的问题，把它作为个案单独处理就好，不必因此在透明化的做法上受挫而返。

会涣散团队聚焦的说法

在如今无不充斥着信息的时代，人们很可能都觉得自己已迷失在泛滥的信息之中。为避免这种情况出现，提高组织透明度时可以先从重要的、与行动有关的信息入手，让同事们慢慢学会分辨哪些信息是重要的。在当今商业中，想要生存、想要活得好，应对模糊性的能力是需要不断提高的，你在提高组织透明度时，可以步步为营的节奏来锻炼团队成员在这方面的能力。年轻一代的伙伴更能适应这种在大量信息中快速分拣的做法。

抓权不放的情形

权力让人上瘾；有时这种瘾来自想要"控制"的渴望，而控制又往往源于恐惧。组织在提高透明度的初期，很多人都可能会出现烦忧，尤其

---

① "大开天窗"工作室是设在荷兰阿姆斯特丹的一家管理咨询公司，其咨询理念认为员工作为公司重要的利益相关者，通常对公司在业务运作、战略和财务方面的洞察和理解是不够的，因而也无法为公司的宗旨作出最大贡献。因此，这家咨询公司的着眼点就在于为客户公司培养个体及团队在公司业务领域上的眼力见儿，帮助个体发展主人翁意识，让所有人都能消除障碍，共同为业务绩效产生积极影响。——译者注

是那些曾手握权力的伙伴。要理解他们的这种恐惧,并在对话中邀请他们把这种恐惧拿出来谈,这也是学习之旅的一部分。问问他人有什么需要,也把你自己的需要告诉他人,你们会为自己学到的东西以及自己的成长而喜出望外的。

避免"为难对话"的情形

处理人际张力的能力是自主管理领域里另一项关键技能,这项技能通过培养才能具备。公开了更多的信息,张力自然也将随之增加,也会生出很多让人更加为难的对话,但不要因为这个恐惧而裹足不前,有句谚语说得好,"我领受着恐惧,但我依然向前"("Feel the fear and do it anyway")——在向前的过程中,再发展你所需的技能。

有助信息透明的工具

技术变迁一日千里,从现在到本书付梓期间肯定又会有更多的技术工具问世,下面这些工具是我们目前所钟爱的、可以增加工作透明度的技术工具,仅供大家参考。这些工具有助于将进展中的工作显性地呈现出来,让整个团队实时了解状况。未来可能还会有更新更好的工具出现,大家自己可以多留心。

谷歌的"G Suite"[1] **或微软的"Office 365"**[2] **在线办公套**

---

[1] "G Suite"是原 Google 云端合作平台,现已更名"Google Workspace"。2016 年,谷歌在官方博客宣布,在原有的企业办公应用(Google Apps for Work)的基础上组建一个全新的企业办公服务套件,命名为"G Suite",包含一系列 谷歌原有的企业办公应用,比如 Gmail、环聊、日历、Google+、云端硬盘、文档、表格、表单、幻灯片、协作平台、管理控制台、保险柜等;这些应用加起来,就相当于为企业用户提供了一整套完整的办公云服务。——译者注

[2] "Office 365"是微软 2011 年发布的一款基于云平台的办公应用套件,可在云端上使用 Office 的全套服务。——译者注

件**：这两款办公套件功能都很强大，分享工作文档也很便利。在本书写作过程中，我们几位来自地球不同角落的作者就是用谷歌的"Google Docs"进行实时创作和编辑的，其中的评论功能和建议功能尤其值得称道。

"Google Drive""Dropbox""Box"云盘：这些在线共享空间能方便组织共享文档，如果想要让数据共享发挥更大的积极作用，关键还要把这个共享空间维护得井然有序。

"Trello"[1]，"Asana"[2]，"Monday.com"[3] 任务协同工具：这些在线任务列表管理工具非常优秀，可以共享任务清单、共享任务优先级，本书写作时就是用"Trello"来协调各个作者的不同写作任务的。

"Slack"，"Microsoft Teams"即时通信工具：这两个即时通信工具都能作为电子邮件的很好补充，有了这些工具甚至都可以不用邮件。新冠肺炎疫情暴发期间，很多人在家远程上班时都体验到了这些即时通信工具的妙处。这两个工具还有个优点，可以将人加到某个被讨论过的主题里，他们可以回看历史聊天记录，不必再将历史记录单独发给他们。

"Loomio""Cloverpop"决策协作工具：两款App都能简化决策流程，让决策过程透明化。

"Zoom""GoToMeeting""Google Meet"在线会议工具：运用像Zoom这样的视频会议工具，开会时可以进行录制，让团队里其他人回看。

"Scrum""看板"工作进度工具：可以是实体工具（更佳），也

---

[1] "Trello"是一款轻量级的协同办公工具，团队成员可以用它来创建和分配任务，并跟踪任务进展情况，Trello由三个元素构成：看板、任务列表和任务卡片。——译者注
[2] "Asana"是一款团队任务管理工具，是一个高效的团队任务协作工具，用户可直接创建任务，为任务添加协作者，确保分工明确。大家可在任务下面评论或添加附件，关注任务的其他成员能实时看到，无须再通过邮件反复沟通。——译者注
[3] "Monday.com"是一个兼容性颇为优秀的效率工具，它可以协助自由职业者管理自己的项目，也可以对需要多人团队协同的项目进行管理。——译者注

可以是电子在线工具，用这些工具来跟进需要完成的工作的状态，将不同工作分门别类地归入"计划中""进行中""已完成""已发布"等标签下，这类工具都是可视化、编排优先级、信息公开透明化的利器。

信息的公开透明，并不是要用无关、无用的海量信息及工具等去裹挟团队同事；透明是为了消除障碍，让大家都能有效地工作、提高心理安全感。在传统管理理念下，每当我们心有疑虑时，就会想要让信息保密；随着大家逐步开始在自主管理世界里去领导组织，鼓励大家试试"每当心有疑虑时，那就公之于众"的做法，帮助你的组织把公开透明变成家常便饭。

# 第18章

薪酬
换个新视角看价值交换

"钱"仍是这个社会上最为禁忌的话题（之一），因此我们身上很多难见光的东西就正好可以隐匿到"钱"这个由头的背后去了。
　　　　　　　　　　　——彼得·凯尼格[1]

---

[1] 彼得·凯尼格是青色组织理论中"创源点"（source）理论的提出者，创立了"彼得·凯尼格理念体系"，其中包含"金钱理念"及"创源点理念"两方面内容，他的理念体系旨在帮助人们更好地达成生活和工作中的目标。——译者注

每当我们听说有些公司的薪资是透明的，心里会马上有种心头一亮、心驰神往的感觉。同事间彼此知道各人挣多少钱，可能是种五味杂陈的心情，这也可能是大家坊间八卦、评头论足的开始。工作安排、薪资报酬公平公正吗？"公平公正"是怎么衡量的？衡量标准客观公平吗？要回应这些问题，由在位者来裁制的"精英制"显然不是我们要找的出路，"精英制"这种体制从根本上说在价值的衡量和判断上本就有失偏颇。

传统薪酬由三支柱组成：工资、可变薪酬、股权薪酬。工资通常衡量的是个体日常的价值贡献，传统工资的制定过程一般都很死板、难以灵活变通，只是公式化的操作；为了掩盖差距、为了逃避让人为难的对话而要求薪资保密。可变薪酬则是一种"胡萝卜加大棒"逻辑的体现，为的是能左右员工的绩效，还可以均衡公司的支出与收入。所有权薪酬和股权薪酬是对风险承担的一种回报，也能让个人与公司紧密相连，起到留住员工的作用。理论上，这些做法都很科学，但大家可能已经感觉到了，这三支柱和本书前几章所阐释的理念好像不是一路的，因为传统的薪酬理念从根本上看，就是想把人力资源放到几个盒子里加以称量定价。

自主薪酬

在自主管理组织中，薪酬制定更依靠信息透明以及通过"众包"方式获得的数据，以及让各方一起参与商讨。有些先行组织还完全取消了奖金制度，代之以利润分享机制，这样一来就让公司所有权呈现出了另一种局面，同时体现了对个人贡献和风险担当的认可，这块饼如何分也更加公平。大家需要找到适合自己组织的薪酬模式，以下是一些跳出常规的薪酬做法，可供大家参考。

调薪议案

晨星公司的调薪机制是这样的：每个自然年年末，工厂里的员工都会与薪酬委员会取得联系，该委员会由工厂里的员工代表组成，大家将"同事理解备忘录"（在第10章中有介绍）及前一年绩效考评的情况（被他们称作"垫脚石"）交给这个委员会。如果有人想要得到较高的调薪百分比、高于政府官方对来年生活成本预估的增长百分比的话，那还需要提交自己在业务贡献方面的相关说明，证明这额外增加的部分基于怎样的理由；如果员工不提交额外说明，那么将得到与生活成本增长百分比相当的调薪。[2]

能力地图

另一种设定薪资的做法是依个人能力来定薪。"一瞬"创新与服务设计公司的薪资情况在内部都是公开的信息，在薪资的做法上也采纳了很多与时俱进的理念。随着团队的发展壮大，他们发起了一个项目来重新设计可在更大团队规模里使用的薪酬机制，制订出一套详细的能力评估准则，咨询顾问以及公司业务的贡献者都可以按其中26个评估指标为自己绘出能力地图。每人先根据这26个指标进行自评，然后再找三位同事获取他们的看法，接下来这四个人会坐下来一起回顾并讨论各项评分。每个人按自己的实际意愿，依据所获反馈来调整自评结果，然后把最终的评分按对应关系表换算成相应的薪资，所有自评结果向全体人员公开。

他们第一次用这个薪资框架时，公司的创始人对最终的评估结果是有想法的，他们发现不同伙伴对评估准则的理解彼此不一。那次他们没有直接采纳最终得到的评分，薪资决策还是由创始人来最终拍板，只将这些评分作为决策时的一个重要依据。当时"一瞬"公司的领导者叫埃丽卡·贝利（Erika Bailey），她说："那时真不容易，在团队成员看来，这样的流程选择参加或选择不参加都叫人为难，也撼动着公司里的信任。"[3] 他们第一次用这个流程时显得有点生涩，但经由一次次的实践迭代，大家越来越老练，流程设计也越来越完备。现在，公司创始人只以普通一员身份参与到这个流程中，不需要再动用什么领导者决策权了。现在来看，这个"自主"薪酬流程也就更加名副其实了。

公司联合创始人格雷格·朱德尔曼回首这一段时说道："设计这样一个大范围运用的薪资方案比我们预想的多花了好些时间，参与这个过程需要每个伙伴在个人层面上都要勇于面对。但这一切都是值得的——大家成长了，抱成了一个团队，对我们在集体层面为之奋斗、为之而活的价值观都有了更清晰的了解。"[4]

互助定薪

"合配"（Fitzii）公司是"易扬马丁"集团旗下一家公司，公司员工都知道互助合作、信息透明、彼此信任这些东西是很多青色做法中必要的关键因素，在他们公司，彼此的薪资情况、具体的财务信息也都是公开的。员工入职满一年就有权参与"薪资建议流程"（compensation advice process，CAP），员工通过这个流程来听取伙伴意见，了解市场行情，明白自己的薪资和整体预算是否匹配。有了这些信息，每个人都可以通过"知情同意决策法"来决定薪资，在提案中列出自己的理由，向大家公开。有意思的是，这种流程下他们定出来的薪资一般还低于（或不高于）如果他们去找老板所要求开的工资。

全透明化薪酬

在"缓适"公司所有的管理操作中,"透明化"总是一座其他人可以对标的灯塔。他们在公司官网上发布过一篇包含有具体操作细节的文章,介绍了公司是如何计算员工的薪资的,他们的计算因子包括:市场数据、地域差别、生活成本、每个角色的不同价值、员工的工作经验、员工在公司的服务年限、各人对风险的偏好等。这一机制使得薪资计算的过程非常公允透明,每个员工也可依此直观地看到可从哪些方面来提高自己的薪酬。

以基本生活所需为基础的薪酬

在创业早期阶段,公司的收入不稳定,领导者只能够照顾到每位伙伴的基本经济需求,这也是组织在早期为了存活下来不得不做的。

在"旋之炫"社群,每一个社群小组都被称作一个"维生豆荚团队"(livelihood pod),大家在小组中会公开地谈各人的需求。以大家的"富足心态"(concept of abundance)为基础,每个人提出和得到的都是足以维系自身的最低需要的要求。比方说,他们的"系统之根"(由软件开发人员组成)和"金熊猫"(由引导师、咨询顾问、讲师组成)这两个维生豆荚团队,当所得业务收入增长了,大家会开启薪资方面的对话。"系统之根"关于每月工资的做法是,在每月基本收入之外,加上了可变业务奖金以及绩效奖金:基本收入是每位成员无论工作时长有多少都会固定获得的收入,可变业务奖金则由这个团队依业务发展的情况而定,是否还有绩效奖金则依据有没有做出为组织增加收入的工作而定,具体是多少数额则根据这个团队目前的财务情况以及当月的工作类别来确定。

众包定薪

"众包"的概念也给了我们更好地做薪资决策的智慧。"合弄一号"[①]（HolacracyOne）是进行"合弄制"推广的咨询和培训公司，关于"合弄制"我们还将在第25章探讨。"合弄一号"一开始的薪酬做法是这样的，以填写问卷的形式，让每位同事对所有其他同事进行两方面评估：该同事在工作上的贡献（远）大于我或（远）小于我（从+3到−3进行评分）、该同事对我进行评估的把握度有多少（1到5分打分）。将调查收集的数据通过一定的算法进行处理，据此将不同的人归入不同的薪资档次组。在这种机制下，"经验和知识越丰富、工作越努力的人就会被划进薪资更高的档次组别；资历较浅、经验不多的同事自然地就会被归入薪资较低的组别。"[5] 随着"合弄一号"的团队的成长，这个做法也出现了局限，他们于是又开始探索新的模式。他们现行的做法与"合配"公司很类似，每位伙伴可以自己提要多少薪资，再经由同事们参与的审定流程来确认，参与审定的同事只需回答一个简单的问题："假设这位伙伴现在不在我们里上班，你愿意按他现在提的薪资要求聘用他吗？"公司内部所有薪资信息都透明，因此每位伙伴都可以一边参考外部市场数据，一边通过内部比较来给自己确定薪酬水准。目前这一做法显得很有效，也能够在公司大规模地实行，还成了很多其他公司效仿的对象。

中央薪酬小组

采用中央薪酬小组的做法，有助于让薪酬方面的做法一以贯之。软

[①] 合弄制管理学的首要开发者和先驱布赖恩·罗伯逊所创立的培训和咨询机构，专注"合弄制"的推广，通过定制化的教练、培训、软件支持等多种方式为客户在运作合弄制的过程提供专家级支持，操持"合弄制"的落地、推进"合弄制"概念的演进。——译者注

件开发公司"维尔福"① (Valve)的做法就是成立一个由员工(成员可变更)构成的薪酬小组,该小组每年对所有员工进行一次访谈,向被访对象了解过去一年中与该同事在工作上有合作关系的其他伙伴的工作情况如何,主要收集建设性反馈;他们还让被访者为自己所在项目组或所在产品组内的其他成员在四个指标上排序:技能水平及技术能力、工作效率及产出、在团队中的贡献度、在产品上的贡献度,这四个指标权重相同。将这些情况汇总,就可以将所有员工排出序列,以此作为决定薪酬的依据。[6]

薪酬力挺人

对很多人来说,要为自己要求涨薪而摇旗呐喊是有些奇怪的,在这方面大家都没什么经验、也没什么专长。"美奥市景"公司早年间还没有发展出现在这种复杂薪资流程之前,其做法是让每位团队伙伴都有一位自己的薪酬力挺人(sponsor),薪酬力挺人的角色就是确保他对应的伙伴得到了公正的薪酬,在这种模式下,出现薪酬方面的问题时,就由力挺人本着对公司、对所力挺对象同时负责的原则来解决问题。

项目分钱

"大加"咨询用了查尔斯·戴维斯发明的"分钱快乐故事会"(Happy Money Story)的做法来分配团队预算[7],这一方法本质上是一种以玩耍的方式在群体当中开放地讨论如何分钱,其中最重要的规则就是让每个人谈到最后都对结果感到快乐。具体做法是,大家一轮轮地分别通

---

① "维尔福"公司于1996年成立于华盛顿州西雅图市,是一家专门开发电子游戏的公司,代表作品有《半条命》《反恐精英》《求生之路》《刀塔2》《军团要塞》等,以高度扁平自由的管理方式著称。自从1996年公司创办至今,就一直没有管理者、没有老板,员工可以自行决定自己的工作内容,堪称许多游戏从业者心中的圣地,在他们各种著名的自主管理做法中尤以其"用脚投票"的项目自主管理模式出名。——译者注

过讲故事来提议如何分钱,并在故事中说明为什么要这么分。"分钱快乐故事会"给大家提供了表达的机会,既让大家从不同侧面来看项目,也让大家有机会表达钱该如何分。例如,某个团队的成员是来自全球各地的,如果大家觉得除了"客户交付"这一标准之外很难分辨各个成员还有哪些贡献时,就可以采用这个方法——可能有团队成员会这么说:"我觉得大家应当看到埃琳娜在上次回顾会议之后,为了更新我们的文档耗费了不少的时间"而这恰恰可能是别人都没看到的点……就这样,大家一轮轮地表述,直到某种说法的出现让每个人都觉得很开心,那就是大家要的分配方式了。

弗朗西丝卡·皮克是"大加"咨询的一位合伙人,她之所以觉得这个方法很棒有几个原因:"团队在谈'钱'这种话题时,可能会有恐惧或对抗,但这种方式可以建立更多的信任,不仅能让大家在谈钱谈价值时在语言说法上找到很多共通点,还能帮每个参与者更有觉知地理解在不同情境下的钱对各人来说意味着什么。"[8]

给销售伙伴的薪酬

上述薪酬做法在很多组织里都能行得通,但对销售团队也能行吗?销售薪酬其背后的假设往往都是,"销售要拿佣金才可能有动力",但多家公司的做法证明了这个假设是不成立的。

"盖普文化"(Culture Amp)是一家位于美国旧金山的成长很快的软件即服务[①](software-as-a-service,SaaS)公司,专注于帮助客户测评组织文化并进行长年跟进。基于他们所获取的大量的各个组织内部数据,

---

① SaaS 是"Software-as-a-service"(软件即服务)的简称,是随着互联网技术的发展和应用软件的成熟在 21 世纪开始兴起的一种完全创新的、通过互联网来提供软件服务的软件应用模式。厂商将应用软件统一部署在自己的服务器上,客户可以根据自己的实际需求,通过互联网向厂商订购所需的应用软件服务,按订购的服务多少和时间长短向厂商支付费用,通过互联网获得厂商提供的服务。——译者注

他们相信薪酬并不是引发员工与组织之间在关系上远近亲疏的动因，包括销售人员在内；他们发现做销售的员工和其他员工一样渴求职业发展、有挑战有意义的工作以及良好的团队氛围。每位"盖普文化"的伙伴获得的薪酬与自己所承担的角色、与自己的经验相关[9]。

"认可"是员工与组织之间相亲近的动因。"盖普文化"通过巧妙地构造"一语双关"式的说法来沟通销售业绩及所想表彰的人，[①]这种语言上的一语双关一般都让人觉得很好玩、引人入胜，公司里很多人都很喜欢这种话。公司在这种"一语双关"的销售业绩沟通中都会把作出突出贡献的人名带上，对销售人员来说自己的名字被人如此大加传颂也是件很光荣的事。公司没有销售佣金，但每位销售仍有需要完成的销售额度[②]——销售额度的意义在于可以帮助分辨谁已经比较游刃有余而谁还需额外帮助，销售额度也会出现在计分卡上，鼓励大家之间良性竞争。然而，"盖普文化"并没有那种用个人销售业绩直接决定拿多少钱的做法，与此相反，大家相互之间更愿意施以援手、分享经验、相互帮助，以此拿到业务来让整个团队受益。没有了某人为保住客源而不许他人插手的做法，公司的客户也因此受益，双方信任度得以提高。

当然这种做法并不是包治百病的万灵药，也不见得所有人都适应这种方式，因此在招人时就需要特别留心。有些招来的销售明星并不乐意放

[①] 这里具体是指，公司在沟通销售业绩与所取得的成就时，会利用带来相关业绩的销售人员的姓名与所要表达的文字之间在谐音、典故、公司内部"梗"等上的一些联系，巧妙地把销售人员的姓名"嵌"在公司表达销售业绩成就的文字之中向公司所有人加以宣传。
——译者注

[②] 根据最新的研究"盖普文化"销售激励模式的文献，"盖普文化"目前也已不采取要求销售人员背销售额度指标的做法了（参考："How Culture Amp Became a Billion-Dollar Startup Without Sales Quotas"，作者 Brian Nordli，发表于 2021 年 9 月，https://builtin.com/sales/building-a-sales-team-without-quotas，而本书原版的写作时间是 2019 至 2020 年间，故有所出入）——这里需注意的是，各家自主管理的组织的很多管理模式或做法常常是不断演进、不断迭代更新的，本书中提到的很多其他做法也有可能在后来发生了变化，这正是这类组织有机鲜活、适应性强的体现。——译者注

弃自己可以斩获大笔销售佣金的做法；但对于更看重团队氛围、更看重组织带着意义发展壮大、更看重组织产品的人，这种做法却能让他们更心有感应。"盘普文化"的销售数字也已不言自明：他们在 18 个月里销售翻了三番，销售团队人数发展到 80 多人，三年间只有三位销售员工离职；这些数字已很能说明问题，因为硅谷的很多软件即服务公司的销售人员平均一般在岗 12 个月就会走人。

关于"所有权薪酬"

如果构成团队的成员彼此能坦诚沟通、信守承诺又彼此助力成长，就有勇于去尝试另一种相互关系、另一种组织所有权的可能。无论于己于人，人们创造的精神、能量都需要得到滋养，如果创始人也看重这一点的话，那么他们所持的"所有权"观念就能发挥重要作用了。在创始人把一个组织建立起来的过程中，大部分人都要为此承受情感的付出，还有他们为员工的生计所承担的那份责任——对于他们所做的这些，我们不可以忽略，也不能不在乎。

麦克·莫耶[1]（Mike Moyer）是一位企业家、书籍作者、大学讲师，他写过大量的关于如何公平分配股权的文字，他在《切蛋糕》一书中提出过一个简单公式，其原理是：人们所占股权的百分比、在风险之下所作的贡献，两者之间应当保持对等关系[10]，"在风险之下所作的贡献"包括投入时间、投入金钱、提出点子创意、投入关系、提供材料、提供设备、提供场地等类似这些在投入时不以市场公允价值计价的行为。

---

[1] 麦克·莫耶是美国知名企业家、作家、大学讲师，他从事过多个行业，打过交道的产品小至吸尘器，大至房车底盘，还有高档红酒。他创业经验丰富，既试过白手起家，也加盟过创业公司；既帮过别人创业、筹集数百万启动资本，也帮创业公司找过买家。同时，他还在西北大学、芝加哥大学两所大学教授创业管理课程。他著有《切蛋糕》《忍者演说家》（*Pitch Ninja*）等。——译者注

也就是说，所担风险越大——比方说创始人在创业初期不拿薪水，那么在股权或利润分配上所占比重也应越大，这样他们才可以通过时间逐步得到补偿。明白了这一逻辑，就可以让团队里具有不同风险承受能力的伙伴各得其所，同时也能随伙伴们在不同生活阶段而变化了的风险承受能力来改变对他们所做的股权安排。

讨论薪资是件很挑战人的事，即使在心理安全感已经没有问题的团队中也一样。如果你已做好准备想要探索一些新的、有所不同的薪酬模式，以下是在这方面的一些建议，可能对你有所帮助：

- 邀请每个受决策影响的人表达自己的想法。
- 确保咨询过有关合规及法律方面专家的意见。
- 做任何重大变革时，明确谁是决策人。
- 让决策过程公开透明，随着情况的进展向大家及时更新信息。
- 明确薪酬设计所遵循的原则。
- 允许这个过程有充分的时间慢慢展开，不施加没必要的压力。
- 留意原有薪酬模式对大家的思维造成的影响。
- 考虑借助第三方引导者来协助。

第19章

多样、包容
远离偏见、远离失效的精英制

> 我们大家一起在多样各异中还能走向团结,这既是我们的文明之花,也是对我们文明的考验。
> ——甘地(Mahatma Gandhi)[1]

无论我们自认为自己有多"醒"（WOKE）[①]，偏见依然顽固地长在每个人身上。尼可拉斯·克里斯多夫[②]（Nicholas Kristof）在《纽约时报》上写过这样的文字："人在看到一张脸的1/5秒时间里，就在辨认对方属于哪个种族，似乎人类的大脑就是这么长的……即便大家知道人只有性别之分，可大脑还是告诉我们人有种族之分。令人吃惊的是，人对种族的偏见在很小时就已形成：哪怕是婴儿，也表现得更偏爱自己所属种族的人。"[2]

　　多样、包容的工作环境可以把每个人与众不同的聪明才智用来应对工作中共同面临的挑战，这个憧憬很美好，但实事求是地说，这个憧憬我们还远未实现。只承认人都有偏见还不够，如果想真正打造一个多样包容的工作环境，我们就要为踏上艰辛的旅程做好准备。

　　在大多数组织中，让组织多样、包容的责任被矮化成了人力资源方面的问题，首先并主要地成了公司在法律及合规性上的问题，却没有把

[①] WOKE是英文单词Wake（醒来）的过去式，源于西方反种族歧视运动的参与者之间在社交媒体上流传的"#StayWoke"话题标签，这个看似有语法错误的话题标签的意思是要大家"保持清醒"、睁大眼睛看看社会上的不公不义。根据Urban Dictionary的定义，"Woke"指的是"人们应该了解发生在周遭的当代议题"；而Woke的人是指在众人还懵懂无知的时候就早已跨越那个阶段且清醒了。——译者注

[②] 尼可拉斯·克里斯多夫是《纽约时报》著名专栏作家，曾任《纽约时报》驻香港、北京、东京的分社社长及副主编，和妻子雪莉·邓恩（Sheryl WuDunn）成为美国普利策奖历史上唯一的夫妻档获奖者。过去几十年来这对夫妇足迹遍及世界，报道各地弱势群体的生活，他们的目标是阐发人类奋斗和人类潜力的故事，创作的作品有：《天空的另一半》（*Half the Sky*），《走的人多了，就有了路》（*A Path Appears*）等。——译者注

它视为一个重要的人的议题，成了计算与衡量一些指标进行的事。[①] 多样、包容的工作环境本就能带来业务方面的好处，带着这样的理念，公司才会更美。

关于要不要将本章内容写进本书，我们几位作者来回争执了好几次，我们所深深担心的是，我们这些相对占了上风的人，是否适合来对广大读者——尤其是处于少数群体的读者们，在多样性这个话题上反过来对大家振振有词。但重要的是，我们坦承自己对少数群体的人的想法不甚了解，对前方的路要如何走也还不明朗。

很多人都明白，人的多样化能给团队带来经验与观念在广度上的极大价值，这个道理显而易见。在以前，如果大家留心，就能发现白种人的观点是，工作职场中可以且应当基于"精英制"来运作，也即往最高层走的人应当是拥有最佳思路的人。可如果关于好坏的标准也是由身处高位的既得利益者来定义的话，那么这种"精英制"实际上也没有起到真正的作用。

2010年一项"组织里的精英制悖论"的研究发现，在推行精英制文化的组织中，管理者事实上"在面对同等绩效水平的男性和女性时，会把天平更多地偏向男性"。[3] 研究人员相继在三个实验中让被试者看几份公司人员的资料，这些人员的绩效水平其实相当，然后由被试者来给这几人分派奖金；研究人员发现，如果告知被试者这些人员的所属公司在做决策时更看重人的本事时，那么实验结果往往是被试者会给男性分更多的奖金。事实已显而易见：同工同酬远未实现。这些年来在这个问题上，性别之间的差异可能是小了些，但差别依然存在。

"特权中最大的特权"就是"没觉得自己有特权，也不觉得那是特权"。和本书中提到的所有概念一样，觉知力和分辨力都是进行改变的核心，如

[①] 很多西方国家对雇用一定比例的少数群体有定量的法律、法规要求，作者此处意为，"多样与包容"远不只是止步于让公司的做法不违反法律要求的底线，还有更多的具备人类意义方面的内涵。——译者注

果真的想要一个多样、包容的工作环境，首先必须承认人就是没有站在同一起跑线上，把自己内心存在的偏见抖落出来，承认我们从前辈那里继承下来的体制的不公，然后才可能着手修复曾经的错误。多问问别人，看他们是怎么想的、他们需要什么，而不是不假思索地把我们自认为"对他人的好"强加于他们，这也许算是个良好的开端。作为领导者如果想要有所改变，在这个方面所需做的功课也最多。

提到"多样性"，人们通常想到的是性别、种族、性取向等方面，可是多样性包涵的内容还有很多。例如，内向和外向是两种不同的信息处理与沟通模式；不同年龄段的人对不同用户群及其特点存在不一样的关注点；不同专业能力的人对产品的可用性价值有不同的看法；来自不同地域的人会给团队带来不同的文化价值观、关于市场的不同见解，等等。关于多样性，还可以从很多方面来思考、来寻求。

体制层面的修正

包容是指创造条件让每个个体都觉得受欢迎、受珍视，让他们有归属感。这听上去很容易做到，其实不然。我们目前所接受的、所身处的、所任其生生不息的体制，在设计之初就不是一个包容的体制。想一想在小学的操场上：有的孩子很棒、有的孩子怕羞、有的孩子是学霸、有的孩子讨老师喜欢、有的女孩体育特别好、有的男孩艺术感很不错……把这种情形对应到工作环境中来，这样的"标签"和"分别"依旧挥之不去。在很多场合下，我们孤立他人的行为相比过去只是显得没那么露骨罢了——现在很多工作场景下老板的做法已不太会那么夸张——可是就这一点进步，反成了大家沾沾自喜的理由，恰恰说明想要走到真正"包容"的状态还有很长的路要走。

归属感是人类的基本需求，归属感不只是指我们可以参与到我们觉得重要的事中去，还包括我们能感到自己为群体带来了价值。归属感缺乏时的表征，被心理学家称作"社交疼痛"（social pain），美国加利福尼亚大学洛杉矶分校的娜奥米·艾森伯格[①]（Naomi Eisenberger）发现了因此产生痛感的大脑区域和身体疼痛时的区域是相关的[4]。

利兹·格思里奇[②]（Liz Guthridge）2017年在《福布斯》杂志上也写过与此相关的一篇文章：

包容或孤立，表现出来的样子和造成的后果，不管什么地方的人都一样。当人被孤立时，即便是非少数群体中的某个人被孤立了，如公司里的一个白人，他的反应也将是下面这几种表现：

● 智力水平和推理能力下降。

● 不愿合作，不愿对同事、家人、朋友表现"亲社会行为"[③]（pro-social behavior）。

● 很难控制自己的情绪，被惹怒、被人激怒后难以让自己保持礼貌。

● 在与健康相关的抉择中难以把控自己，比方说在饮食健康、时间管理、休闲活动等方面难以把持自己。

● 自我防卫，开始变得没有目的感和意义感。

● 遭受睡眠困难、抑郁以及其他健康问题的困扰。

有了这些认识，我们就要肩负起改变这种体制的担子，体制中那些滋生

[①] 娜奥米·艾森伯格是加利福尼亚大学洛杉矶分校（UCLA）教授、神经科学家，研究领域包括社交拒绝与社会联结的神经基础、社会支持感与健康之间的关系等。根据她和同事的研究实验，人对归属感的需求是如此强烈，以致当我们被人孤立时（即使对方几乎只能算陌生人）都会受到巨大伤害，这种苦痛与剧烈的身体疼痛无异；他们找到了伤心与肉体疼痛之间有关联的一种基因，首次证明人的心痛也会引起生理疼痛，这是科学家第一次用实验证明疼痛基因与精神打击有关。——译者注

[②] 利兹·格思里奇是高管教练，专门从事人事策划和人际沟通方面的研究，旧金山地区联合咨询公司的创办者，有着25年人事咨询的工作经验；与凯瑟琳·麦基(Kathryh McKee)合著有《引领人们跨越灾难》(*Leading People Through Disasters*)。——译者注

[③] "亲社会行为"是社会心理学术语，又叫"利社会行为"，是指符合社会期望但对行为者本身无明显好处、而行为者却自觉自愿地给行为对象带来利益的一类行为，与"反社会行为"（anti-social behavior）概念相对。——译者注

孤立行为的预置假设一旦被我们觉知、发现，我们就可以想办法做出改变。我们有哪些不易察觉、潜在作祟的做法导致了我们孤立他人的行为反复不断？我们可以怎么改变？有很多大大小小的做法都可以让我们的组织变得更加包容，如果不知该从何处入手，下面这些建议可以作为参考。

刻意安排

有的同事惯会发言、落落自信，思维敏捷且能言善辩，有的同事却不是这样。一般那些外向的同事或专家、团队里老资格的人把持着话语主导权，而不太说话的伙伴的知识和经验却得不到听取，只因为这些人不声不响；另外，新人也常常能给我们带来新的思路。因此，在对话中保持平衡是每个团队成员的责任，下面这些做法可以尝试一下：

- "萨姆的观点我已经听到了，我想听听其他人在这件事上还有什么观点？"
- "我说了好一阵了，我先停一下，听听大家有什么看法，大家是赞成，还是觉得我们应当有其他的考量？"
- "我注意到大部分时间只有我们三个人在发言，我们也给其他人一点时间来表达一下他们不同的观点。"
- "纳迪亚，我想听听你在这件事上有什么想法。"

轮一圈发言

轮一圈发言的做法很简单，无论面对面还是在线视频会议，可以让群组里的人依次轮一圈表达对某件事的看法，过程中不加讨论，每个人说一下直到所有人都表达了。这是快速听取全部人声音的一种做法。

理解彼此的差异

创造机会来看看人与人的差异以及蕴含在差异中的宝藏。有些个性测评工具，例如"迈尔斯－布里格斯类型指标"①（Myers-Briggs），"优势识别器"②（StrengthsFinder），"九型人格"③（Enneagram），"麦克奎格调查表"④（McQuaig）等都可以帮我们去看每个人天然地为团队带来的各种各样的能力，各有不同且常常不为人所见。有了这样的观念，把人与人之间的不同看作宝藏，我们的思路才会转到如何用这些差异来让团队变得更强大上来。

进阶操作

尝试过上述做法后，可以涉足更进阶的一些做法，去处理那些对多样包容氛围造成阻碍的因素。创造安全的空间，让每位伙伴都可以把自己亲历的事情拿出来谈论，促进彼此间的理解与联结。这时，组织里一些本无恶意，但让组织中某些人觉得不舒服的机制或流程可能就会浮出水面，进行这样的对话很可能会引发人在情绪上的一些反应，这时让人把那些不吐不快的体验和感受说出来倒是件好事。

---

① 全称是 Myers-Briggs Type Indicator（"迈尔斯－布里格斯"个性类型指标，MBTI），是由美国心理学家 Isabel Briggs Myers 和她的母亲 Katharine Cook Briggs 以瑞士心理学家荣格划分的 8 种人格类型为基础，经过 20 多年的研究后编制而成，将人的个性类型依"关注点偏内倾还是外倾""处理信息时是偏感觉还是直觉""决策时是偏思维还是情感""与外界交互时是偏判断还是知觉"四把标尺，划分出共计 16 种可能的个性类型。——译者注
② 这里应指"盖洛普优势识别器"，世界著名的调查公司盖洛普历时 40 年针对人性优势做了研究，在"执行力""影响力""关系建立""战略思维"四个维度中列出了最常见的 34 种人的天赋优势，并开发了优势识别器以帮助人们发现并描述这些天赋，可参考《盖洛普优势识别器 2.0》一书。——译者注
③ ENNEAGRAM 一词是由希腊文"九"(ENNEA) 和"图"(GRAM) 组合而成，意为"由九个点构成的图"，在"九型人格"工具中将人分为 9 种类型，分别是完美型、助人型、成就型、自我型、理智型、疑惑型、活跃型、领袖型、和平型。关于"九型人格"在本书"附录 A：补充学习资源"部分有相应的推荐资源。——译者注
④ 又称"McQuaig Word Survey"，由工业心理学家麦克奎格在 20 世纪 50 年代建立的测评机构开发的测评系统，用以测评人的核心个性特征、行为特征、动机等，根据人表现出来的行为特征在"偏强势型还是偏接受型""偏社交型还是偏理性分析型""偏安逸型还是偏奋斗型""偏服从型还是偏独立型"四个维度上的不同，将人的个性划分为 9 种样貌。——译者注

寻求支援

如果意识到自己组织中有歧视人的现象、总是缺乏多样性，或是想在这个领域能有所改进，可以考虑寻求支持，而不必自己一个人苦撑。这方面的话题很挑战人，可能需要得到外部专家的支持才能帮你引入一些改变，从而影响组织的整个体制。

把多样性带到招聘中去

招聘是组织多样性的起点，我们很有可能意识不到招聘流程中的一些细小决定已经影响到了候选人的人才池，影响了资源库的多样性。我们下面来看一些如何把多样性带到招聘过程中去的做法。

看文化贡献度，而非适配度

团队招人时一般会看候选人在文化上是否匹配，我们也认为找到文化上适合的人很重要。然而，在文化适配性上的要求，虽有好的出发点，却可能会给多样性带来负面影响。我们看候选人在文化上是不是对口，一般常用的筛选工具是："这个人，我下班后会不会想要和他一起去喝一杯呢？""这个人，和他一起坐一辆车时我愿不愿意与他长谈呢？"人都倾向于和自己相似的人打交道，然而这种筛选条件会导致多样性的贫乏，无法增强团队人员的多样性。

其实可以换个问题来考虑，"这个人，对我们这儿的文化能带来新的贡献和帮助吗？"把组织的文化作为指针，通过这个问题在考虑组织适配性的同时也衡量对方能否为组织带来新的东西。

留心遣词用句

看一看来你们公司应聘的人的背景情况，在你们公司可及的候选人资源库、你们公司所服务的群体中，通过这些渠道看看来你们公司应聘的人的多样性如何？如果多样性不高，说明你们很可能错失了一些东西。有研究表明，招聘时不同的遣词用句会吸引来不一样的人。比方说"缓适"公司就发现来应聘软件程序开发员的候选人当中，女性不到2%，于是采取了一系列措施来吸引女性候选人。例如，在发布的工作要求中去掉了类似"成为明星""成为忍者英雄""有魄力"等这些更让男性有感觉的词。

对自己无意识地对不同群体发出的信号多留点心，注意一下在招聘的哪些环节中可能会错失哪部分候选人，并对其中潜在的原因保持好奇，小动作也可能带来大改变。

招能帮他人展露才华的人

"门洛创新"[①]（Menlo Innovation）软件公司位于美国密歇根州的安娜堡市，这家公司的招人流程独树一帜。他们发现，招到具备良好"幼儿园技能"[②]的人，是公司成功与成长的关键所在。招聘时他们让候选人一起群面，看他们之间是否能很好地共事，是否能帮他人展露才华。基于这样的考量招来的人，使得"门洛创新"在技术岗位上的女性占比达40%，是全美国平均值的两倍，也就不足为怪了。

你会选择让什么样的人环绕在你身边？环绕在你身边的人都能够以各自独到的方式来全情贡献他们独一无二的天赋吗？要打造最强大的团队，需要思维上的多样性——如果不有意为之，这样的多样性是不会自然发生的。在自主管理团队中，人人都能出任领导者角色，那么在增强你们团队对多种多样的人物的包容性方面，你会承担怎样的领导者角色呢？

[①] "门洛创新"是一家软件设计与软件开发公司，公司的使命愿景是"从技术的角度，解除这世上人类所遭受的痛"，在这里不仅有为客户交付高质量软件所带来的快乐，还有那些因公司软件及流程而有所得的客户、用户以及公司自己团队的人们所讲述的故事，而这些都被公司称作"门洛效应"。公司的文化是"通过公司的文化，我们带着意识觉知，重塑'欢乐'的本质"。有关该公司的很多创新做法，可参见公司联合创始人之一的理查德·谢里登所著《最有效的干法》一书（Joy, Inc.）。——译者注

[②] 据门洛创新公司官网，所谓的"幼儿园技能"指与同伴分享、保有好奇、不怕做错并愿意道歉等这类儿童与儿童一起互动玩耍时的"技能"；门洛创新的招聘考核环节中，会让候选人两两结队完成任务，其中展现出的"幼儿园技能"是要考核的第一位的技能，其次才是工作技术方面的技能。——译者注

第20章

未进门的同事
招人组队,组织得立

没有优秀的人,有再好的愿景也是枉然。

——吉姆·柯林斯[①]（Jim Collins）[1]

[①] 吉姆·柯林斯,著名的管理专家及畅销书作家,曾获斯坦福大学商学院杰出教学奖,先后任职于麦肯锡公司和惠普公司。著作包括《跨越企业家2.0时代》(Beyond Entrepreneurship 2.0 暂无中译本,此为暂译名)；《飞轮效应》(Turning the Flywheel)；《选择卓越》(Great by Choice)；《再造卓越》(How the Mighty Fall)；《基业长青》(Built to Last)；《从优秀到卓越》(Good to Great)。此处引言出自《从优秀到卓越》一书。——译者注

人人都适合自主管理的敏捷型组织吗？直接的回答：不。自组织团队往往要在高度模糊性中运转，身处其中的人要愿意接受终极责任（radical responsibility）才行；对有的人而言，这种模糊性和终极责任的挑战过大、安全感太低。因此，你们在对外沟通时，关于这种独特的工作环境，要说得明白一点、宣传得清楚一点，这样会被这种新型工作模式吸引的人自然会找到你们。

我们先来看看什么特质的人容易在自主管理组织中如鱼得水。费洛迪[①]（Claudio Fernández-Aráoz）在《21世纪人才甄别》一文中提出五个甄别个人潜力的因素[2]，虽说这些因素并不专门针对自主管理公司，但可以衡量一个人的独立自主性，这正是自主管理环境所需的。这些因素包括：

● **动力：** 心怀抱负，想要卓越地达成集体的而非个人层面的目标；发自肺腑的自我谦卑，关注自我提高。

● **好奇：** 本能地想要新体验、获得新知识、获得新反馈，开放地对待学习和变化。

---

① 费洛迪生于阿根廷布宜诺斯艾利斯，在美国斯坦福大学获工商管理硕士学位，是高级人才管理与领导力发展领域的全球顶尖专家，《商业周刊》多次将其评为全球最具影响力的高管寻访顾问之一，常为《哈佛商业评论》撰稿、在哈佛商学院发表演讲。著有：《合伙人：如何发掘高潜力人才》（*It's Not the How or the What but the Who*）；《才经：组织制胜根本——寻才、选才、育才、用才和成才之道》（*Great People Decisions*）。此处引文来自其在《哈佛商业评论》上所撰写的一篇文章。——译者注

- **洞察：** 搜集并解读信息的能力，从信息中解读出新的可能性。
- **团结：** 有情有理地与人沟通愿景，并打动人、联结人的能力。
- **坚毅：** 不畏困难为目标而战的能力。

道格·柯克帕特里克是晨星公司自主管理学院的奠基人，对招什么样的人进入自主管理组织他有丰富的经验[3]，他一般找的是对"权力差距"①（power distance）不敏感、与他人随时随地都无所不谈的人；他看重的另一个因素是"勇毅"（grit），即无论有什么艰难险阻都坚持不懈的意愿。因为在自主管理的环境中，不是所有的事情都顺风顺水，能让利益相关者归心、能让大家接受的新东西往往颇费时间与周折，这时重要的是大家需要有团结一致往前迈进的意愿且能落实到行动上。道格还建议招聘时关注那些在"控制源"②（locus of control）上是"内控者"的人，以及自我觉察比较到位的人，所谓"内控者"指的是自己对所做选择负责的人。

除了与自主管理相关的能力特质，你们团队的宗旨、价值观也是招人时要考量的重要因素。候选人的个人宗旨是否与组织宗旨相契合？候选人的价值观或原则与你们团队的有没有重合的部分？

---

① "权力差距"是由组织文化大师吉尔特·霍夫斯泰德（Geert Hofstede）提出的用以衡量社会机构和组织内权力分配不平等的一种文化尺度，是指人与人之间社会地位不平等的状况，是各种社会文化群体中普遍存在的现象。权力差距在组织管理中常与集权程度、领导和决策联系在一起。在一个"高权力差距"的组织中，下属常常趋于依赖其领导人，在这种情况下，管理者常常采取集权化决策方式，管理者做决策，下属接受并执行；而在"低权力差距"的组织中，管理者与下属之间只保持一个较低程度的权力差距，下属会广泛参与影响他们工作行为的决策。——译者注

② "控制源"是心理学术语，这一概念最初是由美国社会学习理论家朱利安·罗特（Julian Bernard Rotter）于1954年提出的一种个体归因倾向理论，旨在对个体的归因差异进行说明和测量。罗特发现，个体对自己生活中发生的事情及其结果的控制源有不同的解释：对某些人来说，个人生活中多数事情的结果取决于个体在做这些事情时的努力程度，这种人相信自己能够对事情的发展与结果有所掌握，此类人的控制源在个体内部，称为"内控者"，这样的人面对可能的失败也从不怀疑未来可能会有所改善，面对困难情境，能付出更大努力，加大工作投入；另一些人，觉得个体生活中多数事情的结果是个人不能控制的各种外部力量作用造成的，他们相信命运和机遇等因素决定了自己的状况，认为个人的努力无济于事，这种人倾向于放弃对自己生活的责任，他们的控制源在个体的外部，称为"外控者"，面对失败与困难"外控者"不去寻找解决问题的办法，而是企图寻求救援或是碰运气，倾向于以无助、被动的方式面对生活。——译者注

招聘的方法

团队一起自我回顾反思、试水检验，就可以发现那些有助于判断候选人与你们团队是否契合的指标，为了启发大家，我们搜罗了八家组织在招聘上的一些做法供参考。

尝试性合作

常规招聘流程时间和过程有限，很多疑虑往往并不能解决。"尝试性合作"，从名字上就能看出来，指的是让双方有机会在一段既定时间内先共事一段时间，试试看双方是否相契合。

"彼尔共建"非常看重在做出招聘决定之前能先有一些共同经历。做法上往往是让候选人从参加他们的每周"战术会议"开始，况且"彼尔共建"的战术会议本就对外界开放。他们的会议风格与很多组织大相径庭，外部人员可以通过这个会议去体验他们团队成员如何彼此互动、团队看重哪些东西。体验之后如果候选人和他们双方都觉得合适，再安排一些项目上的合作，通过合作让双方有所感觉，看能不能走到一起，之后才做录用与否的决定。

如果项目合作得不错，且候选人依然觉得想要正式加入这个组织，会请候选人给团队写一封意愿信。

通过在线平台（Loomio 软件）让所有团队伙伴坦诚表达他们对这位候选人加入团队的想法及感受，听取每人发言后，做出是否吸纳这位候选人的决定。如果没人反对，就进入合同签署阶段。这时候选人可以从团队中挑选三位伙伴来签字，签字各方会最后澄清一些事宜安排，如候选人如何从目前的工作中慢慢过渡过来、澄清某些既定的出差计划如何安排等。签署合同之后，新伙伴将有权回看之前团队关于他的录用决策的聊天记录，这是一种开放透明的文化，还能以此推动新伙伴的个人发展。

群面海选

一个个地面试候选人又慢又费时费力,而筛选简历这种做法则造成了候选人资源库越筛越枯竭,还会将合适的潜在候选人筛掉,为解决这些问题,就有了群面海选的做法。

"门洛创新"公司通过团队成员间高度的契合来提高工作质量和项目柔性,他们用的就是集体海选的方式。面试官事先不看简历,候选人以两两结队的形式完成三个各20分钟的练习,以此考量与公司文化的契合度,通过这个环节的候选人会被邀请参加接下来的一个全天面试。

在"门洛创新",所有软件开发及用户体验方面的设计工作都由结对伙伴来完成,因此候选人在全天面试中将与公司的正式员工结对完成一些项目、编程或设计方面的工作。这种结对的好处是,可以让公司在一天内同时测评大量候选人;也意味着需要时公司便可在数周内将其规模扩大两倍;再者,最终入选的候选人还能通过这个过程获得与团队共事的经验,借此发展在公司里的人脉关系。

正如上一章所提,"门洛创新"在挑人时看重"幼儿园技能"——大家一起学习、成长、玩耍的技能。与很多技术型公司不同的是,他们招聘时并不看技术方面的技能,因为他们相信在软件开发行业需要人终身学习。这一整天的面试结束后,公司里的伙伴一起来决定哪些候选人入围,入围的候选人将再度被邀请到公司来参与为期三周的带薪工作,在这个过程中,如果大家认为此前对该候选人的评估依然站得住脚的话,那么就考虑正式录用了。

由于面试前不看简历,与其他技术型公司相比"门洛创新"团队的多样性要远高得多。比方说,他们的员工有学哲学的、学天文学的、学物理学的,还有学儿童早期教育的。"门洛创新"的实践证明了,废除传统的带有人为偏见的简历挑选流程,将大大增强新招伙伴的多样性。

价值观适配

在以价值观适配为基础的招聘做法中,会主要考察候选人是否适配公司的价值观。如前所述，有些青色组织特别看重价值观上的一致，对于像以社区服务为主要业务的"身心健康团"尤其如此。"身心健康团"的运作基础是一些自主管理的、近在邻里之间的小型群组，为所在社区的人提供居家健康服务。"身心健康团"在招聘时会安排一些任务和挑战，看候选人是否具备健康照护所需的价值观、心态和意向，以此考量候选人在价值观上的适配情况。他们组织的价值观及其对应的招聘做法举例如下：

自主管理　"身心健康团"需要的是在没有传统管理架构的情况下依然能有效工作的人。在招聘过程中候选人需要彼此相互给反馈，以此来看他们在反馈方面的技能和做法；还会让候选人反过来面试组织里的员工，以让他们了解应聘的角色，通过这个过程也可以看到他们是否有挖掘信息的好奇心；让候选人给当天的面试活动带来自己的一份贡献，例如，从家里带着食物来，一起参与大家的"搭伙午餐"，在这个过程中可以看到候选人是如何与人分享、与团队合作的。

真实不讳　从事照护和支持性工作的从业者需要将完整的身心和真实不讳的自己带到工作中来，不需要那种精心打造出来的从业者模样。他们在这方面的招聘做法有：他们起草的角色说明，不同于传统的岗位职责说明以及经验要求，让候选人以此把握"你觉得这是自己想成为的样子吗？"进而鼓励候选人将自己的人生经历带进招聘流程；参与该招聘环节的正式员工也身心完整地将自己的个人简介展示给候选人；另外还会在这个环节开始时安排一个"谁是什么人"的Bingo游戏[①]（Human bingo game），邀

[①] 这是让几个人相互快速且较深入地熟悉彼此的一种游戏活动，每个伙伴会拿到一张画有5×5或5×4（行列数量可自由设计）个方格的纸，每个格子里各有一些不同的关于个人生活或工作方面的问题，如"谁生在四月""谁从没有住过院""谁是最近五年才搬到这座城市来的""谁去过泰姬陵"等，每个人拿着这张纸去和群组里的各个伙伴交流，找到符合条件的人就在相应格子中写下他的名字，最先在这个5×5或5×4的表格中完成某一整行或某一整列或某一对角线上所有格子的人就大声叫出"Bingo"，即为获胜者。
——译者注

请候选人熟悉面试人员以及其他将来会与之共事的人员在个人生活与工作方面的情况。

人本视角　合乎条件的候选人需要具备"关爱他人""富有同情心"这些价值观，且能在工作中体现这些价值观。招聘时的具体做法包括，在面试现场要求候选人进行具体陈述：在他看来在场其他人各自看重什么样的价值观；还会在现场安排彼此用手按摩对方的练习，看候选人能否接受这样的身体接触、会不会感到不自在。

自行设计工作内容

如果是招募自由职业者，可以运用"终极责任"的概念。"旋之炫"社群就把"招聘"完全掉了个个儿：在他们创造的社群里，是由应聘的伙伴自己来设想如何借助这个机构来创造机遇、构建人与人的关系。因为"旋之炫"与所有人都没有真正意义上的雇佣关系，所以每位自由职业者需要自行找到进入这个组织的路，找到自己在这个组织中的位置，去思考在哪些方面自己能作出最大贡献。这样一来，"招聘"这个概念就荡然无存了。对组织有潜在贡献的伙伴自行徜徉在种种可能性之间，提出自己的想法，自己做决定，只需要说明自己提出来的事将在何时何地发生、将与谁一起做即可。在传统招聘看来这种做法是巨大的飞跃，但在很多自由职业者看来却再自然不过了。

全知全见

传统组织面试候选人时，应聘过程裹着一团迷雾。很多青色组织都选择了让全程可以全知全见。"迪森"公司认为只要有文化适配的前提，公司可以慢慢教会新伙伴如何以公司特有的方式工作，因此公司的三段式招聘流程是以公司相应的核心价值观及其行为特征为指导的。

第一阶段安排与公司总经理西蒙·韦克曼进行半小时的电话或视频对

话，西蒙手里有事先准备好的问题清单，用以考量候选人在公司相关价值观上的表现，并确保候选人具备了相应的专业技能。第二阶段，邀请候选人来公司与未来可能会共事的伙伴互动，这一阶段考量候选人在合作方面的技巧与能力，看他与团队伙伴之间的化学反应如何。在这之后，让候选人与公司里随机挑选的人进行交流，但这些人都不参与招聘决策。例如，西蒙可能会告诉候选人："现在，你有机会和我们的开发人员弗雷德、我们的设计师简谈一谈，你想问什么都可以，我不会向他们打听任何对你的反馈，你可以借此机会向他们了解在迪森上班是什么感觉，以便你判断自己是不是喜欢这里。"最后一阶段，候选人将与公司另一位董事面谈。"迪森"公司的这个招聘流程是让人全知全见的，整个过程全都会公布在公司的网站上。

合不合得来

关于合不合得来的测评是所有招聘都很看重的一个点，特别是自主管理的组织可能会让有的人觉得另类，这时合不合得来就越发重要了。鉴于"合配"是完全按自主管理运作的公司，关于在这里工作是什么样的感觉，公司伙伴们在招聘过程中会不遗余力地向候选人和盘托出。玛特·麦克纳是"合配"的一员，她觉得公司的面试流程极其开放："在我们公司，我们对自己、对自己感受到的东西都相当开放，也都会袒露脆弱，我们遇到的难题、遭受的失败都会拿出来谈。来我们这里面试的候选人会发现他们在其他公司面试时看到的那种'光鲜亮丽'感在我们这里却难寻踪迹。同样，我们也会要求候选人更多地开放表达自己，要求他们比平时的状态更打开。这么做是为了让候选人了解并体验一下在'合配'上班的感觉，我们也可以了解对方能不能适应。我们发现，在这种面试方式下觉得别扭的人是没办法在我们团队中活得很好的。"[4] 他们还会推荐候选人阅读团队成员发表在自家公司网站上的博客文章。[①] 他们通过候选人的反应来判断对方对"青色组织"这个概念是否真的有兴趣、是否真的接受；他们是否觉察到了传统管理模式的残破、是否会因采用一种不同的管理模式而激动？

在面试过程中，公司伙伴还会考量"合配"的组织目标及工作内容是否与候选人个人宗旨相一致，考量候选人能否在自主管理的环境里发挥出色，考量候选人在相应角色上是否具备所需的技能、知识与资质。

传统的面试过程并不会花太多精力来帮可能进入组织的候选人充分了解组织、判断是不是合得来。有一位"合配"公司的新进员工说过这样的话："我原以为自己已经了解'青色'里很多较复杂的内容了，书读懂了，自己也上了青色这条船了，可进来后才发现这些都只能算其一。要想把它真正活出来，对人在做事、思考、交流等方面都还有相当多的考验。如果要将自己身心完整地带到工作中来，你就必须明白那个身心完整的你对整个团队、整个业务会有怎样的影响。"

带着这样的认识，现在"合配"公司会明确地告诉候选人，他们在进入公司后的头三个月将用作双方判断彼此是不是合得来的考虑期，尤其看候选人适不适合在青色的环境中工作。三个月之后，公司再来决定要不要候选人正式加入他们。

否决权

在决定应聘者能不能加入组织时，可以考虑给每位团队成员赋予否决权，他们可以拒绝不合适的人员加入。"赛博之点"就有这样的

---

① 从 2015 年"合配"公司正式转型自主管理起，就一直在公司网站上的博客专栏里记录自己推行青色组织与自主管理中成长的点点滴滴，文章由团队成员自发自愿撰写，并向全世界对自主管理与青色组织实践感兴趣的伙伴共享，其中有不少实践之后的反思，也有对他们自己开发的一些独特做法的介绍。参考网站：https://blog.fitzii.com/。
——译者注

做法。"赛博之点"和候选人的第一轮面试通常由创始人大卫·托马斯（David Tomás）通过电话进行；接着，邀请候选人来办公室和所聘岗位团队的其他成员见面，然后进行技能测试；第二次再来公司时，候选人将和这个团队之外的其他伙伴面谈，然后，该团队伙伴和候选人一起到外面去喝咖啡。在招聘全程，团队任何人如果认为候选人在文化匹配方面有不合适之处，都可以提出来；即使大卫本人或是其他伙伴很喜欢该候选人，任何团队成员依然可以叫停这个招人过程。

多样的候选人

上一章提到，有很多原因表明，招聘时最好让候选人资源尽量保有多样性，因此"缓适"公司在起草招聘用的角色描述文件时就会有些特别的考虑，考特妮·塞特在"缓适"公司网站上的一篇文章中如此写道："我们觉得这样一来，可以让招聘流程更公平，这是一个公平的舞台，无论在哪些技术、个性、价值观、胜任资质上来做测评，我们对每个候选人都一视同仁。这么做有助于减少面试者固有的偏见，使测评过程前后一贯，也让我们做到基于证据来做录用的决定。"[5] 他们向外发布角色描述文件之前，先在内部公示，然后用"Textio"[①] 软件对所起草的角色文案进行文本分析，这个人工智能工具可以分析包括岗位说明书在内的各种文本，当文字出现一些特别偏向男性化或是偏向女性化的术语、词句等时，这个工具能标识出来。"Textio"工具可以让发布的岗位信息更中立、更包容、更清晰，也更能吸引到符合要求的候选人。

"缓适"为了打造开放透明、引人入胜的文化付出了大量努力，

---

① Textio 是一家人工智能公司的软件产品，是一个提供帮助用户提高商务写作能力的工具软件。——译者注

为了让候选人资源库尽可能广泛多样,他们会想办法触及尽可能多的潜在候选人:他们建有一个包含了 15 000 个收件人的邮件群组,用来发布招聘信息;也用自己的社交媒体平台软件发布信息;另外,他们还会通过像"技术行业多样性机构"[1]（diversity-in-tech）这样的组织特意去触及行业中的少数人群体。

在实践中运用

只有你和团队才知道自己组织适合什么样的招聘风格,本章向大家发出的邀请是:跳出传统、机械的招聘流程,以更开阔的眼界来看待招聘;对自己仍在用的流程保持好奇,听取刚进入组织的新人的看法。你们目前惯用的做法有哪些?这些做法在向候选人传递着你们怎样的价值观?你们是如何邀请候选人与你们互动的?如何才能更有意义地让你们及候选人双方都可以评估彼此合不合适?招聘是一条没有终点的发现之旅,每当出现新的角色、每遇到一位新候选人,都是我们进行尝试的良机。

---

[1] 从事技术行业(例如 IT、工业技术等)的男女性别比例经常悬殊,于是在有些国家出现了专门应对这一挑战的组织,旨在专门针对技术行业促进用人的平等及多样化。——译者注

第21章

新人初体验
有声有色地迎新进门

成长、成为你真正的样子，需要勇气。
——E.E. 卡明斯[①]（E.E. Cummings）[1]

[①] 爱德华·埃斯特林·卡明斯（Edward Estlin Cummings），多被称为"E.E. 卡明斯"，美国著名诗人、画家、评论家、作家和剧作家，是迄今为止影响最广、读者最多、最负盛名的美国现代派诗人之一。——译者注

如果大家对新伙伴入职的事都不怎么上心，无异于是在对新伙伴说"我们并不怎么在乎你"；相反，精彩纷呈的入职环节却能让每个参与其间的人都有所收益。选择不同招聘模式的同时，也决定了不同的入职流程，如果你们的招聘模式是直接安排尝试性合作，那么招聘流程和入职流程是交织在一起的；如果你们的流程也像一般招聘做法那样有个确切的入职日期，入职流程就会相对独立。两种模式本章的内容都适用，但我们是按先招聘后入职的做法来写的。对很多新进人员来说，进入一个与自己以往所经历管理模式截然不同的文化时，需要特别地给予关照，要接手新工作、了解新公司、学会新工作模式，其中确实有很多利害攸关的东西。

让入职精彩纷呈

所谓入职环节，是一系列具体的任务和活动安排，来帮助新人开启新工作。入职工作做得好，新人就能较好地了解组织对他的期望和组织的文化、明白所做工作的细节、知道大家每天是怎么做事的，这是对新人一段人生转折的庆贺。进入一家新公司对新人来说充满各种捉摸不定："我来这家公司的决定是对的吗？我会喜欢这里的人吗？他们会喜欢我吗？我能做好这个职位吗？别人会觉得我有价值吗？"你们的入职流程够不够精彩纷呈呢？关键要看你们是否为此制订了高标准的目标。试比较以下两种不同的入职流程目标：

1. 我们入职流程的目标是确保每位新人都能得到所需物资、理解要做的工作，在入职一周后能与团队融合好。

2. 我们入职流程的目标是让每位新人相信，他在我们组织中是独一无二的一员，让他能够全情地参与、贡献、达成想要做的事，让他觉得找到了组织。

看出不同了吗？在以往做法中，我们把入职过程看作是让人融入团队的过程——尽快让新人融入、尽快让新人在思考方式和工作方式上变得像我们一样；但另一种思路更棒："创造条件让新人能尽快地以他自己的样子全情投入进来。"只有每个人都自愿、全然地做自己——能够向人袒露恐惧、脆弱、摇摆不定——整个团队才不会受到不必要的搅扰，由此创造的空间才能让个人与团队都更快地成长。

入职前期

很多人认为入职流程是从新人第一天到位算起的，以此为起点为新人安排好一整天或一整周的活动。可事实上，"入职"体验早在候选人与你们公司打第一次交道时就开始了：例如，当他们通过你们网站了解公开信息，或是听你们做情况介绍的时候。这些早期的互动，已经让新人有了一些印象，产生了一些画面感；由此形成了他们的预期，在进入公司第一周时以此预期来评价这家组织。如果新人依然喜出望外，那当然是好事；不幸的是，有时往往因为我们在之前介绍自己公司时不经意间吹嘘太过，结果新人来的第一周，感觉可能就会不太对，他们的失望感会开始升腾。

如果在新人入职前期用心地做一番入职安排,会让候选人感受大家对他的珍视、觉得加入这个团队是正确的选择。在之前为候选人面试安排一些会议、会谈时,可以利用这些机会留心一下对方喜欢什么东西,然后把对方喜欢的东西结合到你们的入职安排中去。假如有位候选人是运动迷,安排入职午餐时就可以让团队里也是运动迷的伙伴和他一起共进午餐。公司里各个团队都可以创造一些与众不同的做法,来让新伙伴有和大家在一起的感觉。

新人正式决定加入公司到他报到之间的这段时间,也是可以大做文章的时间窗口,可以安排一些积极的互动:给新人及其家人发一份迎新大礼包;让他未来的同事约他通电话或是出去喝咖啡;以个人名义给他写封短信……很多简简单单的动作就能跨越时空表达对新人入职的期待。有家弹球游戏机零配件供应商"马可特制"(Marco Specialties),公司 CEO 马克·曼德尔托特(Marc Mandeltort)每次一定会邀请新人及其伴侣一道共赴晚餐,用马克的话说,"马可特制"就像个大家庭,在营建关系上是值得下功夫的。

帮新人进入自主管理模式

第一次加入一家自主管理公司会让人觉得有很大冲击。虽说这些新人在面试过程中可能对自主管理已有所了解,但只要他们还没有亲临自主管理之境,就无法想象这个世界到底有何不同。

帮助新人进入自主管理模式包括不可或缺的四大件:角色说明书、入职流程清单、新人伙伴计划、自主管理学习包。

要让新人理解如何才能做好工作,需要有"**角色说明书**"(role description)。"彼尔共建"的角色说明书格式在第 11 章有过介绍,可作为参考的模板。在招聘和入职过程中向新人介绍这个文档可以让大家在思路上保持一致。

"入职流程清单"（onboarding checklist）也必不可少。可以试着做一份可用于每位新人的完整的入职清单母板，定义好每个入职事项在什么时间内完成。具体做法是，一开始先为某位新人专门制订一份清单，当后面再有新人进入，只需在原有文件上添加需增加的新内容即可；前一位新人适用但后面这位不适用的内容，在"时间安排"一列中标注"无须安排"字样或是删除即可。每来一位新人都这么处理，用不了多长时间，你手里就形成了一份入职清单母板，每次再有新人入职，只需几分钟就可以完成专门定制。另外，还有一个好处，这样的模板可以让每位新人了解别人需要做哪些不同的东西。

这份清单可包含以下四部分内容：

要学习的内容： 新人要快速投入工作，需学习哪些东西？怎样可以学到？

要观摩的内容： 新人如何通过观摩他人工作获得收获？很多人在观摩别人的过程中特别能学到东西。

实际动手方面： 为了具备相关的能力、建立相应的自信，新人需要做些什么？进行哪些体验？完成哪些事项？

行为表现方面： 所在团队需要看到新人做出什么，就能确信这位新伙伴已经具备了相应的能力。

下面是为一位销售新人准备的清单示例：

要学习的内容： 学习关于公司产品、服务方面的知识——阅读相关文档，看之前的销售演示 PPT 文件，还可以问同事。

要观摩的内容： 跟着一两位同事观摩几次销售预测会。

实际动手方面： 新人自己第一次主持销售预测会前，先完成几次角色演练。

行为表现方面： 让另一位同事参加新人的第一次销售拜访，进行观察并提供指导，如果这位同事觉得可以了，新人就可以自主安排工作了。

清单可以写成表格形式，也可以写成文档的形式；还可以用"Trello"或是"Asana"这样的工具，以提高透明度、便于调整和更新版本。

很多公司还会给新人安排"新人伙伴"（new joiner buddy），负责在最初几周里提供帮助。不幸的是，这个角色并没有引起很多人的重视。在自主管理组织里，新人伙伴是极为重要的角色。"合配"公司的做法是，为每位新人都安排一个"支持人"，这个人为新人履新阶段的顺利完成负全责。

"缓适"公司不只安排一位新人伙伴，他们有"支持三人组"：一位领导伙伴、一位角色伙伴、一位文化伙伴。领导伙伴一般由团队中经验丰富的人担任，他会与新人一道，在关于如何活出"缓适"的价值观上进行一些既有效又很"硬气"的对话；角色伙伴负责帮新人理解他所承担的角色；当新人在文化方面有良好表现时，则由文化伙伴给予积极表扬——这背后的理念是，要帮助他人更好地融入文化，就要多表扬那些在文化上相契合的行为，而不是总指出不足。

那么在自主管理的公司里，谁是入职流程的责任人呢？我们的建议是，由新人在"新人伙伴"的辅助下自行负责，因为他们自己才是最在乎这个流程的人。新人报到第一天，就把这份清单交给他，并告诉他完成这些内容的最终责任就在他自己肩上；而"新人伙伴"则是他的尽责伙伴，只在流程运转不顺时发挥提醒作用。

入职流程还应专门安排一块内容，让新人学习**自主管理知识**（**learning self-management**）、体验自主管理的做法。"ET集团"的新人入职后，都要参加90分钟的"青色组织简介"，其中还会讲到公司是如何走上自主管理之路的，称为"ET之道"；另外，还会安排公司的三位自主管理教练与新人之间的结对关系。"易扬马丁"集团则在他们的"Trello"工具里设置好了一块叫作"青色U"的版面，里面有一系列与自主管理相关的话题、做法，新人入职时会向他们介绍这个版面，里面的内容需要新人花时间慢慢消化。

入职环节的一些优秀做法

完备、有效，这是对入职环节的最低要求；但还可以做得更好、更登峰造极，这是优秀的公司异于他者之所在。下面的例子是用来激发大家在这方面进行思考的，你可以根据自己的情况思考自己的最佳实践。

难忘的初遇

如何让新人在第一次接触就觉得积极而难忘？每位新加入"易扬马丁"集团的伙伴都会在"支持人"的陪同下到各个座位上去和伙伴们打招呼，送上美味的糖果小点，和新伙伴们自拍留念，这些自拍照随后会在内部消息平台上传播。云技术服务公司"云架技术"[①]（Rackspace）在一般的入职流程之外还增加了"电子游戏、幽默剧、特殊服饰秀、震耳欲聋音乐会、凌波舞"这些节目。[2] 怎会不令人难忘呢？

讲讲那过去的事

每个公司都有历史，每个组织都有发家故事，是那段历史造就了今天的团队，这样的故事值得与新人分享。提供营销服务的"精媒"公司（Exact

---

[①] "云架技术"（暂无公司官方中文名，此处为译者暂译）是全球三大云计算中心之一，1998年在美国得克萨斯州成立，是一家全球领先的托管服务器及云计算提供商，目前全球员工人数超过6800人（2021年数据），在全球拥有40个以上数据中心（2021年数据），客户遍及120多个国家或地区，托管服务产品包括专用服务器、电子邮件、SharePoint、云服务器、云存储、云网站等。公司连年被"Great Place to Work"、福布斯、"Glassdoor"等评估机构评为"最佳工作地"，公司的使命是"拥抱技术、赋能客户、放送未来"。——译者注

Media），他们的 CEO 曹雷①（Cao Ray）给所有员工发文讲过他自己过去创办公司的经历，他在任期间，所有入职新人进入公司第一周都会收到这篇文章；接着他还会安排与新人一对一面谈，细说公司的历史。技术公司"巴扎之声"（Bazaarvoice）给新入职者安排了长达一周的寻宝游戏，以此帮助他们了解公司文化和公司内部常用术语[3]。"逆流人集团"（Rebel Group）的联合创始人杰伦·英特维尔德（Jeroen in't Veld）会在新人入职时自己专门负责做其中一个入职模块的引导者，完整地讲述公司历史以及他自己在这个过程中所犯的错误和从中学到的东西。[4]

核心能力要件专项训练

自主管理下的工作是需要特定技能的——很多新人并没有掌握这方面的核心能力要件。帮助客户推进销售业务的咨询公司"销售引跑者"（EMPAUA），他们的新人需要练习两类合弄制会议结构（战术会议和治理会议），还要学练非暴力沟通。[5] "精至营养"公司（Precision Nutrition）是一家在营养健康方面提供专家辅导及资质认证的公司，在新人入职时他们用"行为建模""先觉察，再表达"（notice and name）等模型来帮助新人觉察自身的不妥行为、找到更好的解决之道。

传授核心业务知识

加入一家公司，却对公司所做业务没有系统了解，这是时有发生的事。对账务软件公司"时鲜账簿"（FreshBooks）而言，卓越的客户服务是他们业务的重中之重，他们的例子很好地向我们说明了如何在入职流程中体现公司的重要价值观。"时鲜账簿"的每位新成员开始真正进入自己所应聘角色的工作之前，都要去客服部门先工作一个月。公司一直坚持这个入职流程上的做法，从不动摇，所以他们公司那斩

---

① 此处为音译，暂未查询到与之对应的确切中文名。——译者注

获桂冠的客户服务水准才如此地深入人心。

"FAVI"[1] 公司是一家专门提供压铸件的企业，他们公司新入职的人员，无论是工程师还是行政事务人员都需要到车间里至少学会操作一台机器，以便让他们和操作工有一段共同的经历。"蜂蜂人才队"（Bee Talents）公司的新员工，在入职时都会收到公司的财务报表，让他们了解公司的资金是如何流转的。

入职流程的终点

"合配"公司的入职流程是一个需三个月才能毕业的周期，结束时还会安排一个小仪式。如果有新人还不能完全适应，这个周期还可能再延长。在小仪式上，会邀请新人和大家分享他为何要加入这个团队，过去有过怎样的人生经历，今后在新团队中又想要有怎样的状态和怎样的成长。

绿色能源供应商"牛蛙能源"（Bullfrog Power）的入职流程长达12周，在结束时，新人会和入职流程的负责人一起开个总结会，分享所得，并帮助公司改善入职流程，造福未来的新人。在"FAVI"公司，新人结束入职流程时，会给团队里的同事写一封公开信，形式不限，和大家分享自己的体会，向在这个过程中帮助了自己的人表达谢意。

用 0 到 10 分打分的话，你给你们组织的入职流程打几分？你们组织里刚刚入职的新人会打几分？帮助新人完成入职流程的同事又会打几分？如果分数不能稳定在 8 分以上，可以考虑一下投入些精力让你们入职流程的"精彩纷呈"度再提高一两分：可以在流程中增加一些内容试一试；可以邀请你们团队伙伴发挥创造力；也可以当每一次有人入职时寻找改善点……用不了多久，你们的投入就会有回报了。

---

[1] 1983 年 Jean François Zobrist 出任这家公司的 CEO 后就开始去除传统管理层级，将 FAVI 转型成为一家典型的青色组织。在弗雷德里克·莱卢的《重塑组织》一书中，有很多青色经典案例与经典做法就来自于 FAVI 公司。

第22章

要离开的同事
学会勇敢地迈出下一步

> 我发现了,冬日里树的所作所为极为实诚,它们那"放手、由之逝去"的做法实堪夸赞。
>
> ——**杰弗里·麦克丹尼尔**[①] (Jeffrey McDaniel)[1]

---

① 杰弗里·麦克丹尼尔,美国诗人,任教于美国纽约莎拉劳伦斯学院,出版过五本诗集。——译者注

8年前这家组织成立时拉吉是第三号员工。两年前,组织决定转型自主管理,现有员工人数25人,大家都很看好这个转型,想把自主管理模式做好,但只有拉吉例外。他算组织里的三元老之一了,在其他人都热烈拥抱自主管理时,他依然抓着职位权力不放手,管理观念依然传统。大家有些受不了了,准备让拉吉离开。

精英制下我们经常听到的说法是"招人要慢,炒人要快"。自主管理下,谁来决定什么人留、什么人该走呢?像故事中拉吉的情况,因为理念不同就可以开人吗?在新型管理模式下能这么做吗?

每当团队有人离开,都会有一段情感历程,这个过程每一步都充满未知,刚刚走上自主管理的团队也往往在离职这件事上磕磕绊绊。

三种传统路径

沿用拉吉的故事,我们一起来看看这个团队可能有的三种传统做法。大家看了之后估计很容易就能对号入座,看到自己过去的影子。

第一种:快刀斩麻之路

拉吉的同事对他那种以权力施压的做法早已忍了多年,组织向自主管理转型后,大家觉得越发难以容忍了,于是大家都在等团队里资历最老的卡罗尔来做决定，想让她来开掉拉吉。在某个星期，情况越发糟了，拉吉同时触怒了团队里的四个人，包括卡罗尔本人在内。对拉吉的这些行为表现，过去数年间卡罗尔一直都有和他谈，现在卡罗尔觉得已无话可谈。

熬过了两个不眠之夜，卡罗尔做出了让拉吉离开的决定，准备好了相关文件，把他叫到办公室，告知他解除雇佣关系的决定。拉吉很气愤，觉得像是被从背后捅了一刀，这些年来他为组织付出了多少艰辛才让组织走到今天……谈话结束时他盛怒不已。几天后一份律师函递到了他眼前。

对拉吉的离开团队很高兴。卡罗尔继续着她的工作，可内心隐隐地感到疑虑、失望、丧气——事情怎么会搞成这个样子？

第二种：钝刀割肉之路

拉吉的行为让大家如鲠在喉，但他的所言所行也没有特别逾矩之处，在他内心深处依然是为了团队好。每过两三个月，团队里忍无可忍的人便会把他拉到一旁，给他提供反馈。在接下来的时间里他确实会检点自己的行为，但是一两周后又故伎重施。这样的故事几年来反复循环播放。但就在这个星期，卡罗尔实在要疯掉了，她和拉吉又谈了一次，谈得很不容易，她明白以后一直这样下去仍不会有什么起色。

这种状况将一直持续，直到卡罗尔或其他资深人员实在忍无可忍。最终，事情将发展成"要不他走，要不我走"的僵局。

第三种：借刀修人之路

几位团队成员得出结论，认为拉吉的行为模式的背后是因为他自身存在一些更大的深层问题。为了他好、为了团队好，拉吉需要去探知这些问题，如果拉吉要继续留在团队中，这种行为模式必须改变。是时候让他明白他到底哪里有问题以及该如何做出改变了，于是团队里有两位同事决定对他采取行动。

行动的过程看似还行，这两位同事本着关怀拉吉本人、同时也不回避他问题的出发点直接向拉吉把话讲明。拉吉不太能听进去，但他表示同意接受一位教练的辅导。辅导过程持续了六个月，他的改变进展缓慢，怨气却比以前更大了，他不明白为什么团队里其他人都不需要改变，就他需要改变……另一边，其他同事对拉吉缓慢的变化也大失所望。再后来，拉吉又回到了原有的思维模式，只不过这一次他的防卫心更重了。

开辟新路

自主管理模式下，不用快刀、不用钝刀，也不借刀，用的是各方的明确共识、坦诚沟通，并给人以选择的权利。自主管理下的组织，何时让人离开、如何让人离开，以下这些原则和做法可以帮助大家理清这方面的思路。

不可能一路欢歌笑语

自主管理不等于一路欢声笑语。大家都有一种天然的倾向，想让工作一直充满欢乐，当我们这条欢乐之路被他人带来的沮丧、争执、怪异的观点影响时，就仿佛觉得大家的欢乐生活受到了威胁，我们的应激反应马上会变成"要么打"（向对方开火、改变对方）、"要么逃"（不理睬对方，希望对方淡出自己的视线）。这时真正应该做的是，看向自己的内在，自问："我的内在发生了什么？什么情绪被激起了？我要对这种情绪感受的哪些方面负责？"

诤友的价值

提出诤谏的人能帮助整体系统向着更好的方向发展。有太多团队都是冲突回避型的，直到问题越变越大，大到无法再回避为止。健康的争论往往能打磨出更好的解决方案。想一想，你们组织中有哪些虽令人不舒服，但还是应当去真心拥抱的对话？

想法上的偏差

很多人际冲突都可归咎于"期望与现实"的差距。人对他人的行为都有所期待，当期待落空时，偏差就产生了。为了不让这种差距扩大化，最好先达成一定的共识，对角色有所定义。而当差距出现时，可以先停下来寻求共识，将共识记录下来。要习惯和对方说"我可以和你确认一个事吗？"——这其实就是在确认双方的想法有没有出现偏差。

价值理念以及社会契约上的偏差

根据我们在第 10 章的探讨，每个组织都存在"社会契约"[①]（social contract），有些是成文规定，还有更多是大家约定俗成的做法，这些都是对大家作为一个团队如何在一起共事的规定。在同一个团队中，如果大家内心所遵循的社会契约不一样甚至各自持有相冲突的价值取向，就要擦枪走火。之所以会这样，是不是因为有些社会契约没有放到明面上来、没有明文确定，或是没有完全被人接受？这时可以试着暂时停下来，调动自己的好奇心："我想是不是因为我们对如何在一个团队如何共事的期望有不同的定义？这件事上你有什么想法？"

处理天南地北的分歧

做某个决定时，有人百分百确定要选蓝色方案，有人百分百确定要

---

① 社会契约是专业术语，社会契约相关理论认为，在劳动者充当生产资料时期，由于互利的需要，人们之间产生了互信、互助的行为规则，而这种调节着组织中个体行为的准则形成的集合就被称作组织中的"社会契约"；虽不是一种有形的契约，但确实发挥着一种有形契约的影响，约束并调整着组织中个体的行为及人际互动的方式。使命、愿景、价值观、共识、管理模式等都可认为是组织达成某些"社会契约"的表现形式。——译者注

选绿色方案,这时团队该做出什么选择?自主管理下,这类决策时不时都有,这时不只是要解决分歧,还要找到决策之道。第12章里介绍过不同的决策工具,第14章也有关于处理张力及分歧的做法。想一想自己的团队是否在如何决策、如何处理分歧上达成了明确共识?有的话,按共识的流程来,等流程走完后看看分歧是否会自行化解。

坚持说到做到

最终的决定一旦做出,就要说到做到。只在价值观、共识、角色及社会契约上有共同的想法还不够,还必须说到做到,这些东西你自己要遵守、也需要帮助他人遵守。第21章里提到过"精至营养"公司"先觉察,再表达"(notice and name)的做法:当某人没有遵守共识时,先对此有所觉知,然后带着勇气把这个情况说出来,以此帮助对方回到说到做到的状态上来。在这么做的时候,不要有预设、不要有评判,只需表达"我觉察到我们之前达成的共识好像现在并没有体现出来,在我们往下走之前,我想邀请你一起来再回顾一下我们的共识"。

对话趁早、交流贵多

当我们看到一些不恰当的行为,又一次次不说出来时,也反映了我们自己在行为上对他人没有尽帮助之职,我们也不够真诚。不把自己的张力说明白,不直接当着伙伴的面把事挑开,你压下去的是对伙伴有益的、能帮助他成长的信息。越是拖到后面、越是掩盖,你们之间"期望与现实"的差距会越来越大,差距越大情绪也就越大。

平衡二元问题

在自主管理组织内部,随着自由与责任而来的有两对"二元关系"

（指同一事物的两极）需要我们了解。第一对是"接纳与尽责"的关系（acceptance and accountability）：每个人原本的样子、每个人选择如何开展工作，这些都应得到人们的接纳；同时每个人对答应了的事情也要履行承诺、为所担的角色尽责。第二对是"个体与群体"的关系（individual and group）：有关离职的决策要同时平衡个体的需求与群体的需求。对这两对二元关系，也是要"先觉知，再表达"，以便做出妥当的决策。

事先谈妥离职补偿

每个人在经济上都有自己的情况，对有的人来说，100元不是小数目，可对有的人来说不值一提。为了减小与离职补偿相关的"期望与现实"的差距，事先应明确地说明并将共识记录在案。团队成员离职时会拿多少补偿？是确切的数目吗？有计算公式吗？是可以商量的吗？商量的过程及最终的数字会向整个团队公开吗？

解职过程

有时有些伙伴的离开并非坏事，因此应当做好应对这种情况的准备。在传统组织中，大家都很清楚这个解雇流程了：假如上面的老板不想要某人了，可以等到最后才告知员工。但自主管理下，大家需要明确地决定解职过程是怎样的并记录在案：谁可以做出解职决定？决定该如何做出？谁来沟通？如何让离开的伙伴一同参与这个过程？对这个过程大家应当有哪些共同的认知？

"易扬马丁"集团主要是通过"角色建议流程"（参见第11章）来帮助人员做去留决策的，当团队已清晰地看到某人不太可能长期留在公司时（一般是因为无法履行角色上的职责任务），团队中资历较深的伙伴可能会与他开展这样的谈话："我们大家对你的反馈是这样的……从这些反馈来看,我们觉得你离开是比较好的出路。如果你选择走,相关的补偿是……以此来帮助你过渡到新工作。同时,你还可以走角色建议流程,来看看除了离职之外你在公司有没有承担其他角色的可能性。流程走完之后,你也同样会像现在一样收到相关的反馈和建议的。"注意,这里邀请对方走角色建议流程的想法必须是真心的,是否要走这个流程则由对方自己决定。

"门洛创新"公司的人员去留决定则由团队来定,因为他们公司的大部分工作都是以小组为单位一同完成,所以团队可以决定成员去留、做出用人决定;如果团队成员之间相处不好了,资深的团队成员会建议他们彼此沟通来解决问题,有些时候处理方式可能是让双方不在一起共事一段时间;但如果相当数量的伙伴都同时不愿意和某位伙伴共事,那么问题就比较清楚了,可能这位伙伴不太适合留在"门洛创新"。团队里会有一些伙伴与当事人沟通,告诉他可以改进哪些人际关系或工作技能,这个过程是慢慢来的、各方面周全地考虑,以便让当事人有足够的时间改进。通常这时如果问题还是得不到解决,那么当事人往往会自己提离职;但如果是团队觉得应当让某人离开,就会让一些团队成员先去听听创始人的意见。

在"门洛创新",大家都知道分手是件痛苦的事,他们的解职过程很人性化,因为他们明白人的价值感与在工作中的感觉是息息相关的。一旦已经决定了要让某人离开,就会有一些团队成员告知当事人,不会搞突然袭击,他们会对当事人施以同理心并协助他找到合适的其他工作。在他们那里,已经离职的团队成员因为感觉良好,后来还从新公司给"门洛创新"带来了一些项目,像这样的例子在"门洛创新"并不鲜见。

大家可能还记得第3章提到过,"柜所"律师事务所的新成员被叫作"新柜人",当新人了解并接受了自主管理的哲学后,就变成"柜所"的"伙计"角色，后来还有可能成为"掌柜的"——现在他们又造了一个"离柜人"。除非伙伴有极端恶劣的行为发生，"柜所"没有常规意义上"开除"的说法。他们的做法与"易扬马丁"类似，离开的决定由成员自己做出，通常要经历一系列极为不易的谈话。一旦有人决定要离开"柜所"，就变成了"离柜人"角色。事务所对这个角色有明确的要求，比如需要妥善地交接工作，也可以告诉大家如何才能帮助他好好地完成离职过程。团队虽不一定能答应所有的要求，但会尽可能地尊重"离柜人"的要求。现实中到目前为止，"柜所"还没有听到过什么难以办到的要求。

财务困难期不减员的做法

新冠肺炎疫情让我们看到了很多公司是如何应对财务困难期的。当时各类组织在各方面都受到很大冲击，支付服务公司"重力财付"（Gravity Payments）的收入就出现了急转直下的状况，仅一周内，原本每月 400 万美元的收入就下降到只剩 50% 左右，但公司没有通过减员的方式来求生存。公司 CEO 丹·普赖斯（Dan Price）和公司 200 多名员工进行了 40 场小组对话，对每位伙伴都直言不讳而诚实地道出了公司面临的巨大挑战，他决定停发自己的工资，另有 10 位员工也自愿暂时不拿工资，有 20 多名员工决定只拿一半工资……最终，98% 的员工都主动提出了减薪的想法，帮公司节省了大约 200 万美元。[2]

能有这样的坦诚是因为"重力财付"此前一直都在做很多建立信任的工作，他们公司已具有了相当程度的心理安全感和团队凝聚力。因此丹相信，只要团队了解了情况，大家肯定能够，也肯定会一起找到让每一个人都好的出路；他没有把自己看作一个带着答案来的人，反倒是一位需要大家支持的人，他以这样的方式化解掉了一场让很多公司都倒掉的财务危机。

当大家在团队中尝试一些与离职相关的做法时，我们邀请大家在流程中考虑三个因素：清晰的共识、坦诚的沟通和个人的选择。如果流程不清楚、大家认识不一，就要花些力气达成一些共同的认知，并记录在案。达成的共识没有做到时，诚实地面对自己，坦诚地面对他人，觉知并表达其中的张力。最后，自己要做出抉择，并创造环境让其他人也能在知情的情况下做出他们的抉择。

第23章

让战略勇往直前
在快节奏的世界里进行感知与回应

传统的计划手段已死。技术革新的飞速发展、更开放的生产样态及更开放的组织模式,逼着我们每一个人都必须对如何设定目标、落实目标、考核目标进行新的思考。

——吉姆·怀特赫斯特[①]（Jim Whitehurst）[1]

---

① 吉姆·怀特赫斯特于2008—2021年期间担任IBM"红帽"（Red Hat）业务的CEO、总裁,他在任期间使这部分业务收入大约每四年翻一番,打破了外界对开源行业的刻板印象;他还曾担任波士顿咨询集团合伙人和美国Delta航空公司的COO。——译者注

组织有两种做计划的方式：一种是预测未来并控制结果；一种是感知变化并做出回应。时至今日，还是第一种做法的天下，但有一些与时俱进的领导者已经发现预测的做法越来越不靠谱了。有了这样的认识，这些领导者已经开始调整制定战略的做法。

"预测与控制"的做法是企图在未知领域中硬生生造出确定性来——人们不可能得知某一年的年收入可以达到多少，只要这一年还没过完就不可能知道。基于过去的经验来预测今年年底能有多少收入，然后编制计划、制定目标，再使出浑身解数来控制最终结果，好让这些预测成真。如果各年间发生的变化是可以提前知晓的，或者变化微乎其微，这种预测与控制的策略还能奏效。

然而当今的变化却在不断地加速。那些标普 500 公司的寿命，在 1958 年时还长达 60 年，到了 2012 年已经是 20 年不到了，据推测由现在往后的 10 年里（到 2027 年），这一数字还将进一步缩短到 12 年。[2] 10 年之间，这个数字就能下降 50%。这些标普 500 公司都是些影响着全世界的公司，这一寿命值的锐减意味着世界越来越不可预测。人类不喜欢不确定性，总是不遗余力地避免与不确定性打交道，这就是为什么预测与控制的做法依然流行，但也因此造成了过度计划的问题，人们太过依赖于那些根据不当预测做出来的计划。

相比之下，"感知与回应"则是一种承认不确定性、拥抱不确定性的做法。在这种做法下，组织不去控制不可期的未来，因为知道提前计划很可能没用或者会出错，所以也就不提前做太多的计划，而是等变化发生时才做出相应的回应。这样一来，回馈、反思、校准的链路就愈发得紧凑了。第 1 章中提到的"场域抱持者"的领导角色在这时显得特别重要，他们要能在快速、复杂的环境中进行感知，必须立身于模糊性中，把根扎在组织的宗旨里，与不断发生的情况共舞，而不是企图控制。这种模式下也会做一些计划，但和"预测与控制"的做法相比，不再花那么多时间、精力在计划上，而是提高做计划的频次。

战略制定流程三要素

每一次战略规划都包含三个部分：感知（sensing）、汇聚（aggregating）、计划（planning）。"感知"就是进行数据收集、了解周遭世界发生了什么情况的过程。"客户需要什么？客户需求会随着时间如何变化？我们对这些需求满足得怎么样？其他还有谁也在满足这些需求？"感知主要是个体行为，由团队中不同的成员来进行。感知结束之后，就要把个体得到的认识及感知进行汇聚，得出整体的理解。"我们发现了什么？这些不同的片段是如何联系起来的？在更大的面上有什么东西浮现吗？这个信息意味着什么？"最后一步才是计划："我们要采取什么行动？我们要从这儿走向何方？"

预测与控制、感知与回应，两种做法中都含有这三方面要素。如下表所示，但这两种做法下各要素如何发挥作用、占用多少时间，却存在巨大差异。

	预测与控制	感知与回应
节律	每年一次，一般每季度设置一个检查点	有必要时就会启动，有时是由一些偶然的会议引发的

续表

	预测与控制	感知与回应
感知部分	由一小部分高管成员花一点点时间完成	遍及整个组织的很多人（通常是所有人）花大量时间和精力来完成
汇聚部分	由同一小部分人完成，结论因此常受人的偏见左右	由进行"感知"的同一批人来完成，群体得出的结果不太受个体偏见的影响
计划部分	占据大量时间，先由一小部分人制订，然后在组织中层层落实，其中涉及大量的指标	依据得到的感知和汇聚的结果，只按当下所需、花最少的时间、做最简单的规划，通常不要求做长期规划

如果你也认为在现在这个世界进行预测与控制早已不合时宜，那么该如何把感知与回应的做法带到组织中来呢？这时你会深刻地发现这两种做法大相径庭。要做好感知与回应，需要具备一些技能，还需要很多群体共创的流程。在摒弃现有预测与控制的做法之前，如何在群体层面达成共识、共同决策、承担终极责任等这些方面，大家都需练就相应的技能。在大家感知与回应的本事还没练成之前就弃用预测与控制的做法，当难题出现时你们的组织就会显得捉襟见肘。

感知

打个比方，一群人一起徒步时偏离了路线，走到一片未知的地界，谁也不知道前路如何。会不会有一片现在还看不到的沼泽挡住去路？因为乔是徒步新手，他脑海里从未出现过这个问题；贾斯蒂娜则不然，在小组中她经验最丰富，从徒步一开始到现在她一直在关注水流的方向，她隐约觉得前方可能有险阻。她停下来，建议大家找一个地势开阔的地方看看整体情况。

有一些人是比其他人要长于发掘涌现中的机遇与挑战，就像贾斯蒂娜，往往就是这样的人提醒大家要去进行感知，进行一些战略思考。战略思考之后，可能会形成战略规划，也可能没有规划。外部市场的变动、新技术或新投资机会的出现，都可能触发大家的战略思考；内部缺乏清晰度、认识不一，也可能成为战略思考的触发点，但无论什么触发点，团队都需要带着好奇去感知。

"合配"公司有个重要机制可以在这方面发挥群体智能：叫作"粗知大略法"。当团队中有人感知到有问题或机遇出现时，就在公司内部沟通平台或在会上将自己已有的"粗知大略"之感告诉大家，以此为起点，对该课题有动力的伙伴会自行集结，开展研究；如果该课题没什么人有动力去研究，那么就会被搁置。公司这个做法确实引发了一些新项目，还给公司带来了战略、共事方式上的一些调整。

感知过程一旦启动，就是整个团队的事，任何人都不能以任何方式让人觉得他的观点最为重要。这样一来，就可能出现"感知协作者"这样的角色，负责尽可能发动更多的伙伴去找组织内外形形色色的人访谈。做访谈时要用开放性问题："我们为客户或潜在客户解决什么样的问题能引发我们组织未来最大的变革呢？""你现在看到了哪些机遇？""有哪些预设需要我们检验一下，或是挑战一下？""谁的理念和我们特别不同，关于我们后面可以怎么做，这些人会说什么？"

位于加拿大温哥华专注于可持续洁净农业技术的"土碰美拉"（Terramera）公司，他们的创始人卡恩·曼哈斯（Karn Manhas）就认为这样的提问过程是个不断感知新机遇的过程，不必固守于既有思维：

问题往往都不是孤立的，哪怕是一个简单的问题也会牵扯出另一个问题，如果这样顺藤摸瓜地探索，所做的业务就能改头换面。我们公司存在的意义在于让这个世界改变关于粮食作物的种植思路。我曾花很多时间思考如何才能介绍清楚我们公司，大家一般会用"宗旨陈述",可我觉得这种像模像样的公司使命陈述句有些呆板抽象,甚至还有些颐指气使;如果把公司说成是因解决什么"问题"而存在,则能显得生生不息,"问题"能够激发好奇、引发团队的持续关注,甚至还能改观你们的公司形象。[3]

汇聚

充分地感知后,就可以进行汇聚了。"赛博之点"公司一年安排两次这样的汇聚会议。在他们的离修会上,大部分时间都用来摸清团队未来要去的方向。为了帮大家进行这方面的对话,先要求每个人回答这些问题:"你认为我们的重点该是什么?我们有哪些做得好的、哪些做得不好的?你注意到了些什么?你看到了哪些机遇?"然后把大家的回答进行收集整理,接着让大家开始讨论重点有哪些、未来往哪里走。每位团队成员,包括实习生在内,都一起参加,一起决定公司未来的方向和业务重点。

汇聚过程最好在尽可能大的团队范围里进行,"释放性结构工具"中有一些适用于大型团队对话的引导工具可以让这个汇聚过程变得又快又好玩。例如,"一人、两人、四人、全部人"工具(1-2-4-All)、"悖论问题"[①]工具(Wicked Questions)、"生态环"[②]工具(Ecocycle Planning)等。在进行汇聚的过程中,人们往往会过度运用头脑(理智),而偏废心灵和胆识(情感与直觉)的力量,感知与回应要运用得好,这三方面都不可偏废。

---

① "悖论问题"是"释放性结构工具"中的一种引导工具,可以帮助参与者找到问题或现象当中既矛盾对立又相辅相成的两种力量,以便让所坚信的战略及所面对的现实之间的这种张力不加偏废地健康地呈现,进而让人看到蕴含在这种悖论之间的方法策略。——译者注

② "生态环"是"释放性结构工具"中的一种引导工具,可用来帮助化解团队或组织正在进行的多头活动之间造成的瓶颈问题,通过同时分析所有在进行的项目或活动,分辨清楚哪些动作急需资源、哪些动作行将就木并已阻碍着发展,据此筛选、排序、作出决策,制订下一步行动方案。——译者注

有一个"汇聚"过程的操作实例:"努乐极"公司的 150 人全体半年度"开放空间"大会。"开放空间"是一种会议引导技术,会议围绕某个具体、重要的主旨或任务召开,除了有一个大框架主题外,会前不定任何正式的议程。围绕这个大框架主题,可以在会上提出任意的议题、想法、机会、挑战来让大家讨论,与会者以"用脚投票"的方式参与,选择最让自己有动力的话题进入讨论,每一个话题的讨论都会进行记录汇总,以此来汇聚大家的想法和行动。

"蜂拥式"(swarming)技术是一种在人群大众中寻求智慧的做法,是感知、汇聚做法的强化版,背后的原理是:有研究表明让一大群人整体一起估量出来的东西总会比这个群体中单个个体的估量要来得准。"蜂拥式"做法让团队、组织、社群中人人都有平等发声的机会,有意对此做法进行更多了解的读者,可参考网站:swarm.ai。

计划

摒弃了"预测与控制"的方式之后,就会发现其实真正需要做的计划、需要衡量的指标、需要做的预算少之又少。在"感知与回应"的做法下,制定的计划、目标都不会被看得太死,每份与战略相关的文档都是灵活多变的。

计划的过程只是个做出一系列选择的过程而已——选择做什么、不做什么,以及与此对应所要采取的行动。感知与汇聚做得好的话,有什么选择、该采取什么行动其实都已一目了然;在这之外的东西,原来怎么做那就怎么做。还有,我们以前养成的习惯是,事事都搞考核指标——每次出问题了,我们条件反射地就想要加出一个考核指标。摒弃了重重目标考核的"预测与控制"的计划方式后,我们也就没那么多需要考核的东西了……但另一方面,如果什么目标都不设,又有点过了头。

衡量指标的存在主要有两个目的:一是为了让系统自我纠正,另一个是让外部利益相关者放心。对有些人来说，可能还有其他的作用：进行自我激励、确保事情运行在既定的轨道上。但是，因为设定了目标，由此造成的危害常常被人忽视：如果把人钉死在设定好的目标上，视野就会变窄、看不到更大的图景、违背自己的价值判断来行事、冒没必要冒的风险等。什么叫把工作做好了——这其中有很多东西是无法衡量的。可以思考一下这些问题：要把工作做好，至少需要知道哪些东西？工作性质决定了什么？团队又需要什么才能投入进来？无论设定什么样的衡量指标，每当条件变化时，这些衡量指标也应当一起改变。

预算是"预测"的另一种具体形式，在很多组织中，做预算常常是一年一度的苦差。在"感知与回应"方式下，还要做预算吗？关于如何有效运用预算工具，"马可特制"就曾遇到这样的难题：他们想安排一笔预算做点事来提高公司的销售额，最开始的思路是安排与销售相关的培训，并制订了6—12个月的销售提高改进计划。就在他们准备这么做之前，他们发现了更好的办法：最近变更了销售业绩的发布周期，从以前每季度一次改为每周一次，这个改变让大家可以用完全不同的思路来思考所面临的销售挑战——大家觉得与其投一大笔钱在销售培训上并期待几个月后能看到销售提升，不如安排一些小的培训，随后几周马上看看销售业绩有没有改善。再往后，他们又发现，虽说培训的确带来了一些改进，但影响销售业绩的有另一个更为重要的因素——和库存跟踪做得好不好相关……他们的这一过程，正体现了用"感知与回应"的方式让决策过程变得更加敏捷、高效，而且还节约了很多成本。

创造条件，让更多的人参与到感知与汇聚的过程中来，这样才有可能让更多、更好的想法浮现；问开放性问题、运用参与式的引导工具、利用先进的技术工具辅助等。也留意一下，在整个过程中"感知""汇聚""计划"分别占多大的比重；对所做的各种计划，应当规律性地时时回顾一下。通过自己的尝试、学习、迭代，找到最适于自己环境的战略制定过程。

第24章

惯例常规
让重要的惯例一路相伴

如果组织里没什么惯例常规，也没有容许人止、容许人静、容许人悲的空间，那我们就不可能在这样的组织里真正做个人。

——蒂姆·莱伯雷希特[①]（Tim Leberecht），詹比耶洛·彼崔格里[②]（Gianpiero Petriglieri）[1]

---

① 蒂姆·莱伯雷希特是德裔美国企业家、TED 演讲者、书籍作者，他积极为人类未来的新工作模式发声，著有《浪漫企业家：新一波经济革命再起》（*The Business Romantic*），在 TED 上的著名演讲包括"在机器时代，创造人性化公司的四个方法""品牌'失控'三原则"等。——译者注

② 詹比耶洛·彼崔格里是欧洲工商管理学院组织行为学副教授，他的研究融合了领导力、人的身份属性、成人发展以及经验式学习等领域，在"管理加速器项目"这一欧洲工商管理学院旗舰项目中任项目主任。——译者注

惯例常规是帮我们刻意养成某些习惯的工具，有些事情有意为之、例行为之，就会形成肌肉记忆。通过这样的方式，我们认为最重要的东西可以得到强化，那些一开始让人觉得不自然、怪异的事也会变成人的习惯，甚至让人觉得舒服自然。

大家都知道习惯的力量。如果每天早晨按时醒来、刷牙、冥想、记日记、做运动、榨一杯果汁喝……这些事情就成了让你保持健康的晨例；要养成不健康的晨例也很容易：睡懒觉、不运动、抓一个羊角面包当早餐。

组织也可能养成不健康的习惯，一旦养成就很难革除。从另一面看，借助惯例常规也可以让组织养成健康的习惯，使公司走向成功的文化得以长青。在2017年的《惯例常规心理学：整合视角及基于流程的框架研究》这份文献中，作者将"惯例常规"定义为"事先有所定义的系列动作，具有严格性、正式性、重复性，嵌在更大的符号系统与意义系统中的不一定具有直接实用功能的东西。"[2]

"情绪机"（Emotion Machine）网站的创建人史蒂文·汉德尔[①]（Steven Handel）认为"惯例常规"这种东西：

● 具有符号性、意义性。

---

① 史蒂文·汉德尔是专注于自我提升方面话题的博主、作者、教练，2009年创办"情绪机"网站（The Emotion Machine.com），在网站上发布关注心理、精神健康、自我提升方面的话题，至今他已在该网站上发文800多篇，著有《小习惯，大改变》一书（Small Habits, Big Changes，暂无中译本，此为暂译名）。——译者注

- 对人有内在的激励作用。
- 要求人全情投入。
- 锚定于一些庆祝活动之中。
- 富有故事性。
- 能带来归属感。
- 关注于事情是如何做出来的。[3]

惯例常规的范围很广，从传统、实用的行为到特立独行的做法，都可成为惯例常规。惯例常规及由此形成的习惯，是社会联结中的锚点。比如很多组织的惯例常规锚定在"吃"上——团队定期共进午餐、庆祝性晚宴或是反馈宴会等，这些惯例常规让人走到一起，消解人与人之间的社会层级。惯例常规既可以是人为创造的，也可以是自然形成的。刚开始时往往是由于在某个行为、故事、说法上的梗被大家接过去之后一而再、再而三地重复，随着时间推移后来就慢慢被大家有意识地安排那么做了，结果便形成了某种惯例常规，或是按一定节律发生的事。比方说下面所列举的大家在开完视频会议时所做的"下线"仪式，虽然让人觉得有点傻，却是大家彼此表示"我要下线了"的意思：在"旋之炫"社群，"基金会催化师"团队的常规手势是用手臂比个"V"字形，而"金熊猫"团队的常规手势则是用手做个熊猫耳朵的样子。

在大家可以自主地工作、自主选择与谁共事的组织里，和大家明明白白地沟通清楚组织里有什么仪式、惯例，这一点非常重要。

仪式虽简，影响却大

最简单、最常见，影响力又很大的两种仪式行为——在第 4 章提到过——就是在会议中进行"签入"和"签出"。出发点很简单：每次和一群新伙伴开启一整天的内容时，签入的过程就是让每个人进入场域的过程，让大家有机会表达一些重要的东西给其他伙伴听。做法上，签入过程一般会让大家轮一圈，每个人说说自己现在头脑里有什么想法。我们常听到的说法有："我很期待这次会议""我不知道我为什么被邀请来开这个会""刚接了一个令人沮丧的电话，现在还不能专心开会"……如果是非常短的会，签入过程也可以简单地让大家用"绿灯""黄灯""红灯"来表达一下自己的情绪状态即可。

把自己的状态分享出来，对发言者本人和场域中的其他伙伴都很重要。人们在群体中往往只愿意说别人想听到的话；有了签入的仪式之后，随着时间推移，就能创造一个让大家感觉到自然的环境，敢于表达真实的自己，开启信任和诚实的更多可能。还能带来额外的信息——能让大家知道谁现在精力充沛、谁已经很累了、谁难以专注，让大家调整彼此的期望。马修·利伯曼[①]（Matthew Lieberman）博士也有研究表明，把情绪表达出来有助于减轻情绪造成的影响。[4] 情绪往往是人的身体在发出信号的表现，有时只需注意到这一点，情形就会有所不同。

签入环节提的问题可以帮助大家提升心境，还可以帮助大家了解其他与会人员。以下是一些签入时所用问题的示例，其中有些来自"缓适"公司[5]、有些来自于团队协作专家阿曼达·芬顿[②]（Amanda Fenton）[6]：

- 你今天遇到的最好的事是什么？
- 此刻最让你激动的事是什么？

---

① 马修·利伯曼是社会认知神经科学奠基人，美国加利福尼亚大学洛杉矶分校的心理学教授、社会认知神经科学实验室（SCN Lab）主任，2007年因在社会认知神经科学上的研究获得了美国心理学会颁发的"杰出科学奖"，著有《社交天性》一书（Social），是解读人类"社会脑"的权威之作。——译者注

② 阿曼达·芬顿是加拿大一位专注"圆圈"群体流程设计、引导以及这方面教学工作的咨询顾问，致力于帮助群体提高合作性与参与式领导力，让群体以更合作的方式在一起共事。——译者注

- 你最近一次用手机自拍了什么照片？
- 你目前在改变什么习惯或是在做哪方面的自我提升？
- 你希望解决什么问题？
- 你最近在思考的一件有趣的新鲜事是什么？
- 你今天的个人天气图是怎样的？（阴天、雾天、晴天等）
- 和大家分享一件你感觉特别自豪的事。
- 你为何接受邀请来参加这个会？
- 你想在会上学到什么？贡献什么？

"签出"的做法也差不多，也是让大家在结束时有机会说一说自己的想法，如果时间紧张，常见的问题可以是"在结束时你会用哪个词来表达自己的状态？"如果时间充裕，可以轮一圈让每一位伙伴表达一下自己看到的他人的贡献，或是"还有什么没说，但希望别人能听到的东西"。

"每日站会"是敏捷工作模式中常用的一种惯例常规，站会每天在固定的时间、固定的地点发生，是伙伴之间沟通的一个"触点"，让团队中的每个人都清楚地知道每天发生了什么。人人都站着参加，可以面对面，也可以线上，每人依次回答三个问题：昨天做了什么？今天准备做哪些事？有哪些阻碍因素可能会妨碍你的交付？这样站会中不安排大家之间交流对话，也不解决具体问题，无须长篇大论。无论团队人数多少，运转良好的站会一般15到20分钟内即可完成，之所以让大家站着开会，就是让大家不要讲得太长。

通过适当的安排，也可以将每日站会或是其他一些常规例会搬到线上进行，通过一些技术软件的运用让更多人加入，比如"Google Docs"共享文档或是电子增强白板软件"Mural"等；可以提倡要求"每个人都要保持视频打开"的文化等。如果团队成员分布在各个地域，也可以借助一些像"Slack"这样的软件来开站会，无须要求大家在同一时间参会，各自可以在时间方便的时候分享给他人或听取他人的分享。

节律

节律（cadence）是指组织中各类事件流或各类事件发生的节奏，就像组织的脉搏，在混沌的环境中给了大家一定程度的确定性，让大家可以跟随一定的节律来提交工作、交付价值。

敏捷工作法就是以每两周为一个迭代、冲刺期的节律在运转的。而传统的多阶段项目管理主要依靠里程碑事件来安排工作，缺乏节律感。

从以下一些例子中可以看到节律是如何在各类不同团队的惯例常规中发挥作用的。

"彼尔共建"的团队伙伴每周四上午10点碰面，开两个小时的会，这个会议人人皆可参加，包括外部的人。签入、制订日程、决策、签出——这些就是这个周例会的惯例常规。"旋之炫"社群的"基金会催化师"团队则以每两周为一个冲刺周期，按每两周的节奏循环往复地开展工作，与大家沟通工作进展情况。这种节奏上的可预期性以及每个冲刺周期的稳定工作流程，大大方便了每位成员，各人可根据自己的时间和精力决定一些工作上的进退。此外，"旋之炫"社群有些伙伴是来自不同地域的，大家每年安排两次全体成员的"离修会"，让彼此可以更深入地联结。离修会上也有很多例行活动：故事分享圈、开放空间、共享晚餐等。

有时候惯例常规是与某个里程碑事件相结合的。"边效"软件就规定，每当在软件开发中遭遇断点时，犯了错的工程师需要在第二天给部门里的伙伴们奉上足量的甜甜圈。多年后这个带甜甜圈的做法成了一个有趣又有意义的仪式，这样的仪式让大家明白了以下一些道理：把代码搞砸是件大事、聪明人也会犯错、不断学习进步是值得庆祝的事。同样，也有很多团队会在达成重要目标的时刻安排庆祝活动。

"公司逆游人"[1]（Corporate Rebels）是一家研究未来新型工作模式的机构和博客网站，他们的团队结构不明显，于是定义了轻量化的工作结构。慢慢地，他们形成了一些每周或每月都有的工作节律：每月第一个星期一是团队共度的日子，大家一起团建、一起学习和分享知识、互相帮助。在这个日子里安排的会议内容具体有：

月度目标 用"Trello"软件跟进每个人各自在做的事，回顾上月目标，再讨论下月目标，有助于我们聚焦某段特定时间里重要的事，还有助于我们拒绝一些事。通过这样的方式，大家会知道彼此在忙什么事，透明地跟进事情的进展，以这样的简单方式来确保工作有成效。

彼此反馈 在需要时我们会做一下回顾，为彼此提供反馈，有时我们用"奈飞"公司[2]（Netflix）的"开启/停止/继续"[3]（start, stop, continue）工具来做反馈，有时我们什么工具也不用。

庆祝成就、庆祝砸锅 我们会花些时间来回顾上个月取得的成就和砸锅的事，以此让我们珍视自己在做的事情。相比之前，在这一步上我们比以前做得稍微好点了，但还需改进。

---

[1] 约斯特和皮姆（Joost & Pim）两个人因不相信工作的世界完全都是痛苦和绝望，于2016年辞去在大公司上班的工作，怀揣对新型工作模式的信念创办了"公司逆游人"网站。他们做了一份愿望清单，上面列有践行着新型工作方式的一系列先锋人士和组织的名单。两位创始人一边旅行一边寻访这份清单上的人和组织，将这些世界上最能启迪人的工作场所的实践与智慧发布在网站上，分享给世人，后来他们还将这些发现逐渐形成研究成果写到博士论文和书籍里，著有书籍《公司逆游人》（*Corporate Rebels*，暂无中译本，此为暂译名）。他们所创办的"公司逆游人"网站现在除了继续发布在寻访中获得的实践和智慧之外，还提供与此相关的培训、咨询、演讲等服务。——译者注

[2] "奈飞"，一家美国公司，提供互联网流媒体播放、定制DVD、蓝光光碟在线出租等业务。该公司成立于1997年，总部位于加利福尼亚州洛斯盖图，2021年初总用户数达2.03亿，稳坐全球流媒体头把交椅。——译者注

[3] 用这一工具在"开启""停止""继续"三方面给对方以反馈，具体做法是："停止"反馈的是希望对方停止哪些行为；"开启"反馈的是希望对方可以开启的行为；"继续"反馈的是对方目前哪些行为无须改变。——译者注

社群成长 我们每个月都会看看有关社群的数字,看我们的影响力是不是在扩大,(社交媒体的)数据、谷歌分析软件,为社群的活跃性把脉。

财务状况 我们还会看一下财务报表——收入报表、现金流预测表等,这样一来每个人都能了解我们当前的财务状况,这里没有什么秘密,也就不会发生让人没有思想准备的事。[7]

除了这样的每月回顾会议,"公司逆游人"团队在每周一还会一起看看接下来的一周谁将会做什么事情,也让彼此有机会看到别人在忙什么,共同开启新的一周;每周五,团队成员一起参加社交活动(线下或线上),一起告别一周的工作。

离修会

惯例常规还可以与组织一些活动相结合,比如"离修会"(retreat)。离修会并不是一般的"在外面开会"(off-site meeting),尽管这两种会议确实有很多相似之处。两种会议都聚焦于某个特定的议题,是组织某些连续性工作的中期检查点;但离修会还额外安排有相应的时间与空间,让同事们能待在一起,抛开日常惯例,放松、玩耍、相互交流。

依群体及会议目的的不同,离修会的做法很多,有一起露营的旅行,也可以在某些不错的地方住上几天。重要的是,团队需要有一段连续不被打断、较长的时间一起相处。一位匈牙利的敏捷教练和引导者索博尔奇·埃米赫(Szabolcs Emich)对离修会这种形式尤为钟爱,他的咨询项目中有一项就是给跨国公司提供为期三个月的让大家住在一起的创新离修会。他通过实践发现,当团队成员一处工作、一处生活时,幸福指数、绩效指数全都提高了。[8]我们当然不是要建议大家都来搞那么大强度、需要那么多时间投入的离修会,只是想告诉大家,时长较长的离修会确实值得考虑。

"大加咨询"的团队成员分布在全球各地,都是些"数字游民"[1](digital nomad),他们形成的惯例常规是,每年安排4到6次为期7到10天的线下的工作冲刺期。每到这个时期,他们6位团队成员将选择一个极佳的场所,大家在那段时间一起工作、一起生活,去感知集体共同关注的事和发生在集体中的流动感,让每个人都觉得被充满了电。大家都觉得这种在一起高强度的合作可以给自己充满电,能让接下来各自回到各个不同时区的独立的工作变得顺畅很多。

如果大家想尝试举行你们的第一次离修会,这些例行安排需要取得大家的共识:是必须所有人都参加还是可以选择性地参加?离修会中会涉及喝酒吗?允许带笔记本电脑和手机吗?慢慢地,这些共识将成为大家共同节奏感的一部分。例如"旋之炫"社群达成的共识是,进行"故事圆圈"环节之前或当中,不可以碰酒或任何成瘾性物品,以免发生某些破坏行为,以此保证这个环节的圣洁感。

勿使常规僵化

惯例常规的形成过程,尤其对一些非必要的常规事项而言,最好让它自发形成,不要强制。假如你们团队的第一次离修会大获成功,种种新想法被解锁了;但接下来如果用这些方法进行的第二次、第三次离修会都不太成功的话,说明你们应该尝试一些不同的做法,来适应当前的需求。有些惯例常规会自然涌现(常常既可行且又最不占资

---

[1] "数字游民"是指不需要办公室等固定工作地点,而是利用现代技术手段,尤其是无线网络技术完成工作的人,因无须特定的办公室(可以在任意地点办公),像传统"游牧民族"一样"无定所",因此被称为新技术时代下的"数字游民"。数字游民代表着远程办公领域的一个自然发展趋势:互联网让数百万的"线上"人士在家办公;如今随着移动互联网的广泛发展,很多人已经脱离网线、离开家(或沉闷的办公室),到他们喜欢的地方去完成工作了。——译者注

源），关于这种形成过程，"大加咨询"的弗朗西丝卡·皮克是这么说的：

> 我们边做边学，一路再增加新的常规和做法。我们用的是"最小可行官僚制"[①]（minimum viable bureaucracy）原则：在惯例常规形成的过程中，先让某种行为或做法自行浮现，然后把它记录成文，再让这个"成文法"回到实践中去，接受更新。如果这个过程是边做边成型的，就会充满创造力和自发性。有些例行的东西过早地做成了规定，反而会制约大家的能量，变成一种束缚大家手脚的东西。[9]

惯例常规不是官僚做法，这些例行性的东西非常合乎人性，也非常个人化。要当心的是，不要将一些需要保有灵活度、需要任其自然涌现的东西变成某种例行规矩；如果发现某些例行规矩已没什么用，或是组织的进化已经在呼唤新常规，那就要做好准备去调整甚至停止某些常规做法。从某种意义上来说，组织拥有某些例行常规、组织中的人尊重这些常规，这本身反倒比这些常规事项具体是什么更重要。

组织里的一些默认规矩在新型工作模式下也是可以被调整的，蒂姆·卡萨索拉[②]（Tim Casasola）就提出可以对一些规矩做微调——把每周"员工例会"改称每周"行动例会"，感觉一下子就不一样了。[10]这样一来，开会这个例行规矩并没变，但因此体现出了新的目的、意义。

当例行规矩及常规做法已经不能反映其存在意义时，就到了说再见

---

① 这个新的组织管理术语从敏捷术语"最小可行性产品"（minimum viable product, MVP）发展而来，"最小可行性产品"指的是企业用最小的成本开发出可用且能表达出核心理念的产品版本，使其功能极简但能够帮助企业快速验证产品构思，以便企业在获取用户反馈后持续迭代优化产品、不断适应市场环境。这里的"最小可行官僚制"指的是自主管理的组织或团队，在各人高度自治和集体高度对齐之间寻找平衡点时，制定出的对个体自由有所限制但又是为了让组织或团队的宗旨得以更好实现的规矩，把这样的规矩限制控制在"必需"且"最小"的范围内，再随着实践的验证不断添减，这样的做法就叫"最小可行官僚制"。——译者注

② 美国洛杉矶一位对产品管理与组织设计两者的独特结合特别感兴趣的博主，在以自己名字命名的博客网站上持续发表了多篇与产品管理/组织设计相关的话题文章，现在是Sanctuary Computer 公司里一位全职的产品战略师，在此之前曾就职于"备妥"管理咨询公司，帮助组织变革工作共事的模式。——译者注

的时候。对一些长久嵌在我们组织文化中的会议尤其如此，要停掉这种会议绝非易事，因为好像它已成了业务运营的一部分。可以采取"分手试验"法：先停掉这样的会议，三周之后再问问自己："有哪些东西我们已无须再继续做了？"放手让旧规矩更替，腾出精力和空间，更重要、更有用的规矩就会涌现。

找机会尝试

人是习惯的动物，如果任由自己乱来，那么好规矩和坏规矩都会出现。在你和同事们养成工作习惯的过程中，我们的邀请是，请大家带着觉知去做。

简简单单不惹眼的小规矩也能给个人及团队在行为上带来巨大的影响。有些惯例可能是从组织专门的某些社会契约（social contract）演变而来，如每周四要共进午餐、每周一早晨要做团队规划等；另一些规矩则逐渐发展成了好玩有趣、光怪陆离的做法："如果你在生日那天恰好在上班，那么大家会请你全天候地穿着香蕉人偶套服。"

留意一下自己的组织在文化上形成的一些模式，有哪些仪式、规矩、例行惯例业已成型，包括还不被大家觉知的？其中有没有哪些重要的应当记录下来加以强调并积极地予以承认？你可能会注意到也存在一些应当予以摒弃的模式。总之，不妨创造空间，让各种想法，包括好玩的、滑稽搞笑的，自然地生生灭灭。

第25章

组织运作的操作系统
这是组织层的设计

理论就像脚手架：理论本身不是房子，但要建房子就不能没有脚手架。

——康斯坦丝·费尼莫尔·伍尔森[①]
（Constance Fenimore Woolson）[1]

---

① 康斯坦丝·费尼莫尔·伍尔森（1840—1894），美国19世纪最重要的女性小说家之一，著有五部长篇小说及几十篇短篇小说，在当时被认为是为数不多的能与男性作家相媲美的女作家。——译者注

本书介绍的理念、做法都建立在一种敏捷型、生态型的组织模式之上。各种管理哲学、管理工具本身都具有强大的力量，为大家创造了尝试的可能。我们有意将这部分对组织影响最大、根本性最强的有关组织架构的内容留到本书很后面才来探讨，虽说此前谈到的理念、做法本身也可以发挥效用，但是如果组织架构本身还是森严的层级制的话，真正的变革是不可能发生的。

传统层级体制老态已显。科层制的好处在于，通过信息的集中和对创新的限制，将由于类别繁多而造成的复杂度化繁为简，建立一种周而复始的可重复性。虽说很多组织都感受到了摒弃层级体制的需要，但一些处于发展早期的组织，却往往会无视其他的可能性，不由自主地搭起层层金字塔结构。

有些与时俱进的领导者已经开始对各种其他可能性进行了尝试，用敏捷结构取代了原来森严的金字塔。这些尝试的成果，就是出现了很多既聪慧又有效的组织运作系统，而全世界有很多组织已开始拥抱这些做法。经过时间的检验，有三种模式呈现出来：并行团队模式（parallel teams）、个人合约网络模式（webs of individual contracting）、嵌套团队模式（nested teams），本书涉及的大多数团队、组织采取的就是其中的某种模式。[2]

在这些模式中，层级架构依然存在，所不同的是层级架构可以动态变迁而不会静态不动：有人可能最适合担任某个特定项目或是公司某部门的领导，同时又被其他人在其他领域里领导着；到了下个月，这些相互关系可能又演变成了另一种更合理的形态。

并行团队： 在大组织里如果各个工作小组所从事的工作在性质上都差不多，可能会采用并行团队结构。荷兰居家照护组织"博组客"（Buurtzorg）就是由很多独立自治的团队组成，每个团队大约12名护士，各自负责不同邻里社区的客户。并行团队比较适用于短价值链的大组织，如零售业、服务业等。如果一个小组的伙伴一起就能为客户提供整条价值链上的服务，几乎无须组与组之间进行太多协调，这种简洁、高效、以客户为中心的并行团队模式就是很好的选择。并行团队模式下，常常由教练来为大家提供自主管理工作方式上的支持，另外总部可能还会设有团队来为所有业务团队提供专业支持，如IT或财务团队。

个人合约网络： 这种架构下的组织是由个体或组织内部的"小微创业团队"经由彼此协商形成合约结构而构成的。全球最大的家电制造商"海尔"[①]，员工7.5万人，用的就是这种组织结构模式。在"海尔"的做法中，公司里由一小群人组成一个个小微创业团队。比方说某几个人组成了一个智能冰箱小微创业团队，每个小微团队再"聘用"海尔内部的其他平台团队，来获取销售、制造、市场、财务方面的支持。这种个人合约网络模式适用于长价值链，且简单、不经常变化的组织，如食品加工、化工加工以及生产线较长的企业等。这种模式下团队成员之间的关系不是由预先定义的组织结构决定的，而是由成员个人之间形成的合约关系定义的，通过彼此间订立的合约明确相关的尽责要求、双方达成的共识与目标等；通过基于同侪关系的流程来建立人员

---

① 即中国的"海尔集团"，2014年海尔从产品制造企业转型为创客孵化平台，推行"企业平台化、员工创客化、用户个性化"，把公司变成一个创业平台。人单合一模式下的架构打破了科层制组织形式，整个公司变成4000多个拥有决策权、用人权和分配权的小微企业，形成员工创造价值和分享价值合一的自组织模式。——译者注

之间的关系网和尽责关系，因而无须用中央控制机制或是权力链来管理组织。

嵌套式团队：三者中这是最为灵活的模式，嵌套模式由群组或圈子构成，群组中又可以再嵌套群组。三者中这种模式与传统科层制最为接近，但又有几点不同：首先，各圈子之间的架构关系基于宗旨而非权力，团队成员一般都会在多个圈子中出任多重角色，同时位于组织结构的不同层次；第二，圈子之间有既定的互动关系。[1] 嵌套式团队模式比较适合长价值链，而且复杂、动态变化多的组织，嵌套式团队模式能将组织的宗旨及相关工作进行次分，将其转化为相应的角色及子圈，然后根据事先定好的规则通过角色来连接各子圈，确保工作顺利开展。嵌套式团队模式下有三种最常见的操作系统：全员共治、合弄制、全员共治 3.0，另外，最近还发展出了第四种操作系统——有机组织。

全员共治

"全员共治"一词是由法国哲学家奥古斯特·孔德[2]（Auguste Comte）在 19 世纪 50 年代创造出来的，用以描述一种人们如何组织起来进入社会系统的新方式，也是一种政府管理模式。其后的 120 年间，孔德的这个理念不断发展，杰勒德·恩登柏格[3]（Gerard Endenburg）

---

[1] 据弗雷德里克·莱卢在《重塑组织》一书附录部分对这种模式的介绍，圈子和子圈之间是由一个双向链结合在一起的，而非上下级的关系，两者之间的互动关系是：子圈会选择一位代表进入主圈参加其所有的会议，主圈也派一名代表参与子圈的讨论；有精心设计的会议流程来确保每个人的关注点被聆听并采取行动，不存在谁的声音可以高过其他人的问题。——译者注

[2] 奥古斯特·孔德（1798—1857），法国著名哲学家、社会学和实证主义的创始人，被尊称为"社会学之父"，著有《论实证精神》。——译者注

[3] 生于 1933 年的一位荷兰企业家，在 20 世纪 70 年代，继承了自己的家族企业的他看到了传统管理模式的弊病，于是将前人的全员共治理念发展出一系列的原则和做法，将其发展成可用于企业的一种结构化的治理模式。可参考书籍：*We the People*，暂无中译本。——译者注

又提出了"全员共治圈层组织方法"（Sociocratic Circle Organization Method）。该体系目前也简称"全员共治"，组织由一些圈层架构构成，各个圈子之间有相互连接，成为整个组织的反馈链路，它的核心有四大原则：

知情同意（consent） 以知情同意的方式做出政策决策：没有主要反对意见，也即所有参与者都给出知情同意时，就可以做出决定。

宗旨结构及业务结构（hierarchy of purpose and focus） 由半自治的圈子所形成的层级构成整个组织，这种架构并非权力结构，而是基于宗旨及业务关注点的范围大小形成的结构。

圈子互连（linked circles） 圈子的一位成员既是自己所在圈子的当然决策参与者，也作为上一级圈子的当然决策参与者，由此形成了这两个圈子之间的联结。

选任角色（elected roles） 经由公开讨论，用上述知情同意法来决定谁承担什么角色和责任。[3]

"全员共治社团"[①]（Sociocracy Group，由杰勒德创办）、"全员共治咨询团"（Sociocracy Consulting Group）、"全员制全享协会"[②]（Sociocracy for All）等，这些组织都可为想要采纳及实践全员共治模式的公司提供支持。

---

① "全员共治社团"是一家已有50多年历史的致力于在全球推广全员共治的咨询机构，由认证的全员共治专家构成了全球支持网络，为各地运用全员共治模式的企业、机构、团体、政府组织等提供因地制宜又有统一标准的方法及技术支持，与所服务的客户一起为发展新一代管理模式作贡献。——译者注

② "全员制全享组织"简称"SoFA"，在其官网的中文界面也将机构缩写名译作"说华"，将sociocracy译作"全员参与制"；这是一家于2016年成立的提供全员共治方面的培训、教练、咨询服务的非营利会员组织，在全球拥有120多个成员，涉及合作社、社群、永续文化等主题，其愿景是"让全世界的人都能以全员共治的方式（不无视任何一人）组织起来做事"。——译者注

合弄制

"合弄制"（Holacracy）是布赖恩·罗伯逊根据自己以往的实践经历提出来的一种管理模式。布赖恩于2001年创立了"三元软件"（Ternary Software）公司，这家创业期的软件公司成了他的一个管理模式实验室，而他的"研究课题"正是"是什么阻碍了人们在一起尽可能又好又高效地共事？"随着不断试错，合弄制的体系诞生了。后来，布赖恩和汤姆·汤米森（Tom Thomison）合作，进一步完善了这个体系，使其更具广泛的运用性，将合弄制带向了其他组织。

在合弄制模式下，组织可以结构化地一步步定制自己的一整套流程、角色、规则，而这个结构化步骤还能保证这些流程、角色、规则不断地适应组织、不断地演化。他们公司在网站上是这么说的，这种模式可以把"结构和规矩带到同侪关系的工作场所中来"。合弄制为组织提供了敏捷的架构、高效的会议形式，以及在个体和团队层面都有所加强的自治水平，还包括可以变革组织任何流程的独特的"元流程"[1]（meta-process）。合弄制的要点包括以下几方面：

彻底改观了权力　所有人都站在相同的竞技场上，依一系列相同的、具体且可操作的规则行事；合弄制给了大家一套框架，让组织可以定制自己具体的角色和流程，以适应独特的环境特点。

清晰的角色　每个团队都对角色及职责进行清晰的定义，围绕所做工作而不是围绕职称、职级来确定角色，有些角色可以拥有相比其他角色更大的权力范围。

---

[1] 这里的"元流程"是一种"流程的流程"，比如像合弄制下的"治理会议"机制：在治理会议上，大家可通过既定的议事决策规则变更组织里任何与组织管理、治理相关的东西，包括角色、职责、决策模式、流程机制、治理会议机制本身等；而这一变更这些内容的流程，就是"治理流程的变革流程"，因而称为"元流程"。——译者注

治理流程 由于各团队的学习及环境特点各有不同，每个团队可以有自己的治理流程，这样一来，在必要时团队的组织结构就可以实时调整。

日常运作方法 包括战术会议在内的日常运作方法有助于团队高效运作、责任明晰、走向结果，维持高水平自治。

合弄制的最大好处就是清晰的角色及流程，这在组织转型早期尤为有用，合弄制如果用得好，事情如何做、决定该怎么做，都会非常清爽，整个系统可以很高效。但也有人认为合弄制的这种高效是以牺牲人的因素为代价的；另外一些人则不同意这种说法。"进化@工作"[①]（Evolution at Work）咨询公司提出的"共生企业"（Symbiotic Enterprise）和"空间语言"（Language of Space）理念框架就是对合弄制在"人"方面的有益补充。

关于合弄制能否在中等及以上规模的组织中铺开，在这一问题上各种观点争论不休。"美捷步"[②]（Zappos）公司，从早年间一家很有个性的拔节期公司发展到后来成为亚马逊旗下的重要一员，他们以不停探索与实践各种颠覆常规理念的做法为人称道。2015年3月，

---

① "进化@工作"是位于奥地利维也纳的一家专门为自主管理组织提供培训与教练服务的咨询公司，于2015年创立，其服务基于他们创立的两个基本理念："共生企业"和"空间语言"——"共生企业"是指通过帮助组织建构相关的背景及结构，让组织的进化和组织中人的进化两者得以平行共生地发展；而"空间语言"则专门关注自主管理下人的方面，教会个人处理工作中的组织张力及人际张力，让个人从中获得成长。这两个概念相互配合，人与组织两者就能在发展中相互平衡、彼此互利，呈现出人与组织共生的现象。
——译者注

② "美捷步"是美国一家B2C鞋类垂直电商网站，自1999年由尼克·斯威姆（Nick Swinmurn）和谢家华创办以来，如今已成长为美国网上卖鞋的最大网站，Zappos源于西班牙语中zapatos这个表示"鞋子"的单词。2012年，亚马逊以12亿美元收购了美捷步。美捷步的宗旨是"活得精彩、送出精彩"（"live and deliver WOW"），公司在以用户为中心的独特文化和一些做法上享誉盛名：例如客户买一双鞋美捷步会发出三双鞋让客户试穿；365天免费退换货以及7×24小时在线的客服电话；客服会推荐竞争对手的鞋子给顾客等，因此被收购之后亚马逊仍然让它以独立的品牌和文化继续运营。
——译者注

时任公司 CEO 的谢家华[1]（Tony Hsieh）宣布向合弄制转型，从那时起这家 1500 人的公司就一直成为大家的研究案例，以此讨论着合弄制优缺点。

"合弄一号"公司推出了一个用于管理合弄制下组织架构和会议的软件平台，叫"玻璃蛙"（GlassFrog）；经公司认证的合弄制顾问还可以为想要推行合弄制的组织提供落地方面的服务以及后续的教练服务。

全员共治 3.0

"全员共治 3.0"（简称"S3"）是由伯恩哈德·博克布林克[2]（Bernhard Bockelbrink）和詹姆斯·普里斯特[3]（James Priest）基于"全员共治""合弄制""敏捷"等理念创立的理论框架，"S3"有七大基本原则：

专注有效 只把时间投入能让自己实现目标的事情中。

知情同意 没有不做的理由时，事情可做。

实证主义 所有的前置预设都需经过检验、持续地修订以及证伪。

持续改进 小步改进，让学习过程平稳、务实。

对等原则 受某决定影响的人也可以基于正当的理由来影响并改变该决定。

---

[1] 谢家华（1973—2020）美籍华人，出生于伊利诺伊州，其父母早年从中国台湾来美定居。21 岁时创办了以广告交换为主营业务的小公司 linkExchange，后于 1998 年被微软收购；1999 年与尼克·斯威姆联合创立著名的美捷步公司；2020 年 11 月谢家华因火灾离世。著有《三双鞋：美捷步总裁谢家华自述》（*Delivering Happiness*）。——译者注

[2] 德国的一位敏捷教练、顾问、讲师，"全员共治 3.0"的共同创立者之一，致力于帮助组织带着快乐的人可持续地创造伟大的产品和服务，他的切入点是为客户提供全员共治及敏捷方面的滋养，并帮助组织向着自组织、分布式领导力及有效合作的文化不断进化。——译者注

[3] 西班牙一位全身投入于"全员共治 3.0"的咨询顾问，是"全员共治 3.0"的共同创立者，在该领域中开发并讲授相应的课程，还直接陪伴实践该理念的组织中的人，共同为提高组织的工作效率、业务敏捷度并向着活力坚韧的学习型组织而努力。——译者注

信息透明 组织中所有信息对所有人开放透明，除非因正当理由需要保密。

尽职尽责 必要时有回应，答应了就做到，为组织的前进担当起主体责任。

"S3"是开源的理论框架，通过"创造·同享"①（Creative Commons）文件授权平台提供免费版权，供大众使用这一理念、应用这一管理哲学。"S3"创立者团队也同时为大家提供相应的咨询、学习引导、教练和辅导工作。

有机组织

有机组织（The Organic Organizations，"O2"）这种组织管理操作系统是由巴西咨询公司"下一站青色"开发的。就像合弄制有"合弄制宪章"，"O2"也有一整套基本规则，叫作"元层级共识"，是采取这一模式的组织需要遵循的。"O2"模式是在"全员共治S3"理念之上发展起来的，提供了许多不同的运作类别供各类团队选择；"O2"模式中包含有"人际部落空间"（tribal space）元素，这恰是合弄制体系中缺失且常因此被人诟病的东西。"部落空间"尊重人与人之间相互联结的需要，为此提供相应的时间与空间；这是人和人之间在灵魂层面的互通，和人与人之间在工作角色上的互动不是一回事。"O2"模式这个专门的"部落空间"，看到了个体在"人"方面的需

---

① "创造·同享"文件授权平台是一家专注于建立全球共享共有公域知识和公共文化创作平台的非营利组织，以他们的平台为基础，任何理论、创意产品、文化作品、学术研究的创作者都可以按自己决定的定制化权限向全球用户进行分享，全球用户可以通过这个平台获取并继续开发被分享出来的资源。这一组织的宗旨是：通过帮助人和组织分享知识与创意，建立一个更平等、更易获取资源、更富创意的世界。——译者注

求，突出强调了人与人之间关系的重要性，以这个空间来促进人与人之间的交流，让成员能够彼此滋养。

"下一站青色"咨询团队在巴西以及世界各地提供相关的工作坊，来帮助组织应用这一模式，改变管理以及共事的方式。

思考与实践：你的转型之旅

到目前为止本书介绍的很多做法都可单独运用，可在一对一关系或是小团队范围内进行尝试。要把各种做法整合到一个统一的架构和组织的操作系统上时，需要思考以下这几个问题：

- 组织从传统科层制到青色范式的转型，我自己有什么感觉？
- 到目前为止我做了哪些事？什么东西阻碍着我？
- 我自己的内在有什么阻抗？我遇到的别人的阻抗有什么？
- 有哪些潜在的收获会让我激动？
- 要开启这样的旅程，或在这个旅程上继续走下去，我还需要哪些支持？

每个人要走的旅程终将与众不同，在组织层面进行结构变革这种事对有的人来说很有感觉，有的人想都不敢想，只有你和你的团队才能判断动这么大手术的时机是否已来到你们身边。大家可能还记得我们在第12章说过，"果子熟得恰到好处时最可口"，如果要等所有信息都完备才做决定，就可能已经熟过了头。我们几位作者所支持的团队刚走上青色之路时，每一家都在表示他们还需要更多的学习案例、学习内容；后来他们慢慢明白了，只有纵身一跃跳下了水，双脚踏进这个新世界并徜徉其间,真正的学习才算开始。对你而言,要纵身下水、双脚踏入这个新世界,还需要些什么?

道路选择

不同组织采纳上述不同操作系统的做法也不尽相同,有的是将某种模式照单全收,有的则像"美奥市景"公司的柯蒂斯·麦克布赖德一样:在学习研究了多种不同理念之后,自行定制了他们公司自己的一套做法。

尝试的经过可能需要不断学习、迭代,直到最后发现适于自己组织的做法。"迪森"团队就是试了好几种模式后才最终找到了适合他们的架构:他们最开始尝试了"豆荚式团队"模式(pod)——这种模式因"Spotify"[①]公司在实践而名声大噪,这种做法实际上是"并行团队"模式的一种变体,由各"豆荚团队"服务于某一用户组。"迪森"最初采用这种模式时,发现虽理念上好理解,用起来却是一场噩梦,导致他们有的豆荚团队工作堆积如山,有的却无事可做。后来,他们又想到了在不同豆荚团队间相互借人的做法;再后来,他们承认"豆荚式团队"模式并不适用于他们的业务环境。

"迪森"的第二次尝试是让团队成员按项目集结,给予项目团队自主权,各自服务于各自项目所需,没有太多公司层面的政策和部门管控——这其实是一种"个人合约网络"模式;再后来又形成了一种松散的矩阵团队,将人依不同的领域如技术领域、设计领域、用户体验领域等在编制上

---

① Spotify 官方尚未确定正式的中文名字,来自民间的中文译名有"声田"和"声破天"。Spotify 是流媒体音乐服务平台,2008 年 10 月在瑞典首都斯德哥尔摩正式上线,产品特点是提供跨平台、高音质、界面华丽、曲库丰富的音乐服务,还具备大量的社会化音乐属性。——译者注

归入某个"分会"① （chapter），但平时的日常工作及绩效评估则放在各自所在的项目组中进行。"迪森"采用这种模式已有三年，其间只有一些微调，在公司广泛推广开后一直都很奏效。

本书的目的并不在于提倡某种具体的模式，而是邀请大家在传统科层制之外自己去进行有益的探索与尝试。这里想说的是，书中介绍的这些组织管理操作系统都是很多公司进行过尝试和检验的，如果大家非要从零起步自己开发一套做法，不仅要耗时数年，而且还可能会陷入一片混乱之中——既然书中介绍了这么多做法，那么大家是可以站在前人的肩膀上的。

无论大家选择哪个操作系统，我们最后再奉上一条建议：从传统科层制向新的操作系统或模式的转型，将是一段漫长的旅程，无论哪条路都没有必成的胜算，然而有些方法能帮你缓解挑战的难度：向他人学习、花些精力参加一些培训和教练的辅导、一路庆祝你们取得的成绩。享受这段旅程吧——旅途之中就有天赐的礼物，旅途本身就是天赐的礼物。

---

① 这里的"分会"（Chapter）是来自 Spotify 非常独特的敏捷组织架构体系中的一个术语，为便于读者完整理解，现将与之相关联的专业术语体系"小队""部落""分会""协会"简介如下。

"小队"（Squad）：类似于一个高度自治的迷你"创业团队"，肩负某个长期使命，长期从事某一类任务或者开发产品的某个部分，通常少于 8 人，坐在一起工作，每个小队有自己的产品负责人（Product Owner）和敏捷教练（Agile Coach）。

"部落"（tribe）：由在相关领域工作的多个"小队"集合而成，可以看成是迷你创业小队的"孵化器"。每个部落有一名酋长，他的责任是为部落内的各小队提供最好的栖息地（habitat）。同一个部落中的所有小队在同一个办公地点工作，各小队办公区彼此相邻，定期在部落内开展非正式的聚会，相互展示在做什么、交付了什么、有什么经验教训。

"分会"（Chapter）：同一个部落内、有相同或相似技能的一些人组成的专业小组，从专业性上看类似于传统的职能部门，负责传播自己领域内的专业知识和开发工具。每个分会定期聚会，讨论专业知识及遇到的挑战。分会有一个领导，是分会成员的直线经理，以服务型领导的身份负责教导和指导分会成员的工作，履行员工发展、定薪等人力资源职能。他同时也是某个小队的成员，参与小队日常工作。

"协会"（Guild）则是轻量级的"兴趣爱好社区"，公司任何人可随时加入或离开协会，每个协会定期组织一些研讨会，聚会和分享特定领域的知识，每个协会有一个"协会协调人"负责组织和协调协会的活动。——译者注

第26章

法务合约
以价值观为出发点订立合约

> 如果不准备把价值观从理想变成行动……那最好还是不要对外表白你们的价值观吧,那只是个笑话。
>
> ——布琳·布朗(Brené Brown)[1]

要看大家有没有活出价值观,最好的做法就是去看看大家的法律文书。法律文书会透露出什么东西?如果大家一边说你们珍视人与人之间的联结及合作,一边又要求新伙伴去签那些冷冰冰的、按模板写出来的雇佣协议,就这?很多人在撰写和签署着这种长篇累牍又没有人情味的法律文书时都是不假思索的动作,里面用的一些词句,可能人在其他任何情况下都不会这么说话吧。起草这样的文书是源于恐惧,生怕以后哪一天事情会被搞砸。这种传统的法律语体与本书之前所提的领导者的价值观之间的不和谐之音,现在大家能体会到了吧?记得我们在第4章说过,言词非小事。

法律文书是怎么变成今天这样一种臃肿、艰涩的文风的呢?答案可以到长年累月的文明演进过程中去找。在以英文为语言的国家中,法律发展的根源与罗马帝国有紧密关系,一些法律上的传统也是随着领土的征占以及再征占而不断变迁的。在历史上,古英语、盎格鲁-诺曼语①(Anglo-Norman French)、中世纪拉丁语、法语和英语先后成为官方书写法律合约的语言。所以到中世纪时,律师会在合同中混用拉丁语、法语、英语。有时为了表达清晰的意思或是为了表示强调,律师会将表达同一个意思的来自两个不同语种的词连用,慢慢地这种连用词就变成了一种

---

① "盎格鲁-诺曼语"是法语的一种,即诺曼公爵威廉征服英格兰之后在英格兰等不列颠群岛地区使用的语言,盎格鲁-诺曼语作为英格兰的上层社会文学和行政语言,一直从12世纪延续到15世纪,这期间对古英语的发展起到了至关重要的作用。——译者注

法律词语。比方说，"will and testament"① 这个词，就是将英语和拉丁语两个词连用的现象。

这表明今天的我们仍身陷在过去的语言中，用《合约之书》②（*The Book of Agreement*）的作者斯图尔特·莱文（Stewart Levine）这位美国新泽西州副检察官的话来说："很多法律术语都是历史的残渣，已经没什么真实含义……从某个角度说，法律术语体现了人们懒于清理旧语言的现象。"[2] 斯图尔特在经历了几十年法律实践及教学之后，摒弃了这种传统的法律语体，在他看来，"只需(在协议中)包含某人答应的一项承诺，在某个日期前按一定的量做完某事，且所答应的事是可衡量的，那么这就算是一份具有法律上执行效力的协议了"。

基于价值观的合约

基于价值观的合约，其订立的原因不是出于恐惧、匮乏的心理，③而是基于一种富足心态、一种总有机会的心态。基于这样原则订立的合约其作用是，写明当未来发生变化、冲突、危机时，存在哪些基于大家价值协同的处理方式。这样的合约通俗易懂、以人为中心，给人带来一种确定性和安全感。金·赖特（Kim Wright）就是这方面的一名

---

① "will and testament"这个词在英文法律术语中是"遗嘱"的意思，其中will是英文，表示"遗嘱"的意思，testament也是表示"遗嘱"的意思（来自拉丁语 testamentum），通常在英文的法律文书中，表示"遗嘱"时这两个词是同时出现并连用的，已经成为一种固定搭配。——译者注

② 暂无中译版，此为暂译名；本书提出人们彼此订立协议的做法应当从过去那种敌对的、不是鱼死就是网破的来回争执，变成一个彼此共同参与描绘未来结果的过程，商量出如何一步步走向双方都乐于接受的未来结局的过程；应将过去那种"为了保护利益不受损"而订立协议的理念，变成一同设计"走向某种结果"的思路；这种新思路下得到的协议，不再是用来规定问题出现时该采取什么补救措施的文书，而是用来表达让各方都满意的共同愿景的文件。——译者注

③ "匮乏心理"指一种"你多了我就少、我多了你就少"的零和心态。与之相反的是下文提到的"富足心态"。——译者注

专家，擅长制定这种以价值观为基础的合约。她认为这种在价值观上协同的方式其实早在公司创立早期就已经有了，一些奠基性的文件明确地构成了组织的基础。

但是这种基于价值观的达成共识的过程并不是从讨论一纸文书开始的，而是经过一系列讨论流程之后，大家最终达成共识。根据金的经验，"代表不同实体的个体相遇时，这个过程就开始了。他们通过对话，澄清一些他们未来共事的基础，彼此所看重的对方身上那些好的东西是他们愿意缔结合约的原因。"[3]在这种自然而然的谈话及探讨之后，法律文书才水到渠成地出现。在这样一个有始有终的流程中，人就可以看清楚是在和什么样的人订立协议。经过这样的过程后，怎么会有人反咬一口呢？又有哪里需要反咬一口呢？在传统的观念下，达不成协议被看作是种失败；但在这种以价值观为基础订立协议的过程看来，因价值观不一致而达不成协议却是天赐的礼物，彼此都能在很早的时候发现走不到一起，这是多好的事儿啊。

弗雷德·施奈德（Fred Schneider）和冯·科文（Von Coven）共同创办了一家"变·不停"咖啡豆烘焙工作室[①]（Breyting Community Roaster），这家在美国佛罗里达州的公司的核心理念是，为经济、社会、环境进步作贡献，通过做咖啡的事业来支持其他社会事业及项目。冯和弗雷德发现，如果要做投身社会变革的事业，在彼此之间以及他们同别人之间的合同关系上也需有所变革，他们于是找到金·赖特寻求支持。对冯来说，接触这种以价值观为基础的合约形式"有种改变

---

① "变·不停"是位于美国佛罗里达州的一家以售卖烘焙咖啡豆产品来资助非营利社会事业组织的公司，客户下单时可自主选择想要支持哪一项社会事业（其中包括"艺术与文化""社区项目""节能环保""公平""人权""动物权利""公共健康"等不同类别）以及对应类别下具体的某家非营利组织，公司将把支付金额的 20% 给到用户所选定的组织。公司通过这样的方式将客户的咖啡体验变成一个社会支持系统，让客户在享受咖啡的同时也能支持社会变得更好。公司名称中"breyting"是冰岛语"改变"的意思。——译者注

人生的感觉"。刚开始，他对这种在生意背景下去呈现自己脆弱的一面的做法还有点不太适应，但后来他喜欢上了这种感觉：

以前我做生意时，问问题、回答问题都不在点上，合作伙伴想要干什么我也没理解，而我想干什么对方也不理解。但这次在创办"变·不停"时，我们单刀直入地讨论了很多，真正谈到了点上……"对方看重什么？我自己看重什么？如果对方公司破产了会怎样？如果我们公司破产了会怎样？如果资金短缺了会怎样？有员工不满意了我们怎么办？"现在我们都很有信心，如果哪天我们要对簿公堂，我们就会拿出这份花了很多时间谈出来的合约作为准绳。[4]

"变·不停"公司后来在很多业务情景下也都继续采用这种以价值观为基础的做法订立合约，每份签订的合约都是他们价值观与信念的反映。

传统合同与基于价值观的合约对比

我们来看一下传统合同中的常见元素在基于价值观的合约中是怎么呈现的，想一想你们组织的合约属于哪种类型？以后你们想怎么做？

传统合同	基于价值观的合约
基于保护心态和竞争心态订立，预计参与方将来会出现不好的行为	从信念上认为参与各方都是想要共创所期未来的伙伴，带入更多的创意和合作
没有如何处理冲突的内容；要不然就是直接把争议解决上升到调查、斡旋、诉讼的地步	冲突本在意料之中、容许冲突发生，规定了当变化与失调发生时如何以价值观为协同点进行处理的具体步骤，意在让各方回归到健康的状态、融洽的氛围以及彼此的协同上来

续表

传统合同	基于价值观的合约
写出来的合同是给法律专业人士看的，用的是法律术语措辞，如 heretofore（"前言所及"）、indemnification（"偿付"）、warrant（"使有必要"）、force majeure（"不可抗力"）这样的字眼	用日常口语化语言书写（"我同意对……负责""我答应会做到……""我同意支付……"），以便让使用文件的各方都能读懂
用一个复杂的模板作为起草的基础，内容中有大量可能会遇到的风险	一人一文，按各方的特定情况来具体起草
相互关系建立在规则之上，试图把对信任的依赖度降到最低	植根于目标、价值观、透明度，以此维系持续的协同和信任

"FX 代办员"[①]（FX Agency）公司是荷兰一家为其他组织提供会务服务的公司，公司的聘用合同只有一页纸，语言措辞平实易懂，排版还很漂亮。合同左边一列是公司提供给员工的东西，包括职位名称、合同期限、薪酬、养老金、带薪休假、差旅费等；右侧一列是公司期望员工可以做到的事，这部分往往是团队集体价值观的体现；这张纸的背面还有四段话，是基于一般法律要求必须具备的内容。这就是他们的合同了：简单、有用，也具有法律约束力。用公司创始人彼得·泽尔斯特拉（Peter Zijlstra）的话说："自从我们启用这个版本的雇佣合同以来，得到了所有加入公司新员工的一致好评，这成了他们入职时一封温馨的问候信。"[5]

斯图尔特在《合约之书》中列出了订立合约要有的十个要件：

● 目的、愿景

[①] "FX 代办员"是荷兰一家提供线上、线下以及线上线下融合式面对企业大中小型活动设计、筹备、活动举办等服务的公司，公司的宗旨为"将故事变成生命中的体验"，借助公司自己开发的创新技术平台为其他组织提供承办活动服务，帮助客户进行战略故事的传递，为它们设计富有创意的会议内容，让会议参与者可知可感、身临其境、难以忘怀。——译者注

- 角色
- 承诺
- 时间与价值观
- 满意度的考量
- 隐忧、风险、顾虑
- 合约的重订与解除
- 后果
- 冲突解决
- 对达成共识的最终确认[6]

他的书中还提供了各种场景下常用的 31 种合约模板，都写得简单平实，长度刚好是一页纸。建议大家可以读一读斯图尔特的这本书，这样下次在起草协议时也能有一些改头换面的做法。

和谐关系及冲突的化解

在分歧还没有发生之前就制定好清晰的冲突化解机制，这非常关键。化解冲突可以有哪些步骤？要恢复健康的关系需要一起做出哪些努力？当特别激烈、情绪扰动很大的分歧发生时，请谁来引导大家的冲突化解过程？为了让各方回到同一条路上来，需要明确哪些指导原则？琳达·阿尔瓦雷斯（Linda Alvarez）是美国的一名律师，著有《发掘共识》（*Discovering Agreement*）一书，她说："很多人都把法律看作如果他人有不当行为自己该得到什么报偿的问题。"[7]她建议大家在每份协议中都应包含如何处理变化和如何处置分歧的内容：

"如何处理变化和如何处置分歧"，这部分内容是本着一种"修复"的心态来应对冲突，让彼此重新联结，对未达成的需求予以处理，并追究造成争执的原因。无论发生了什么，触发分歧的行为方之所以会产生这样的行为，并不是因为他坏；从他所处的状况来看，他这么做也是有道理的。有了"如何处理变化和如何处置分歧"这部分内容，就给大家提供了一个机会来研究当时的状况、研究当时的情形，并承担一切该承担的责任。这样一来，就不是一种在对当事人进行指责的感觉了。但凡有了指控的味道，就有可能出现报偿或胁迫行为，这时的对话是不可能让人开放的，也无益于彼此修复。[8]

在"变·不停"公司的创始人合约里，写着很长一段冲突化解流程：第一步，是冯和弗雷德通过喝咖啡一起讨论一下他们之间的分歧；如不能解决问题，就安排同侪审议；再然后就是安排斡旋流程；最后可一路升级到对公司进行估值，决定双方是否要走到分道扬镳的地步。与"变·不停"公司合作的还有很多独立的艺术工作者，公司与这些艺术者订立合约时，先会向他们介绍公司的价值观，也听取他们的价值观；然后公司会问他们，如果答应的东西没能完成，他们自己觉得公司可以怎么处理。在冯看来："我们订立合约时所做的工作，远比一般律师要深得多。"[9]

律师的角色

每个人都能按自己的想法订立合约，但这些合约也需要符合现有的法律体系，律师的作用就在于帮助我们确认订立的内容没有与法律相冲突的地方，不然我们会身陷囹圄。但要注意的是，现有法律体系一般都是在规定我们不可以做什么，而不是可以做什么。

如果出现了冲突，并且之前已经有共创好了的冲突化解流程，接下来往往还特别需要一位让各方能够对话的引导者。要注意，有些经过了相关的培训，也有相应理念的律师，是适合做引导者的，但有的律师却不适合。冯就决定他们是不会让自己公司的律师来引导这种对话的：有一次他遇到一个潜在的争执点，准备邀请各方一起喝咖啡来谈谈，他的律师却建议他直接诉诸法律——用冯的话来说就是："我需要的是一个可以带来和平的人，而不是制造更多麻烦的人。"

　　让律师介入之前，可以自己估量一下需要律师具体来帮自己做什么事。律师理解并支持你们的价值观和做事的宗旨吗？你会授权律师处理哪些事宜，而哪些事情仍由自己决定？愿意投入时间将你们的价值观体现到所订立的合约中去，并通过这些合约促成组织所期望的业务关系——这样的律师才是你们要选择的伙伴。

第27章

手册、攻略、博客
记录与分享自己的工作模式

没有诉诸文字的东西,那就算不上是"开源"的资料。[①]

——阿兰娜·欧文(Alanna Irving)[1]

[①] 自主管理理念下的"开源"一词,借用了软件开发中的概念。软件开发下的"开源"指"开放源代码",其特点是除了对使用者的开放性,还需用户利用源代码在原来基础上根据自己的实际需要进行修改和学习;同样,自主管理理念下的"开源",指的是一些自主管理的做法、架构、模式,将其原理或案例做法向他人公开透明后,需要使用者根据自己的实际情况在原有做法上进行修改和学习。从这个意义上说,"开源"最大的特点并非"免费",而是允许甚至鼓励使用者修改原有做法,这样一来就能不断地迭代、裂变进化,这对整个生态系统都有好处。——译者注

前面 26 个章节里，本书向大家介绍了大量的新型工作模式下的思路、做法、规程。作者遇到的这些组织，家家都有自己的故事，不少组织还以手册、攻略、博客等形式向公众分享其工作模式。将自己核心的运营理念公开分享，这是自主管理组织与传统组织在透明性上的一个迥异之处，传统做法下这些都是商业机密，很多组织并不会分享。但这些与时俱进的组织没有认为这是一场我赢你输的竞争，相反，他们更看重达成有意义的宗旨，因为这样一来，自己分享出来的经验能惠及他人，也就在帮助他人更好地实现他们的宗旨。

组织通常会把我们第 10 章介绍过的"团队共识"汇编到文档中，这样的文档被称为手册或是攻略。团队共识要人人都知晓才有意义，这样一份文档如果大家看不到、记不住、不遵守，也不拿来作参照，那么又怎么可能会对团队的共识尽责呢？无论以怎样的风格和形式呈现，这样的文档都应面向大家发布，方便大家访问和修订。

"ET 集团"曾经经历了几十年的传统科层制，在向自主管理转型时，需要公司里 40 个人一致地转变思路。为了做到这一点，在公司"团队合作与关系"这个圈子的伙伴们的推动下，他们共创了一本攻略手册。这本印出来的小册子里有公司的宗旨、团队架构概览以及一些宏观运作方面的信息。这本小册子为团队起步做自主管理提供了相当好的指南，现在他们仍会根据需要不断更新并重印这本小册子。

第一本攻略问世后又出现了很多问题，大家觉得还需要有更详细的指导信息来帮大家理清思路。公司多年来一直在用的人力资源手册已满足不了大家的这种需求，也不适用于新的工作模式了。随后，一本在线手册应运而生，成了大家在"ET集团"如何做事、如何共事的详细参考书，这个文档一直在持续地更新。至此，"ET"公司的伙伴们有了两份参考指南："攻略"提供宏观指导，"手册"提供细节指导。

自主管理下的员工手册

传统的雇佣合同、岗位职责描述、公司政策是公司用以提出明确要求、用来控制员工的东西，通常这种文件并不能推动团队积极地投入工作，也不会激发团队的灵感、创意。除非出了什么事，大家平时也不看这些东西。但是我们这里所说的这种大家共创出来的手册却给我们展现了一个很不一样的天地。

我们在第4章中提过，措辞用语的改变是走向自主管理过程中非常核心的一点。本章介绍的这种文档与传统的人力资源政策手册是截然不同的。传统人力资源政策往往都是些要大家遵守的规章制度，措辞用语上是一种"命令与控制"的语气，是要求自上而下地在组织中贯彻的规定。而真正富有意义的团队合约及手册与此相比，在所有六个核心方面都有很大不同，列于下表：

传统的员工文书	共创出来的团队共识
把所有能考虑到的状况全都考虑到	只涵盖当前及可预见的未来的一些事项
由雇主拟定，是规定员工与公司之间所达成协议的正式文件	由团队自己撰写，出发点则是为了团队利益，内容包括澄清相互关系、定义大家达成的共识

续表

传统的员工文书	共创出来的团队共识
第三人称语气，规章制度的口吻（"员工应当""员工必须""员工决不可以""要求员工做到……"）	用第一人称语气，平实的语言（"我们达成的共识是……""我们认为……""我们看重……""我们共同的期望是……"）
背后的假设是"胡萝卜加大棒"，认为人要管制才有规矩	背后的假设是相互信任，认为每个人都有积极的出发点
以将来时来表达（"将要""应要求""应当"）	以现在时来表达（"大家同意……""大家会做……""我们会分享……""我们的理念是……"）
刻板、固定	可频繁地调整修订，随着团队而演化

大家可能已经感觉出来了，共创的团队合约很不一样。试看以下一段传统的在员工手册开篇章节中的文字：

本手册之目的在于使员工全面了解员工与公司之间基于雇佣关系的核心政策，本手册虽无法涵盖所有可能出现的情形，但以下基本原则是员工受雇于公司时所必须遵守的。在公司目前以及将来的运作中，每当需要判定是非对错时，将适用以下这些条款。

本手册所提及的公司政策、做法、福利措施等，可能会发生变更，管理层保留对此手册的相应条款在必要时进行修订、更改、废除、取消、补订或增加的权利。

再比较看看自主管理模式下一份手册的开篇段落：

这份共识是我们团队共同起草的，为团队而立，本手册主要内容适用于组织的员工及合作伙伴，很多内容也适用于整个生态系统里的伙伴。

本手册在起草时尽量避免使用法律术语，把重点放在我们彼此间想形成怎样的相互关系上；但有些情况下，基于与外部世界打交道的需要，不得不用到一些法律术语。

如果大家赞成本手册的内容，就等于首肯了我们的文化、价值观和彼此间的共识。欢迎你的加入！你会喜欢我们这儿的。

看到其中的差别了吗？第一份手册是以"保护"作为出发点的，而第二份则是为了达到"澄清、协同和团结"的目的。正如我们在上一章所说，很多传统法律合约的框架都已是过去那个年代的残渣，现在已经没有存在的必要了。

起草自己组织的手册

我们读过很多家组织的手册，皆不尽相同。为了帮助大家起草自己的手册，我们列了一些清单，可以考虑在手册中涵盖这些点。要注意的是，自主管理模式下的手册都是基于"当下"的情况写的，无须考虑未来可能出现的情况。

宏观层面

宗旨：所做事业的故事、意义

价值观：大家共享的价值

组织：成员如何组织、如何变更治理结构

客户：谁是我们服务的客户（以及谁不是）

惯例常规：遵循哪些日常的惯例常规

团队的建立与发展

招聘：如何招人

多样性：对多样性的看法，如何让团队多样

职业发展：如何彼此支持，发展技术、积累经验

离职：关于如何、何时让团队成员离开的共识

共事

共识的更新修订：大家如何对达成的共识进行更新

工作地点：期望大家花多长时间在办公室里工作，远程工作如何安排

假期：假期、请假、缺勤的管理

绩效：在绩效方面的期望

反馈：如何给反馈、如何接收反馈

冲突：人际张力的管理

健康与安全：如何确保团队的安全

质量控制：对交付给客户的东西在质量上有什么期望

技术：运用哪些便利大家共事的技术

财务与经济

报酬：团队如何看待报酬

福利：大家可享受的福利待遇

开销：关于动用组织的资金将如何决策

信息与沟通

沟通：彼此之间如何沟通，和客户、合作伙伴如何沟通

品牌：如何进行品牌推广，产品如何营销

透明度：哪些信息公开透明、如何公开透明

保密：如何管理保密信息

知识产权：哪些知识产权归组织所有

社会责任

可持续：组织如何支持世界的可持续发展

奉献：如何与所在社区互动，如何回馈社会

好了，接下来让我们来找点灵感，来看看下面这家组织是如何做到"信息透明"的：请访问"缓适"公司的网址 open.buffer.com，这里面有他们一直在分享的系列博客文章，也包括一些实践中的经验教训，在"资源"模块里可以看到一些很不错的手册。

到此为止本书就接近尾声了，可你的自主管理之旅才刚刚开启。

我们相信，这是一场规模前所未有的颠覆式变革，这个世界已经做好了准备，这个世界需要这样的变革，这个征程已经开启。位于这个变革中心的，是一种走向自组织、自主管理的工作及存在方式，引领这样的转型成为我们这个时代的头号领导力挑战。

当这样的时代来临，作为领导者的你如何才能成为你所能及的最好模样？你是否已经做好准备，站起身来，迈出步伐，带着坚韧、敢为人先、心甘情愿地投入内部变革的奠基性工作中去？希望本书所提供的一些新鲜的创意和启迪人的妙思拓宽了大家的视野。

有越来越多的领导者加入了引领这场变革的行列，你是其中一员吗？你的思维发生转变了吗？你是否看到这个协同共进的生态系统所具有的潜力，以及你可以从中收获的东西？

我们真心希望写在这本书中的那些故事、尝试和邀请能给大家带去支持和导引，也让大家明白你不是一个人在战斗。书中并没有为大家即将到来的旅程提供标准的框架，也没有亦步亦趋的指南；相反，书中这些资料所起的作用，都是鼓励大家去迭代试验、演化进步，以此来发掘并彰显你和你们组织存在的宗旨。

如需帮助支持，请与我们取得联系，我们会在 leadtogether.co 这个平台上与大家续谈，也期待听到大家的故事。

附录 A

补充学习资源

我们为大家整理了以下一些学习资料，为走在探索新型工作模式路上的大家提供支持。

有关涌现中的"青色组织、自主管理"范式的学习资源

《在一起好好共事》[1]（*Better Work Together: How the Power of Community Can Transform Your Business*）：作者安东尼·卡布拉尔（Anthony Cabraal）和苏珊·巴斯特菲尔德（Susan Basterfield），书中记录了一个成员遍布全球的杰出的自主管理社群的故事、做法、工具及经验教训。参考网站：betterworktogether.co。

《组织再进化》（*Brave New Work: Are You Ready to Reinvent Your Organization?*）：作者亚伦·迪格南（Aaron Dignan），这是一本关于未来工作模式的佳作，通俗易懂，书中还介绍了实用的组织操作系统画布工具。参考网站：bravenewwork.com。

《公司逆游人》[2]（*Corporate Rebels: Make Work More Fun*）：作者约斯特·明纳尔（Joost Minnaar）和皮姆·德莫尔（Pim de Morree），书中记录了两位作者一路旅行到这世界上最与时俱进的组织中参访的精彩故事和他们收获到的灵感启发，大家还可以在他们网站上看到关于此书的更多

---

[1] 暂无中译本，此为暂译名。——译者注
[2] 暂无中译本，此为暂译名。——译者注

信息，以及他们各种话题的博文：corporate-rebels.com。

"生机之缘"（Enlivening Edge）电子杂志：方便搜索的免费在线杂志，线上有1000多篇关于组织及社会系统进化的文章、故事和观点，网址：enliveningedge.org。

《重新定义管理：合弄制改变世界》（*Holacracy: The New Management System for a Rapidly Changing World*）：作者布赖恩·罗伯逊（Brian Robertson），这是一本关于合弄制的入门书，这本书影响了很多自主管理组织的做法，参考网站：holacracybook.com。

"领导变形记"播客（Leadermorphosis）：由丽莎·吉尔（Lisa Gill）主播的播客，探索正在涌现的自主管理以及那些紧跟时代步伐的组织，常邀请站在理念前沿的领导者及实践者共话，网址：leadermorphosis.co。

《重塑组织》（*Reinventing Organizations: A Guide to Creating Organizations Inspired by the Next Stage of Human Consciousness*），以及《重塑组织（插画精简版）》（*Reinventing Organizations: An Illustrated Invitation to Join the Conversation on Next-Stage Organizations*）：两本书的作者都是弗雷德里克·莱卢（Frederic Laloux），一般认为这是目前关于青色范式最为翔实的著作；另外，还有与此相关的一些补充资源，包括作者录制的相关系列视频都可在以下网站找到[1]：reinventingorganizations.com。

---

[1] 这里提到的系列视频指"沿途洞见——重塑组织系列视频"，已由中国的"青泡舍"社群翻译出带中文字幕的版本，发布在"青泡舍"微信公众号上。——译者注

有关重塑领导力技能的学习资源

布琳·布朗[1] 写的一系列书籍。要想面对自己在个人和职业领域需要成长的点，就需要真心面对自己的脆弱，这个话题正是布琳的专业领域，她著有多本书籍，录有一些工作坊视频，她的一个 TED 演讲[2] 跻身有史以来排名前五的 TED 演讲之列。

《水平领导力》(Going Horizontal)：要在领导力上成为最好的自己，需要破除老旧习惯，尝试新做法，《水平领导力》这本书向读者介绍了自主管理核心的七大做法。参考网站：goinghorizontal.co。本书已于 2022 年 8 月由颉腾文化引进出版。

"九型人格"综合网：这个网站提供基于九型人格框架模型的测评工具，可帮助个体、小组、社群深入洞察自己。帮助个人了解自我的测评工具不计其数，这里介绍的这个工具是很多走上青色之旅的伙伴喜欢用的，因为这个工具探讨到了觉知层面。网址：integrative9.com。

《最有效的干法：保持你的乐趣、干劲、激情的实践手册》(Joy, Inc.: How We Built a Workplace People Love)：作者理查德·谢里登，他是"门洛创新"软件公司 CEO、公司"故事主讲人"，书中将"门洛"公司的故事娓娓道来，他们破除了一般公司里常有的、折磨人的恐惧和混乱，让公司充满活力的能量、玩耍的心态、四射的激情，甚至还有——横生的趣味。

---

[1] 布琳·布朗与此相关的著作中已有中译本的有：《无所畏惧：颠覆你内心的脆弱》《超越自卑：如何运用同理心战胜自卑感》《归属感：做真实的自己》《成长到死》《我已经够好了》《脆弱的力量》；另有原版著作 Dare to Lead 暂未有中译本。——译者注

[2] 这里指 2010 年布琳·布朗在 TEDx Houston 的演讲《脆弱的力量》，是 TED 网站上最受瞩目的演讲之一，拥有超过 600 万次的点击量。——译者注

《跳出盒子：领导与自欺的管理寓言》：（Leadership and Self-Deception: Getting Out of the Box）：由美国"亚宾泽"协会（The Arbinger Institute）所著，书中讲述了一个人如何面临工作及生活难题的故事，说明人们其实会对自己真正的情绪有眼如盲，也因此降低了人们工作的有效性、降低了人们的幸福感。参考网站：arbingerinstitute.com。

有关提高团队决策能力的学习资源

"建议流程"指南："亦可专家"（Equal Expert）管理咨询公司提供的关于如何使用建议流程的指南可以参考：advice-process.playbook.ee。

《谁与决策》[①]（The Decision Maker: Unlock the Potential of Everyone in Your Organization, One Decision at a Time）作者丹尼斯·巴基（Dennis Bakke），该书介绍了让人人都可以做决策的"建议流程"的框架，参考网站：decisionmakerbook.com。

"生发式决策流程"简介：关于"生发式决策流程"的简介可参考"彼尔共建"实验台网站：percolab.com/en/generative-decision-making-process。

有关建立锐意发展型组织的学习资源

《人人文化：锐意发展型组织 DDO》（An Everyone Culture: Becoming a Deliberately Developmental Organization）：作者罗伯特·凯根（Robert Kegan）和丽莎·莱希（Lisa Laskow Lahey），书中认为组织应当建立一种文化，让每个人都可以克服自身在变革上的内在阻碍，学会把犯错

---

① 暂无中译本，此为暂译名。——译者注

和脆弱作为个人和公司成长的重要机会。

有关"重塑领导力"理念下建立法务合约的学习资源

《合约之书》[1]（*The Book of Agreement: 10 Essential Elements for Getting the Results You Want*）：作者斯图尔特·莱文（Stewart Levine），书中阐明的观点是，以想要什么结果为出发点的合约相比以保护权益不受损为出发点的合约，前者要好太多，本书介绍了建立这类合约的10条原则，还提供了30个具体的合约模板。

《发掘共识》[2]（*Discovering Agreement: Contracts That Turn Conflict into Creativity*）：作者琳达·阿尔瓦雷斯（Linda Alvarez），书里介绍了如何在缔结具有法律约束力合约的过程中，同时加入能够让各方积极回应，又让关系坚韧牢固的一些做法，以此营造可持续的、敏捷变通又基于各方价值观的业务关系，可参考网站：discoveringagreement.com。

有关引导真实对话的学习资源

《关键对话：如何高效能沟通》（*Crucial Conversations Tools for Talking When Stakes Are High*）：作者艾尔·史威茨勒（Al Switzler）、约瑟夫·格雷尼（Joseph Grenny）、科里·帕特森（Kerry Patterson）、罗恩·麦克米兰（Ron McMillan），大家从书名应该已经可以推知书的基本内容了，可参考网站：vitalsmarts.com/online-store。

---

[1] 暂无中译本，此为暂译名。——译者注
[2] 暂无中译本，此为暂译名。——译者注

《释放性结构：激发群体智慧》（*The Surprising Power of Liberating Structures*）：这是一套 33 个引导人与人互动的工具和方法，实用、开源，还有一步步的操作细节，可用于会议、计划、决策、人际互动等场景，可参考网站：liberatingstructures.com。本书已于 2023 年由颉腾文化引进出版。

"开放空间技术"（Open Space Technology）：一种组织和开展一日或多日会议的引导方法，由与会者依据会议要解决的重要议题现场制定会议议程，可参考网站：openspaceworld.org。北京颉腾文化已引进出版哈里森·欧文所著的《乘浪者：高绩效组织的领导力》和《精神原力：组织觉醒之路》。

"世界咖啡"（World Café）技术：一种结构化的会谈方法，与会各小组参与事先定义好的一些议题，通过这种引导技术可调动参与者的好奇心，鼓励在集体层面有行动发生，可参考网站：theworldcafe.com。

有关多样性的学习资源

《你成为的那个你》[①]（*The Person You Mean to Be: How Good People Fight Bias*）：作者多莉·丘格（Dolly Chugh），内容是关于如何应对性别与种族歧视、不平等现象的，书中提供了一些实用工具，告诉读者如何可以避免虽有好的出发点实际却阻碍了平等这种现象的发生。

我们钟爱的手册

"新脆"（Crisp）咨询公司提供的手册模板：theagilitycollective.

---

① 暂无中译本，此为暂译名。——译者注

github.io/dna/docs

"旋之炫"社群（Enspiral）：handbook.enspiral.com

"ET 集团"：handbook.etgroup.ca

"大加"咨询（Greaterthan）：handbook.greaterthan.works

"易扬马丁"集团（Ian Martin Group）：teal.ianmartin.com

"Loomio"公司：loomio.coop

"维尔福"（Valve）公司：valvesoftware.com/hu/publications

我们钟爱的博客和简讯小报

"缓适"（Buffer）社交媒体软件公司：open.buffer.com

"公司逆游人"（Corporate Rebels）社群：corporate-rebels.com

"一瞬"（The Moment）管理咨询公司：themoment.is/ideas

"亲软"（Nearsoft）软件公司：nearsoft.com/blog

"备妥"（The Ready）管理咨询公司：theready.com/newsletter

给我们带来了灵感与启发的其他公司

"在·生·活"生活照护服务机构（Avivo: Live Life）：avivo.org.au

"赤脚律师团"法律服务公司（The Barefoot Lawyer）：barefootlawyer.uk

"职业转换社"职业咨询服务公司（Careershifters）：careershifters.org

"平地"财会服务公司（Fairground Accounting）：fairground.co.nz

"佳适"web 技术支持公司（Optimi）：optimi.co.nz

"涛涛客"社群支持组织（Tautoko Services）：tautoko.org.nz

"亚洲德噶"禅修组织（Tergar Asia）：tergarasia.org

"新装"生态包装材料公司（Yash Pakka）：yashpakka.com

附录 B

本书提及组织一览[①]

本书提及的组织能为大家提供大量的实操学习案例，依据我们对这些组织的了解，下表对已经以"青色范式"或"自主管理"模式运作的组织标注了"*"号，这些带"*"号的组织是在"重塑领导力"方面做得特别突出的组织。

---

① 此部分内容英文原版是按组织英文名称首字母排序列表的，为方便中文读者检索，这里已按中文译名首字的汉语拼音音序排列，便于读者在阅读本书过程中查阅。需要注意的是，由于这些组织绝大部分都没有官方中文名称，本书的译名除特别说明外，均为译者音译（必要时采取音译意译相结合的方式），目的仅是为了中文读者就此书内容进行探讨时方便使用中文名称进行交流，译者所译这部分中文译名不具有官方性；但截至翻译本书时，凡组织有官方标准中文名称的，或此前在正式翻译出版物中已有中译名的，本书译文均已采纳正式译名。另，有些公司名与公司的主要产品名（例如软件名称）合一时，若该产品英文名更为中文用户熟知时，这类公司名称故意保留了英文原文未译出，以免给读者在相关查询搜索时造成混乱。
——译者注

本书中的译名	组织英文原名	"青色或自主管理"范式标记	组织简介
盖普文化	Culture Amp		一家关注组织人与文化的管理咨询公司，帮助客户进行员工调查，收集员工反馈，并协助客户解读调查报告，采取对应行动。公司网站：cultureamp.com
巴扎之声	Bazaarvoice		总部位于美国得克萨斯州首府奥斯汀的一家数字营销公司，公司网站：bazaarvoice.com
备妥	The Ready	*	美国一家提供设计和转型服务的公司，旨在帮助组织发现最好的工作模式，公司网站：theready.com
比约恩·伦丁	Björn Lundén AB	*	瑞典一家支持中小企业的知识管理和软件公司，公司网站：bjornlunden.se
彼尔共建实验台	Percolab	*	设在加拿大以及欧洲的国际性系统共建及共同设计平台公司，公司网站：percolab.com
边效	SideFX		3D渲染及视效软件开发者，所开发的软件用于影视制作、广告、电子游戏等领域，位于加拿大多伦多市，公司网站：sidefx.com
变·不停	Breyting Community Roaster	*	位于美国佛罗里达州一家通过售卖烘焙咖啡豆来资助非营利性社会事业组织的公司，公司网站：communityroaster.com
玻尔	Bol.com	*	荷兰领先的电商，经营书籍、玩具、电子产品等业务，公司网站：bol.com
博组客	Buurtzorg	*	总部设在荷兰的一家居家护理机构，由相对独立且富有创新精神的护士组成工作团队。公司网站：buurtzorg.com
晨星	Morning Star	*	位于美国加利福尼亚州的全球领先的番茄加工企业，公司网站：morningstarco.com
宠生学习站	Lifelearn		加拿大一家在线解决方案提供商，帮助宠物行业、动物医院等通过在线方案来提高客户沟通效率和公司业绩，公司网站：lifelearn.com

本书中的译名	组织英文原名	"青色或自主管理"范式标记	组织简介
公司逆游人	Corporate Rebels	*	一家专注研究未来工作模式的机构，通过博客发布研究进展，公司网站：corporate-rebels.com
大加	Greaterthan	*	帮助组织在权力结构、治理模式、组织价值方面进行思路重构、工具重塑并在这些方面为组织提供培训及咨询服务的咨询公司，公司网站：greaterthan.works
迪森	Deeson	*	位于英国的一家处于市场领先水平的数字化服务机构，通过开源技术为客户提供数字转型的平台支持。公司网站：deeson.co.uk
ET集团	ET Group	*	位于加拿大多伦多市的一家进行技术整合的公司，以自主管理模式运作，公司网站：etgroup.ca
FAVI	FAVI	*	法国一家汽车零部件供应商及分包商，主要提供压铸件的开发及优化，公司网站：favi.com
FX代办员	FX Agency		荷兰一家提供企业沟通服务的公司，公司网站：fxagency.nl
蜂蜂人才队	BeeTalents		波兰一家面向IT行业提供招聘及人力资源服务的机构，公司网站：beetalents.com
柜所	Counter Tax Lawyer	*	一家位于加拿大多伦多市的律师事务所，专门提供税务争议、税务诉讼方面的法律服务
海尔	Haier		一家中国的家电产品及消费电子产品国际制造商，公司网站：haier.net
骇绘	Hack and Paint	*	荣膺大奖的一家游戏工作室，致力于创造下一代游戏和虚拟现实体验
合弄一号	Holacracy One	*	辅助"合弄制"在全球落地以及推进"合弄制"概念演进的团队，公司网站：holacracy.org
合配	Fitzii	*	"易扬马丁"集团旗下专注招聘服务的一家公司，位于加拿大奥克维尔市，公司网站：fitzii.com

本书中的译名	组织英文原名	"青色或自主管理"范式标记	组织简介
缓适	Buffer	*	一家在全球各地采用完全分布式组织架构的软件公司，团队分散在15个国家，提供平台服务帮助用户管理社交媒体软件，公司网站：buffer.com
回顾之盟	Retrium		是一家团队成员完全分布在各个地区的软件公司，专门为用户提供"回顾会议"的软件支持
杰克在此	Jack.org		加拿大一家慈善机构，通过给青年领导者提供培训及赋能服务，帮助消除青少年心理健康方面的障碍，机构网址：jack.org
精媒（后改称"精联"）	Exact Media (Connections)		现已更名为"精联"公司（Connections），加拿大多伦多市一家电子商务公司，主要业务是在一些电商包裹中帮助客户投放产品小样或是优惠券以获得潜在用户，公司网站：connectionsbytsw.coms
精至营养	Precision Nutrition	*	在全球范围提供营养健康方面专业建议、营养健康软件以及营养健康专业资质认证的培训及咨询公司，位于加拿大多伦多市，公司网站：precisionnutrition.com
康森系统	ConsenSys		一个区块链技术公司，提供以太坊区块链基础平台及应用软件方面的支持，公司网站：consensys.net
马可特制	Marco Specialties		美国加利福利亚州一家为弹球游戏机厂家提供零部件的制造商
曼特尔314（后更名"显达气候"）	Mantle314（Manifest Climate）	*	一家设在加拿大多伦多市的咨询公司，主业是为其他公司和组织提供在气候变化方面的一些风险评估和行动战略，公司网站：manifestclimate.com
美奥市景	Miovision		在交通数据收集以及交通信号系统高级运用方面为城市提供智能化解决方案的公司，公司网站：miovision.com

本书中的译名	组织英文原名	"青色或自主管理"范式标记	组织简介
美捷步	Zappos	*	鞋类、服装、手包、饰品等产品的在线零售商，以其所提供的卓越用户体验而闻名，公司网站：zappos.com
门洛创新	Menlo Innovations	*	美国密歇根州安娜堡市的一家软件设计与软件开发公司，公司网站：menloinnovations.com
逆流人集团	Rebel Group		国际型咨询公司，专注开发政府和社会资本合作运营的项目，公司网站：rebelgroup.com
牛蛙能源	Bullfrog Power		加拿大领先的绿色能源供应商，位于多伦多市，公司网站：bullfrogpower.com
努乐极	Nulogy		设立在加拿大多伦多的一家供应链软件提供商，公司网站：nulogy.com
Spotify	Spotify		瑞典一家提供流媒体及其他媒体服务的公司，总部位于斯德哥尔摩，公司网站：spotify.com
塞利乌斯	Sylius	*	一家位于波兰的开源电子商务平台公司，公司网站：sylius.com
赛博之点	Cyberclick	*	西班牙一家领先的为客户提供在线广告及数字化营销方面服务的机构，公司网站：cyberclick.es
身心健康团	Wellbeing Teams	*	一家由小型、自主管理、价值观驱动的小团队组成的组织，为社区提供照护和支持方面的工作，公司网站：wellbeingteams.org
什长集团	Decurion Corporation		位于美国洛杉矶的一家组织，业务包括为长者生活提供休闲娱乐中心，也经营商业地产等业务，公司网站：decurion.com
生态洲	Ecosia	*	位于德国柏林的一家搜索引擎服务商，一家"社会企业"，公司网站：ecosia.org
时鲜账簿	FreshBooks		一家位于加拿大多伦多市的，为小微企业、个体劳动者提供云端账务软件服务的软件公司，公司网站：freshbooks.com

本书中的译名	组织英文原名	"青色或自主管理"范式标记	组织简介
舒伯菲利斯	Schuberg Philis	*	位于荷兰的一家IT外包公司，公司网站：schubergphilis.com
梭博	Sobol.io	*	为分布式团队及自主管理团队提供软件平台服务的公司，公司网站：sobol.io
TGB建构家	TGB Architects		一家位于美国西雅图的提供建筑设计以及组织社会设计的公司，公司网站：tgbarchitects.com
踏赴领导力培训	Tuff Leadership Training	*	位于瑞典斯德哥尔摩的一家培训公司，其领导力课程主要指向创建高度激励、高度负责且自主自强的团队，公司网站：tuffleadershiptraining.com
图定	Maptio	*	这家公司为客户提供在线软件服务，用软件清晰呈现组织里各个正在负责的内容，哪位同事在协助哪位同事工作，公司网站：maptio.com
土砬美拉	Terramera		加拿大温哥华一家专注可持续农业技术的公司，公司网站：terramera.com
TOMS	TOMS		位于美国加利福尼亚州的一家鞋业公司，公司承诺每卖出一双鞋就为贫困儿童送出一双新鞋，公司网站：toms.com
WD-40公司	WD-40 Company		一家润滑油、清洁剂、除锈剂制造商，公司网站：wd40.com
我的星球	MyPlanet		加拿大多伦多的一家软件工作室，公司网站：myplanet.com
五十三号像	Figure 53		位于美国马里兰的一家软件开发商，为客户提供现场演出的回放控制软件服务，公司网站：figure53.com
下一站青色	Target Teal	*	巴西一家咨询机构，帮助客户重塑组织流程、架构、工作关系，公司网站：targetteal.com
橡木匠	Carpenter Oak	*	英国一家专门在橡木结构建筑领域提供设计和建造服务的公司，公司网站：carpenteroak.com

本书中的译名	组织英文原名	"青色或自主管理"范式标记	组织简介
销售引跑者	EMPAUA		欧洲一家咨询公司，作为客户的销售业务伙伴，帮助客户进行数字化转型，公司网站：empaua.com
新脆	Crisp	*	瑞典斯德哥尔摩一家拥有特别DNA的咨询公司
旋之炫	Enspiral	*	以新西兰为依托的，创业者、创变者、积极分子等组成的社群，彼此携手积极推动一些助力世界向好的活动和项目
一度/移步	1-Degree/Shift		加拿大多伦多市的一家咨询公司，帮助组织定义及统一价值观
一瞬	The Moment	*	加拿大多伦多市一家设计工作室，帮助组织和团队为未来做好准备，公司网站：themoment.is
一再来果仁酱公司	Once Again Nut Butter	*	一家生产果仁酱的公司，位于美国纽约州，公司100%由员工所有，公司网站：onceagainnutbutter.com
亦可专家	Equal Experts		一家业务遍及数个国家的咨询公司，为客户提供软件开发及交付相关的定制化、端到端的咨询服务
易扬马丁	Ian Martin Group	*	一家与时俱进的提供招聘、项目用人等方面服务的集团公司，在加拿大、美国、印度都设有机构
云架技术	Rackspace		美国得克萨斯州一家云计算提供商，面对全球提供业务服务，公司网站：rackspace.com
重力财付	Gravity Payments		位于美国西雅图提供信用卡及财务服务的公司，公司网站：gravitypayments.com
尊乐	Johnsonville Foods		一家位于美国威斯康星州的食品加工企业，是美国最大的香肠生产商，公司网站：johnsonville.com，中国业务网站：http://www.johnsonville.com.cn/

领导力大师系列
——重磅上市——

用大师的领导力思想，应对数字时代的深度变革

组织的新范式·新领导力，自主管理实践的集大成之作。

本书为我们打开了"青色组织"与"自主管理"的大千世界，让各种新型管理做法闪亮登场，带我们领略这些充满生机与活力的组织新型管理实践。弗雷德里克·莱卢郑重推荐！

ISBN：978-7-5043-8951-0
定价：89.00 元

即将出版

变革正道
约翰·科特
哈佛大学商学院终身教授，变革领导力之父，两次荣获麦肯锡奖。变革逻辑的颠覆性创新之作，组织变革和领导力提升的教科书级指导书。

领导力的 5 个层级
约翰·麦克斯韦尔
排名世界第一的领导力大师，新东方创始人俞敏洪、清华大学杨斌教授等领衔推荐。为你的精彩人生规划一份领导力蓝图。

GRACE：领导力的 5 大品格
加里·伯尼森
世界顶级五大猎头公司之一，光辉国际 CEO 加里·伯尼森重磅作品。

引领致胜
卡拉·哈里斯
本书探讨了从个人贡献者到领导者的历程，审视了成为变革型领导者的关键特征。

扫码购书